欧洲学术丛书

孙周兴　冯俊　主编
赵千帆　执行主编

洪堡语言哲学和语言学（一）

Wilhelm von Humboldt:
Schriften zur Sprachphilosophie
und Sprachwissenschaft Werke I

［德］威廉·冯·洪堡　著
Wilhelm von Humboldt

赵劲　译

同济大学出版社·上海
TONGJI UNIVERSITY PRESS·SHANGHAI

图书在版编目（CIP）数据

洪堡语言哲学和语言学．一／（德）威廉·冯·洪堡著；
赵劲译．－－ 上海：同济大学出版社，2023.12
（欧洲学术丛书）
ISBN 978-7-5765-0649-5

Ⅰ．①洪… Ⅱ．①威… ②赵… Ⅲ．①语言哲学－文集②语言学－文集 Ⅳ．① H0－53

中国国家版本馆 CIP 数据核字（2023）第 002626 号

"十四五"国家重点出版物出版规划项目

欧洲学术丛书

洪堡语言哲学和语言学（一）

[德] 威廉·冯·洪堡 著　　赵　劲　译

丛书策划　熊磊丽　张　翠
责任编辑　张　翠
责任校对　徐春莲
装帧设计　张　微　李　丽

出版发行　同济大学出版社　www.tongjipress.com.cn
　　　　　（地址：上海市四平路1239号　邮编：200092　电话：021-65985622）
经　　销　全国新华书店
印　　刷　上海颛辉印刷厂有限公司
开　　本　710mm×960mm　1/16
印　　张　18
字　　数　360 000
版　　次　2023 年 12 月第 1 版
印　　次　2023 年 12 月第 1 次印刷
书　　号　ISBN 978-7-5765-0649-5
定　　价　98.00 元

本书若有印装质量问题，请向本社发行部调换　　版权所有　侵权必究

编委会

主　　编　孙周兴　冯　俊
执行主编　赵千帆

编　　委　（按姓氏笔画为序）
叶　隽　冯　俊　刘日明　孙周兴　杨　光　吴建广　吴树博　余明锋
张尧均　张振华　陆兴华　郑春荣　居　飞　赵　劲　赵千帆　赵旭东
柯小刚　徐卫翔　韩　潮　谢志斌

学术支持　同济大学欧洲思想文化研究院

总　序

欧洲曾经是一个整体单位。中古基督教的欧洲曾以教会和拉丁文为基础形成相对统一的文明形态。文艺复兴前后，欧洲分出众多以民族语言为基础的现代民族国家。这些民族国家有大有小，有强有弱，也有早有晚（德国算是其中的一个特别迟发的国家了），风风雨雨几个世纪间，完成了工业化—现代化过程。而到20世纪的后半叶，欧洲重新开始了政治经济上的一体化进程，1993年11月1日，"欧盟"正式成立。至少在名义上，又一个统一的欧洲诞生了——是谓天下大势，分久必合，合久必分么？

马克思当年曾预判：要搞社会主义或者共产主义，至少得整个欧洲一起搞——可惜后来的革命实践走了样。一个统一的欧洲显然也是哲人马克思的理想。而今天的欧盟似乎正在一步步实现马克思他老人家的社会理想。虽然欧盟起步不久，内部存在种种差异、矛盾和问题，甚至有冲突和分裂的危险，但一个崇尚民主自由的欧洲，一个重视民生福利的欧洲，一个趋向稳重节制姿态的欧洲，在今天的世界上是有特别重要的地位和价值的。

马克思之后，欧洲文化进入到一个全面自我反省的阶段。哲人尼采发起的现代性文化批判尤其振聋发聩，但他依旧怀有对"好欧洲人"的希冀。而20世纪上半叶相继发生的两次世界大战，更是彻底粉碎了近代以来欧洲知识人的启蒙理性美梦和欧洲中心主义立场，从此以后，"世界历史"进入一个全新的阶段。但另一方面，我们也不得不看到，欧洲的哲学—科学—技术—工业—商业体系，至今仍旧是在全球范围内占统治地位的知识形态、文化形式、制度设计、生产和生活方式。这就是说，今天世界现实的主体和主线依然是欧洲—西方式的。现代性批判的任务仍然是未完成的，而且在今天已成为一个全球性的课题。

欧洲已经是"世界历史性"的欧洲。有鉴于此，我们当年创办了"同济大学欧洲思想文化研究院"。也正因此，我们今天要继续编辑出版"欧洲学术丛书"，愿以同舟共济的精神，推进我国的欧洲文化研究事业。

孙周兴

2017 年 8 月 25 日写于海口

2023 年 4 月 27 日改写于杭州

目　录

总　序 ·· V

译者序 ·· IX

译文导论 ··· XIII

1. 论思维和言说 ··· 1
2. 论巴斯克人（著作残篇）·· 4
3. 普通语言学论纲 ·· 14
4. 关于巴斯克语和巴斯克民族的著述预告及相关观点
   和内容的说明 ·· 23
5. 新大陆语言随笔 ·· 33
6. 论语言的亲缘关系 ·· 69
7. 《阿伽门农》德译本导言 ·· 76
8. 论与语言发展的不同时期有关的对比语言研究 ···································· 83
9. 借助巴斯克语对西班牙半岛原住民研究所作的考证 ························· 103
10. 论语言的不同特性对文学和精神构建的影响 ···································· 259

VII

译者序

威廉·冯·洪堡（1767—1835 年）是德意志著名政治家、教育家、外交家、比较语言学家和语言哲学家，对德国乃至世界文明的发展和现代化进程都做出了重大贡献，是德意志文化史上影响最为深远的人物之一，"作为年轻成员与歌德、席勒组成铁三角共同创建了德意志古典文学时期的金字塔"[1]。他的著作在德国被不断选编和出版，现有洪堡文集七卷本（1841—1852 年）[2]、十七卷本（1903—1936 年）[3]和五卷本（1960—1981 年）[4]以及大量关于其语言哲学著述的选集。目前在德国科学基金会（DFG）的资助下，柏林布兰登堡科学院正在编辑洪堡的语言学著作，迄今已经先后出版了十卷[5]。在国际上，200 多年以来，洪堡的作品在美国、英国、法国、意大利、西班牙、希腊、俄罗斯、土耳其等国家以及东亚的日本、韩国均有广泛的译介，其文集已经被翻译成为上述多种语

---

[1] Peter Berglar. Wilhelm von Humboldt in Selbstzeugnissen und Bilddokumenten[M]. Reinbek bei Hamburg：Rowohlt，1970：42.
[2] Hrsg. von Carl Brandes. Wilhelm von Humboldt: Gesammelte Werke[M]. Bd. 1-7. Berlin，1841-1852；Nachdruck，1988.
[3] Hrsg. von Albert Leitzmann. Wilhelm von Humboldt: Gesammelte Schriften[M]. Ausgabe der Preußischen Akademie der Wissenschaften，Berlin，1903-1936；Nachdruck，1968.
[4] Hrsg. von Andreas Flitner und Klaus Giel. Wilhelm von Humboldt: Werke in fünf Bänden[M]. Wissenschaftliche Buchgesellschaft，Darmstadt，1960-1981.
[5] Hrsg. von Kurt Mueller-Vollmer，Tilman Borsche，Bernhard Hurch，Jürgen Trabant und Gordon Whittaker. Wilhelm von Humboldt: Schriften zur Sprachwissenschaft. Betreut durch die Berlin-Brandenburgische Akademie der Wissenschaften[M]. Paderborn：Ferdinand Schöningh，seit1994.

言,对这些国家的现代化进程产生过深远的影响。

洪堡在语言哲学和语言学方面的建树尤其让后世称道。他从儿时的希腊语课程,到18世纪末、19世纪初接触巴斯克语并在其罗马任梵蒂冈公使期间(1802—1808年)整理评述巴斯克语,再到他晚年投身语言研究并写下大量资料详实、哲学色彩浓厚的语言研究著作,对语言的兴趣和研究贯穿了洪堡的一生。他是语言哲学研究的开创者,是对比语言学和普通语言学的奠基人。他的语言哲学思想对维特根斯坦(L. Wittgenstein)关于语言建构意义的研究、海德格尔(M. Heidegger)的语言存在主义、卡希尔(E. Cassirer)的符号形式哲学、迦达默尔(H. G. Gadamer)以语言为导向的认识论的注释学都提供了这样或那样的借鉴。在语言学方面,他对后世的语义学理论(L. Weisgerber)、转换生成语法(N. Chomsky)、"语言相对性"理论(B. L. Whorf, E. Sapir)也给予了深刻的启示,并为当代的文化分析语言学、交际语言学和媒体语言学提供了理论指引。

在中国,迄今译有洪堡的一部著作《论人类语言结构的差异及其对人类精神发展的影响》[1]和两部文集《语言与人类精神》[2]《洪堡特语言哲学文集》[3]。其中两部文集分别收入并翻译了洪堡著述5篇和13篇,但内容多有重合。面对洪堡博大恢弘的语言思想,目前的译介屈指可数,还有大量的论著有待翻译。由于洪堡的语言哲学思想与其语言学研究水乳交融,体现了理论与实践的紧密结合[4],因而,尤其是他在语言学方面的著述亟待选编翻译。同时,现有的译本所选原文版本不一,其中多有删节,很难反映洪堡语言思想的全貌。为满足中国当代语言哲学和语

---

[1] 威廉·冯·洪堡特. 论人类语言结构的差异及其对人类精神发展的影响[M]. 姚小平,译. 北京:商务印书馆,1999;威廉·冯·洪堡特. 论人类语言结构的差异及其对人类精神发展的影响[M]. 钱敏汝,译. 西安:陕西人民出版社,2006.
[2] 威廉·冯·洪堡特. 语言与人类精神[M]. 钱敏汝,译. 北京:北京师范大学出版社,1997.
[3] 威廉·冯·洪堡特. 洪堡特语言哲学文集[M]. 姚小平,译. 北京:商务印书馆,2000.
[4] 赵劲. 洪堡语言哲学思想国内研究述评[J]. 德国研究,2017(4):124.

言学研究的需要，系统全面地编选和翻译洪堡语言哲学和语言学论著，为广大读者提供一部概念统一、风格一致的译著已经刻不容缓。

  本译著共四卷，选编了 27 篇（部）洪堡论著，涵盖了其所有的语言哲学著述和一部分具有代表性的语言学研究成果，其中 13 篇（部）为重译、14 篇为新译。除了其中 1822 年洪堡的一篇科学院演讲稿《论美洲语言的动词》，由于手稿遗失直至 20 世纪 90 年代才由特拉班特第一次选编出版[1]，其余译文的原著全部选自十七卷本的《洪堡文集》（后文简称《文集》）[2]。译文篇目由德国当代著名的洪堡研究学者特拉班特教授（Prof. Jürgen Trabant）和波尔舍教授（Prof. Tilman Borsche）帮助勘定，在此一并致谢。译文按照时间顺序编排，贯穿了洪堡从 1795 年至 1835 年不同的生命时期，以展现洪堡语言思想发展变化的历程。参与翻译的成员有陈忱、钱春春、汤春艳、陶卓、王轶、赵亘，以及博士生陈懋、陈峥菲、江剑琴、李雷玮、李雨芳、刘志佳、王洁、张雄和张岩，在此对他们的努力尝试表示深深的感谢。

  正如洪堡本人所言："通过言语所产生的一切，总是精神和语言的复合产物。"[3] 一方面，洪堡的著述内容研精钩深，融合了语言学、哲学、人类学、美学、历史学等学科领域，同时涉猎欧洲古典文化尤其是古希腊的语言文化，并对欧洲乃至美洲和南亚的历史、地理和人文知识都有所触及，也就要求译者广见洽闻、具有广博的知识。另一方面，洪堡的著作成文于 18 世纪末和 19 世纪初，用词古旧难懂；写作风格上并没有呈

---

1 Herausgegeben, kommentiert und mit einem Nachwort versehen von Jürgen Trabant. Wilhelm von Humboldt: Über die Sprache: Reden vor der Akademie[M]. Tübingen und Basel: Francke, 1994: 82-97. 译文还对照了新近收录的原文，参见：Hrsg. von Manfred Ringmacher. Wilhelm von Humboldt: Schriften zur Sprachwissenschaft, Dritte Abteilung, Erster Band: Einleitende und vergleichende amerikanische Arbeiten[M]. Paderborn, 2016: 441-455.
2 翻译内容为洪堡本人撰写的正文和注脚，但不包括编者 Leitzmann 的注释。
3 即 "Ueber das Entstehen der grammatischen Formen, und ihren Einfluss auf die Ideenentwicklung"。Wilhelm von Humboldt. Gesammelte Schriften[M]. Bd.4. Berlin, 1903-1936: S.288.

现现代学术论文所要求的语言的衔接和语义的连贯，且容易让读者羁绊于多重复合句和插入成分，迷失在大量的人称代词、物主代词、指示代词以及否定之否定的表达方式之中。因而，要准确理解和精准翻译洪堡原著难度极高，也为上述参与翻译工作的老师和学生造成了极大的困扰。鉴于此，本人对27篇（部）洪堡著述逐一重新翻译。翻译过程中，通过查阅文献、阅读洪堡传记、参考洪堡语言思想的研究成果，力图全面把握洪堡语言哲学和语言学研究的整体脉络；每一篇（部）论著的阅读理解，既运用了德语阅读常见的句子结构解构分析法（bottom up），以明确句中和句外的语义指代关系，又从大处着手把握全文精神（top down），以指导每一段落的具体理解。其中难解之处，通过大量的邮件来往和面谈，得到了波尔舍教授的答疑解惑、悉心指点。然而，不同于现代学术著述，洪堡论著中的思想表述有时模棱两可，留有一定的理解空间，一如中国传统的经典著作，需要译者自己的研读和诠释。当然，翻译本身传递的就是译者对原著的一种理解，因而，本译著也间接地体现了本人对洪堡语言思想的一孔之见。27篇（部）译文中，洪堡语言思想的重要概念和其他用词的汉语翻译得以统一和贯穿，每篇（部）译文文后均列有译词对照表。译文力求忠实地再现原著内容、传达作者的文本交际意图，达到翻译的"信"和"达"。至于"雅"，本就永无止境，译著采用了中文学术语言的表达风格，今后也许还能加以进一步的完善和提高。

衷心希望本译著的出版能为学界提供洪堡语言思想研究所必需的周详细致的文本基础，为普通读者提供重读经典、发现洪堡的新动力，并借此在国际洪堡研究中发出中国的声音。

译著第一卷的翻译出版得到了同济大学一流学科建设"欧洲思想文化与中欧文明交流互鉴"研究方向的支持，在此谨表感谢！

赵劲
2023年5月

译文导论

缇尔曼·波尔舍

1799年,依然还在不断寻求与自身本质个性相契合的精神挑战的洪堡,在写给自己的语文学研究导师弗里德里希·奥古斯特·沃尔夫(Friedrich August Wolf,1759—1824)的信中,提到了他一生两次中第一次前往巴斯克地区的旅行。他写道:对"多种"语言进行"彻底的哲学意义上的对比,或许是我经过几年认真的研究之后所能肩负起的工作"。[1]

相较于哈曼和赫尔德,洪堡就此踏入了哲学的新世界。前两者虽然强调了语言研究的特殊价值,但却并未真正从事语言的实证研究。与此相反,五年后,洪堡在同样写给沃尔夫的信中宣布,现在他相信自己"已经发现了将语言用作一种工具的艺术,以此遍游整个世界的高低起伏、丰富多样"。[2] 正如洪堡在1800年9月写给席勒的信中所言,他在语言中辨明了这样一种手段,"借此人类同时建构自我和世界,或者更多的是由此获得了区分自我和世界的意识"。[3] 彼时的洪堡正身处巴黎,结束了首次巴斯克之旅,即将开启他的第二次旅程。这番话可以说恰好见证了

---

[1] 威廉·冯·洪堡:致弗里德里希·奥古斯特·沃尔夫的信[M]. 菲利普·马特森,编. 柏林:瓦尔特·德古意特,1990:201. 第71封信,马德里,1799年12月20日。
[2] 威廉·冯·洪堡:致弗里德里希·奥古斯特·沃尔夫的信[M]. 菲利普·马特森,编. 柏林:瓦尔特·德古意特,1990:250. 第88封信,罗马,1804年6月16日。
[3] 弗里德里希·席勒和威廉·冯·洪堡通信集[M]. 卷2. 西格弗里德·塞德尔,编. 柏林,1961:206-207.

洪堡语言哲学的诞生。洪堡这一看似朴实的论断颠覆了流传自亚里士多德、在当时被视为理所当然的一些基本看法，认为语言是思维的外部表达或符号，思想则是事物存在的内部映像或代表。洪堡通过阐释人类的精神本性，彰显了对语言重新定位所带来的哲学革命。作为语言思想家的洪堡，抛弃了他在柏林私塾课所了解的经院哲学，是康德哲学的追随者，但从未对他自己的"语言研究"提出过哲学的要求。纵观洪堡的成就，我们可以毫无保留地承认，他所理解的哲学只是瞬间闪现于他对人类精神本性全新的阐释之中。在他从广义上称之为"语言研究"的探索工作中，在不断循环拓展的思维活动中，洪堡汲取前人的智力经验，发展出了这幅崭新的、全面的人类图景。洪堡此举亦已不辩自明，他并无尝试将其思想介入公认的哲学范畴，但却使哲学踏上了完全不同的道路。

在给席勒写这封信时，洪堡33岁。当时，他已完成了哲学学习并拥有了写作经验——纵使他并不满意于自己那些反响平平的文学创作。就在洪堡对巴斯克语有所发现并决定未来投身于语言的实证和哲学研究之后，却由于公务缠身，在相当长的一段时间内中断了研究：1802年，洪堡就任普鲁士驻罗马公使一职，直至1819年，身为普鲁士部长的他最终辞去了公职。

回顾洪堡语言学和语言哲学思想的发展历程，公务繁忙的外交官和政府官员时期算是他思想的"潜伏期"。其思想源起于他1800年之前的经历、阅读和交谈，只是直到脱离了日常的政治事务，在（柏林）泰格尔的平静岁月中才得以成熟。但在此期间，他之后对人类语言和各种语言重新获得的、更为稳固的兴趣却从未完全停止，其中最值得强调的就是：（a）为阿德隆在《米特里达梯》（1812/1816）第二卷中关于巴斯克语的文章作了注释；（b）对埃斯库罗斯的《阿伽门农》进行了诗学翻译。《阿伽门农》的翻译伴随了洪堡二十年，即便在他政治生涯的动荡岁月。1816年，该部译著得以问世，洪堡为其撰写的序言至今依然属于翻译理论的经典。然而，直至 1820 年洪堡最终迁居泰格尔，才真正开启了他笔耕不辍、极为高产的语言研究。本部具有很强专业性和哲学性的全新中文译著为感兴趣的读者呈现了洪堡语言研究的成果。虽非全部，但几近涵盖了洪堡所有的重要著述，展现了其宏伟巨著的全貌。

***

本部译著所选 27 篇洪堡著述，无论在篇幅、文体形式还是主题设定上几乎都截然不同，大多在作者生前并未发表，编辑上也处于未完成状态。本译著根据这些作品的创作时间进行编排，与其首次发表的时间有所出入。下面对所译作品进行系统的概述。

（1）（7）两篇重要著述属于不同的类型。（1）为洪堡 1795/1796 年冬所著十六条论纲手稿《论思维和言说》（《文集》卷 7，581-583 页）之开篇译作。作为年轻的学者，洪堡曾在耶拿听过费希特关于知识学的讲座，而这篇洪堡最早关于语言哲学问题的札记，将费希特的讲座和赫尔德《语言的起源》中的核心思想创造性地联系在了一起。诸多研究者认为，洪堡的这篇文章为其后期发展起来的语言哲学基本思想埋下了重要的伏笔。[1]

具有特殊地位的译文（7）节选自 1816 年洪堡自行出版的诗学译著，埃斯库罗斯的悲剧《阿伽门农》。洪堡以这一希腊著名悲剧为例，对翻译的普遍问题进行了思考。该剧使其本人感同身受，因而他为自己的这部译著添加了副标题《致卡洛琳娜·冯·洪堡，本姓冯·达赫罗登》。[2] 洪堡认为，"鉴于诗歌的本质属性……其不可译"，因而诗歌的翻译要

---

1 参见：克里斯蒂安·施泰特．《论思维和言说》：介于费希特和赫尔德之间的威廉·冯·洪堡 [J]// 威廉·冯·洪堡语言思想．汉斯·维尔纳·沙尔夫，编．埃森，1989：25-46．
2 参见：康拉德·魏德曼．威廉·冯·洪堡和埃斯库罗斯的《阿伽门农》[J]// 威廉·冯·洪堡：语言、诗歌和历史．尤尔根·特拉班特，编．帕德博恩，2018：41-55．

忠于"原文的特征",令读者"感受到"原文的陌生感。

两次前往巴斯克地区、与巴斯克语和巴斯克民族的不断碰撞,令洪堡发现了终其一生的事业——"对比语言研究"。相关研究结果跨越多年,分别记录在了三篇论著之中。在短篇作品(2)《论巴斯克人(著作残篇)》(手稿写于1801/1802年;《文集》卷7,593-603页)中,洪堡以简短的摘要呈现了其语言学研究计划的整体概貌;短文(4)《关于巴斯克语和巴斯克民族的著述预告及相关观点和内容的说明》(1812年印;《文集》卷3,288-299页),如标题所示,简要概括了关于巴斯克人的整体研究计划,只是此后并未得以完成;(9)《借助巴斯克语对西班牙半岛原住民研究所做的考证》(1821年印;《文集》卷4,57-213页、231-232页)[1]是一部颇具规模的作品,在作者生前便已付梓。洪堡是这样描述自己的研究和旅程的:"我的目标是认识不同的人和不同的民族,为此有时自然要通过间接的途径。"[2]洪堡对人类学和文化史广泛的兴趣,远早于他与巴斯克民族的相遇,这种兴趣贯穿了洪堡语言研究的历程,直至其生命的终点。

另一组译作主要涵盖了洪堡在某些年份以特殊的方式所从事的研究,涉及对某种语言或多种语言的专题研究。洪堡的这些专题研究主要是为了履行学术义务,自其1820年辞去普鲁士国家公务之后,每年都要在普鲁士皇家科学院举行一次讲座。[3]这类专题中首要、也最为广阔的领域是美洲语言。研究所需的珍贵材料由其胞弟亚历山大1804年结束美洲之行后带回欧洲,而威廉在罗马期间用耶稣会传教士遗留的材料

---

[1] 洪堡巴斯克地区研究的完整作品集注参见:威廉·冯·洪堡:语言学文集 II;巴斯克语文集[M]. 3卷本. 伯恩哈德·霍尔西,编. 帕德博恩,目前已出版卷1:《巴斯克人人类学文集》,2010;卷2:《巴斯克语词汇研究及语法》,2012.

[2] 《致F·A·沃尔夫的信》,参见:威廉·冯·洪堡:致弗里德里希·奥古斯特·沃尔夫的信[M]. 菲利普·马特森,编. 柏林:瓦尔特·德古意特,1990.

[3] 参见:尤尔根·特拉班特. 世界观——威廉·冯·洪堡的语言研究规划[M]. 慕尼黑,2012:125-156. 第7章:"科学院演讲中的对比语言研究".

予以进一步的补充。译文（14）《何种程度上可根据美洲语言的残余来判断美洲原住民从前的文化状态？》（手稿写于 1823 年；《文集》卷 5，1-30 页）是洪堡出于全面的文化历史考量，对美洲语言所做的研究。他根据这项初步的、未完成的纲领性研究，通过收集美洲语言不同的语法材料[1]，为其筹划中的关于美洲语言的宏伟巨著做好了研究方法和体系方面的准备。[2] 这部巨著的初稿同样未能全部完成，作者生前亦未能出版，其未完成稿现收录于译文（18）《语言普遍类型的基本特征》。1822 年 4 月 2 日的科学院演讲（13）《论美洲语言的动词》[3] 背景与之相同。洪堡在这篇讲稿中，以十七种美洲语言的动词为例，研究了他对普遍语法理论的设想。

在 1825 年至 1826 年的科学院演讲中，洪堡将其热忱投向了印度的哲学名著，而初次与此结缘则源于奥古斯特·威廉·施莱格尔（August Wilhelm von Schlegel，1767—1845 年）的拉丁语译文（1823 年）。对他的演讲（17）《论以〈薄伽梵歌〉著称的史诗〈摩诃婆罗多〉》（第一部分 1825 年，第二部分 1826 年；《文集》卷 5，190-232 页、325-344 页），黑格尔在 1827 年的《科学批评年鉴》中表达了相反的看法，他认为洪堡对印度诗歌的赞美是对他所一直维护的欧洲哲学至上观点的一种质疑。

于洪堡而言，对自身语言观的特殊挑战来自他对汉语的认识。洪堡的汉语研究成果呈现于写给当时举足轻重的巴黎汉学家让·皮埃尔·阿

---

1 这些材料最初被编辑并评注于：威廉·冯·洪堡：语言学文集 III：美洲语言 [M]．6 卷本．帕德博恩，1994-2006．
2 参见：美洲语言导论性对比文集 [J]// 威廉·冯·洪堡：语言学文集 III．卷 1．曼弗雷德·林马赫，编．帕德博恩，2016：1-20．后来，出于客观原因，洪堡完全放弃了这一对美洲诸语言进行全面研究的长期计划．参见：尤尔根·特拉班特．世界观——威廉·冯·洪堡的语言研究规划 [M]．慕尼黑，2012：90-106．第 5 章．
3 这篇科学院演讲未收录于《文集》．新近，该文分别以两种不同长度的版本编辑评注于：美洲语言导论性对比文集 [J]// 威廉·冯·洪堡：语言学文集 III．卷 1．曼弗雷德·林马赫，编．帕德博恩，2016：387-455．附录 1（441-453 页）疑似该篇演讲的原文．

贝尔·雷慕萨（Jean Pierre Abel Rémusat，1788—1832 年）的书信之中，其节选 1826 年发表于巴黎的《亚洲学报》：(19)《致阿贝尔·雷慕萨先生的信：论语法形式的通性及汉语精神的特性》。该文汉语翻译参照的是何莫邪（Christoph Harbsmeier）的德译本。[1] 洪堡以极为简短的形式将其研究结果也在科学院进行了演讲：(20)《论汉语的语法构造》(1826 年 3 月 20 日科学院演讲；《文集》卷 5，309-324 页）。

洪堡所关注的最后一个对比语言研究的大型领域是东南亚及南太平洋诸岛上的语言，部分研究结果他同样在科学院进行了演讲：(22)《论南太平洋诸岛屿上的语言》(1828 年 1 月 24 日科学院演讲；《文集》卷 6，37-51 页）。[2] 尽管篇幅简短，洪堡这一演说依然以最凝练的方式展现了其语言研究的广度，涵盖了人类学、人种学及普通历史、宗教史和文学史方面的问题。他的最后一部、也是最为著名的未发表之作同样属于这一研究领域，见译文 (27)。

洪堡在从事普鲁士外交事务期间，利用闲暇继续展开了其始于巴斯克语和美洲语言的基础性语言研究。此处三篇纲领性文章就出自他派驻维也纳的工作时期，可概括为两条主线：纲领性简论 (3)《普通语言学论纲》(《文集》卷 7，619-628 页），简短的方法性思辨 (6)《论语言的亲缘关系》(《文集》卷 7，629-636 页），以及用法语为亚历山大的游记所撰写的成熟的论文 (5)《新大陆语言随笔》(《文集》卷 3，300-341 页）。[3] 后者体现了洪堡那种哲学的语言观以及其 1812 年

---

[1] 何莫邪. 洪堡致阿贝尔·雷慕萨先生的信——论古汉语的哲学语法 [M]. 斯图加特, 1979. 全部通信的背景可参见：有关汉语的通信：威廉·冯·洪堡与让·皮埃尔·阿贝尔·雷慕萨有关汉语的哲理语法辩论（1821—1831）[M]. 让·卢梭，德尼·杜阿赫，编. 里尔，1999.

[2] 该文新近的编辑和评注参见：南太平洋和东南亚语言 [M]// 威廉·冯·洪堡：语言学文集 VI. 卷 1. 乌利克·佛理，弗尔卡·黑逊，弗兰克·齐莫尔，编. 帕德博恩，2017，59-76 页. 参见导论（1-57 页）.

[3] 参见尤尔根·特拉班特最新详注：威廉·冯·洪堡：从美洲语言到语言的普遍类型 [M]. 贝蒂娜·林多夫，尤尔根·特拉班特，编. 帕德博恩，2017：5-84.

的语言学研究状况。汉语翻译以克里斯蒂安·施泰特的德译本为依据。[1]他参考了洪堡1820年后在泰格尔自己翻译的部分德译文并加以补充。[2]

上文提到，洪堡自1820年始在普鲁士皇家科学院做了系列演讲。以此为契机，他从普遍语言研究和对比语言研究中提取部分纲领性内容，整理成为适合更广泛学术群体的演讲稿。上述（17）（20）（22）均属此类报告。本译著还涵盖了与之类似的其他九篇论著，主题通常同时涉及语言学、文化学及（语言）哲学。

1．（8）《论与语言发展的不同时期有关的对比语言研究》（1820年1月29日首次在科学院演讲；《文集》卷4，1-34页）。洪堡在泰格尔的家庭图书馆度过了生命中的最后十五年，该篇演讲稿被视作洪堡晚年所有的语言研究所锲而不舍、始终坚持的纲领性奠基之作。

2．1821年创作的(10)《论语言的不同特性对文学和精神构建的影响》（《文集》卷7，640-644页）是一篇未完成的书稿，可能也是洪堡为科学院演讲所撰。洪堡在这里碰到的是一个等式中出现了两个变量：语言和民族。他始终希望更为广泛深入地探讨这一主题，却一直未能为此找到简单易行的答案。

3．1822年撰写的（12）《论语言的民族特性》（《文集》卷4，420-435页）和（10）一样，系为科学院演讲而起草，经过了精心的修订，但又未能完成全稿。洪堡对该主题的阐释细致入微，讨论了如何确定语言和民族个性特征的问题。困难似乎在于他走上了一条无解的道路，文章又无果而终。

4．洪堡语言理论研究的核心对象是，探究一种语言表达各成分间

---

[1] 《新大陆语言随笔》，威廉·冯·洪堡：语言普遍类型的基本特征[M]．载：克里斯蒂安·施泰特，编．柏林/维也纳，2004：145-245．

[2] 参见：墨西哥语语法[M]//威廉·冯·洪堡：语言学文集III：美洲语言．卷2．曼弗雷德·林马赫，编．帕德博恩，1994：220-223．

语法关系的方式。他将语法关系的不同表达形式作为语言对比的标准，并用以确定不同语言各自的发展阶段。该主题在科学院演讲（11）《论语法形式的产生及其对观念发展的影响》(1822年1月17日科学院演讲；《全集》卷4，285-313页）中得以全面透彻地分析。

5. 论文（15）《论语言与文字的关系》（《文集》卷5，31-106页）源于洪堡在1823/1824年冬着手进行的关于语言与文字间关系的大型研究。虽然文章开头对全世界不同文字类型作出了简要综述，从东亚的"图形文字"到秘鲁的"结绳记事"，再到亚洲最古老的"字母文字"，可后文却几乎只阐释了古埃及的"象形文字"——其自拿破仑远征埃及之后在欧洲再次引起了高度关注。此番研究期间，洪堡了解了让·弗朗索瓦·商博良（Jean François Champollion，1790—1832年）对埃及象形文字的解读，并渐渐熟知了该文字。只是直到述及该主题的另一篇论文的出现（1825年3月24日科学院演讲）以及与商博良由此而引发的书信往来，才使他对象形文字的研究得出了令其满意的结果。[1]

6. 在此之前的一次科学院演讲中，洪堡探讨了自己对文字和语言之间关系的哲学思辨、对拼音文字相对于所有其他文字类型拥有的自然优势的论证，即（16）《论拼音文字及其与语言构造的关系》（1824年5月20日科学院演讲；《文集》卷5，107-133页）。

7. (23)《论确认东方语言亲缘关系的最佳手段》(1828年6月14日；《文集》卷6，76-84页）是一篇用法语撰写的即兴之作。洪堡作为当时著名的语言研究学者，应邀在皇家亚洲学会宣读了自己的观点，留下了英文版本。

8. (21)《论双数》(1827年4月26日科学院演讲；《文集》卷6，4-30

---

[1] 关于这场讨论全面的、略有出入的追述及其历史、科学史背景，参见：巴黎东方读物——论威廉·冯·洪堡的文字理论[M]. 马库斯·迈斯林，编. 帕德博恩，2008：63-92页. 第3章："威廉·冯·洪堡文字理论中对商博良的接受"。

页)是洪堡的另一篇科学院演讲稿,介绍了他为之吸引的一项语法研究专题,即只为少数语言所拥有的"单数"和"复数"中"数"的概念。以此为契机,洪堡对作为所有人类言语基础的"言说"中的人称关系做了具有创见性的哲学反思。

9. 洪堡在(26)《论某些语言中方位副词与代词的亲缘关系》(1829年12月17日科学院演讲;《文集》卷6,304-330页)一文中同样述及了语言哲学的命题,讨论了一种在世界诸多语言中均存在的现象,即抽象人称代词在语言历史上的形成。这类抽象人称代词通常由具体的、指示言说者所处位置的方位副词发展而来,言说双方可以以此指明其地点和位置。

我们要谈的最后一组是最具规模的著述,其中一部分为首次汉译,另一部分则为重译。这四篇长文,洪堡本意并非作出版之用。前文提到的短文——除了那些他原本就只是为后续研究而做的草稿笔记,确切来讲均为即兴之作,是借助一定的契机、为特定的读者或听众所撰写,和所有针对一定受众的演讲一样,表述符合一定的交际目的。与之不同的是,这四篇长文并不针对特定群体。相比其他论著,在此洪堡更为明显地是在为自己、为同代和后世学术界撰文。在某种意义上,这四篇论著可视为洪堡代表性巨著的四个方面,历经十二年之久,成文于作者不同的研究时期。

(18)《语言普遍类型的基本特征》(1824—1826年;《文集》卷5,364-475页)[1]的副标题道出了作者最初的写作意图:"关于详尽研究美洲语言的导论。"作者为撰写该篇导论酝酿多时。事实上,该论文是作者就"思维"和"言说"、"逻辑"和"语法"之间的关系所做的第一

---

1 该文新近的编辑评注版本见:贝蒂娜·林多夫. 从美洲诸语言到语言的普遍类型[M]//贝蒂娜·林多夫,尤尔根·特拉班特,编. 威廉·冯·洪堡:语言学文集 IV:普通语言学. 卷1. 帕德博恩,2017:87-276.

次全面的哲学探讨。作者自己也惊讶于论文重点的转移。

（25）《论语言的语法构造》（1827—1829 年；《文集》卷 6，337-486 页）再次考察了（11）已深入探讨过的关于语法形式的问题。洪堡在该文的"泛论"部分系统阐释了主题并通过诸多语言的实例加以说明（约 60 页）。在接下来的"历史"部分则研究了不同语言语法形式的特殊表达方式："汉语'无声的'语法，波利尼西亚语的'事物表称'和'分开表称方式'……特拉华语的'粘附方式'，梵语的'屈折变化'"（《文集》卷 5，397 页），而事实上，洪堡在这一部分用了 85 页篇幅却仅讨论了"梵语（它和希腊语、拉丁语、哥特语可视为同一，对我而言也是当今印度语的起源）"，这正是他后来删除的上述副标题所道出的主要思想。此后手稿书写戛然而止。

（24）《论人类语言构造的差异》（1827—1829 年；《文集》卷 6，111-303 页）或许最为成熟、最为贴切地从整体上展示了洪堡在语言哲学、语言学和文化学方面的观点，并以洪堡语言思想最为标志性的"差异"作为标题。以此为标题，该文驳斥了语言研究中一切科学分类方式的绝对性主张。分类是服务于一定目标的辅助手段，并能够作为辅助手段而加以合理运用。

（27）《论人类语言构造的差异及其对人类精神发展的影响》（《文集》卷 7，1-344 页）是洪堡最具规模的专著性著述（344 页），在其 1836 年逝世之后不久，由其胞弟亚历山大出版，作为三卷本著作《论爪哇岛上的卡维语》的"导论"部分，只是该作也与许多其他论著一样，未曾完稿。自此该文以"卡维语导论"为世人所熟知。这篇著述也全面描述了洪堡整体的语言思想。文中大量例证的历史背景并不局限于东南亚语言，许多详尽的细节分析也未紧扣主题。然而，文中对前人的思想进行了精辟新颖的描述，对一些早已熟知的主题重新加以全面探讨，如"各种语言的特性""诗歌和散文"等章节所示。

1．论思维和言说

1795/1796

1．思维的本质在于分割（Reflectiren），即区分思维者和思维内容。

2．为对其进行分割，精神必须在其连续不断的活动中做一短暂的停顿，将正好想到的内容视为一个单位，并通过这种方式确立起与自身对立的对象。

3．精神对以这种方式构成的多个单位进行比较，并根据自身的需要对它们进行分解和结合。

4．思维的本质在于把自身的进程分解为若干片段；并由此将其活动过程中的某些部分组合成为整体；这些组合各自独立，但合在一起又作为客体对立于思维的主体。

5．任何思维，即使是最纯粹的思维，也必须借助我们感性的一般形式才能显现。只有在这种感性形式中，我们才能理解并在某种程度上把握住思维。

6．思维的某些部分结合成为一些单位，以便使这些单位作为组成部分区别于一个更大整体的其他组成部分，同时作为客体与主体相对立。这些单位的感性指称在最广意义上的理解即为：语言。

7．语言因此直接并即刻始于最先的语符切分（Reflexion）行为。正如人从主体吞噬客体、充斥欲念的含混状态中觉醒并获得自我意识，言语的出现亦如此——犹如人给予自身的第一个推动，使自己停顿下来，环顾四周，辨别方向。

8．寻求语言的人也在寻求符号。在符号中，借助从思维中分解出的若干片段，人能够将整体概括为单位。这些符号更适合于表达时间范围而非空间范围的现象。

9．在想象力和视觉面前，那些毗邻存在的静止之物的轮廓很容易混淆；而在时间序列中则相反，目前一刻在过去和将来之间划了一道明确的界限。存在与不复存在之间不可能出现混淆。

10．视觉只能直接并独自确定不同颜色的界限，而不能根据对象的轮廓确定不同对象之间的界限。这种界限的确定方式有两种：一是靠触觉，即在时间序列中用手触摸对象的周身；二是通过运动，即一个对象摆脱另一个对象的运动。在此基础上，视觉随后建立起所有类似的推论。

11．在所有随时间展开的变化当中，最深刻的是声音所带来的变化。这种变化同时最为短暂，出自人本身、随着赋予他生命的气息而产生并转瞬即逝，但又最具生命力和激发力。

12．因此，语言符号也必然是声音。一旦人清楚地认识到一个有别于其自身的对象时，就会根据隐藏于所有人类能力中的类比推断，即刻发出一个表示该对象的音。

13．这种类比推断持续发生作用。当人们寻找语言符号时，其知性（Verstand）的任务是分离。此外，知性构造出一些并非由真实事物，而是由概念组成的整体，这是一个自由处置的过程，即再度分解，重新结合。与此相适应，舌头选择了分节音（articulirte Töne），这些分节音包含了一些元素，这些元素同时构成多种多样新的复合形式。

14．这样的声音并不存在于除人类以外的大自然的其余部分。因为除了人之外，没有任何其他生物能使他的同类通过共同思维达到理解，而最多是通过共同感觉而采取行动。

15．因此，人不会把任何一个粗糙的自然音收进他的语言，而是始终构造出与自然音相似的分节音。

16. 甚至连自己抒发情感的叫喊声，人也使之与语言严格区分开来；在这一点上，最有教养的人也受着情感的正确引导。当人异常激动，以至于忘记了至少在想象中将对象与自身分开时，就会发出自然音；在相反的情况下，人便会正常地说话，只是随着情绪的激动提高声音而已。

译词对照表
德语拼写遵照原文，词汇排列按照其在文中出现的顺序

Reflectiren	分割
Reflexion	语符切分（Segmentierung in Moneme，切分成最小的语义单位）
Verstand	知性
articulirte Töne	分节音

2. 论巴斯克人（著作残篇）

1801/1802

读者现在完全了解了巴斯克语，这有助于刻画说这种语言的民族的特性。现在是对巴斯克语进行描述的时候了。因为有必要对此进行一次较为枯燥、但又更多深入细节的介绍，所以我只能与那些对单纯的语言研究没有兴趣的人不相为谋了。在此，我的目的并非是要教授巴斯克语，而是想要指明，巴斯克语是以何种方式从其他的语言中——无论是相对较老的还是相对较新的，脱颖而出的。我的陈述也将遵循这一目的而安排。我将更多地涉及这种语言改变其内部要素的方式，而不仅仅停留在对这些变化本身的罗列，同时介绍如何根据一个原则使语言结构所有的组成部分合而为一。因此，我的陈述过程在很多方面都会与那些语言学习者的愿望背道而驰。对于单纯的语言学习而言，机械的学习方法是捷径。所以说，示例较于规则、词汇书籍较于词源学概览、整理大量习惯用语较于精细化掌握它们，都会对语言学习更为有效。[1]

---

[1] 在所有的事情上如果太过片面地遵守所谓的系统性方法就很容易忘记，人的精神（即便是孩子）总是容易从看似混乱的个别现象中得出一般原理。与此相反，却很难从一般现象中发现个体特殊的存在。因而，人们面对错误和混乱较之面对空洞更容易保持清醒的头脑。我以为，以前的教学方法较之新近的更为出色：老的教学方法提供大量的材料，学生必须开动脑筋、通过自己的努力而从中得出形式规则；而我们现在使用的方法是直接教授学生形式规则，这就很容易培养出空洞的头脑。除却教学方法，显然现在在历史、语言以及（在德国还有）数学的教学方面做得太少。即便学习了很多的自然科学，也无法弥补智力的贫乏。用最一般的形而上的方法编排规则和技巧上越来越抽象的美学（谁会否认，现在在德国物质性和超验性之间几乎毫无余地了？）只会进一步加重这一弊端。

在一种语言或多种语言中，词源学可以双重应用。可以这样问：这种或那种语言的词汇如何互为根源？也可以那样问：这种或那种语言本身如何互为起源？

只有将上述两种应用不断地结合在一起，词源化的目标才能得以实现。对于许多人而言，词源学只是一门随意性的、徒劳无益的学科，其原因主要在于，人们到目前为止的做法几乎只是研究后面一个问题而忽视了前者。

在此要对二者逐一进行验证。

Ⅰ．一种及同种语言的词源化

通常情况下，人们将词源学理解为关于寻找词源形式（Wurzelwort）或根词（Stammwort）的科学。但是，"是否确实存在根词"这个问题则显得更为正确、更为有的放矢，同时也更为纯粹。也许有人将词源学视为一种艺术，是要探寻声音和词汇意义之间类比的规则（Gesetze der Analogie），亦即从一个方面能自动得出另一方面。人们总是将源于一般的特殊性又归因于一般，因而，即便最终并非总能追溯到根词，却至少能追溯到根概念（Wurzelbegriff）。

采用这样的方式，词源学与一般语言研究完全相同，因为语言研究在哲学意义上就是探寻各种语言要素间所有可能的类比性。同时这也显示了词源学的必要性，因为倘若没有词源学，语言研究这座大厦将会缺少最为上层和最为重要的拱顶石。

词源学家只会在极其罕见和非常重要的情况下引证历史古迹，犹如援引支持他的看法的证人。往往只有自己熟知的语言才可以用来比较，他必须要关注这些语言中相同的发音和相同的词义，推断出语言创造者的思路，并尽可能对其进行诠释。

假设偶发情况、说话者的主观妄为或个性化特点影响到了这种思路，那么词源学家所做的上述尝试都将成为徒劳。恰恰因为语言是全人类的需求和创造物，我们可以说，其间必定存在一定普遍的、清晰明了的规律。

（语言与火种相类似，一旦出现，就会轻而易举地告知它的存在。但是在那个时代，人们并没有将其视为与人类有关的自然要素，而只是通过偶然事件或一个重要发现才获取了安睡于石头中的火种。）

人们惯常把语言称之为情急之下的产物，但却忘记她是天才的杰作。情形如若紧急，人们更愿意使用不分音节的情感音（unartikulirte Empfindungslaut），哪怕是最有教养的人也是如此。因而，仅用于解救紧急情况，词汇太过珍贵。

不讲话，人类可以将动物属性长期地延续下去。新近发现的野生毛孩就是这方面很好的例证。如果开口讲第一个词语，就能进一步升格而成为人。这个人必会惊讶于突然冒出的想法：他能够切分语符（reflectiren），能够突然停止他长期以来的苦思冥想，能够将对象对立于自身并观察它，而且此刻他开始开口讲话。

随着第一个词语的说出，其他所有人的舌头也被解禁。语言就像是安睡于石头中的火种。在获取它之前，它的存在似乎只是一种"奇迹"。一旦被点燃，它就会毫不费力地传播开来。分音节也是如此。在分音节中，鸣响的不再是像情感音一样的声音，而是被赋予了声音的意义（Form）。这种分音节直接要求耳朵能够听懂所听，同时唤醒了听者自身具有的切分语符和发出分音节（artikuliren）的能力。而听者用或许有所改变的词语予以答复。一个言语行为往往有多方参与，为便于理解，语言会被使用者不断地加以润色改变，正如岸边的石子，在波浪的来回冲刷下变得越来越平滑。

没有语言就无法思维（denken），思维成为了人类讲话的初始动力。因此人类思维规则的普遍性规定了人类话语活动的模式。人建构话语活动的模式是出于自身发展的目的。同样的发展发生于每个人，所以每个人都有可能建构语言。人发明任意性的符号，并非为了满足其外在的需求，而是出于内在需要，即成为拥有观察和思考能力的生命之物，成为人。人用词语创造出一个之前从未由此而想到过的概念。从这个作为人类思维和情感规律结果的词语出发，人可以按照类比原则一次又一次地发展出新的词语。

因而所有基于说话者个人境遇的因素对语言发明的影响都是次要的，而主要作用仅仅为人类的共性所决定。

每一个说出来的词都是让其他人理解的一种尝试。离群索居的人不可能想到"说话"这个主意。语言禀赋（Anlage）与社交禀赋密不可分。一个"不说话"的海狸般的"人"的团体是一个自相矛盾的概念。人要么与丛林中的动物一般四肢着地、与世隔绝地生活，要么直立行走、与同类进行交流，讲着话，为发展出家庭—社会模式奠定基础。同时也为过渡到市民社会做好准备，并且通过他自身的存在提出了所有地球居民处于同一个世界（世界主义）的想法。

不同的社会其范围大小有所不同，它们之间的界限是由语言决定的。每个社会都会延伸到它的成员之间可以较为容易地相互理解的地方。

即使在高等文化当中，针对最为简单的事物一个人也不可能完全彻底地理解另一个人。每个人说话都有一定的不确定性，哪怕一个人非常睿智，哪怕他表达的事物非常精准，也会被他人误解。尽管如此，每个说话者还是以被他人理解为准则。与双方的意见表达和理解紧密相关，语言每次只是交谈双方共同努力的结果。这样，极具个人特色的语言形式就会自动消失。

较小的社会逐渐拓宽疆域。语言只有通过在这一社会中的日常使用才能成为大家最简便的交流工具，从而为过渡到更大社会中的使用做好准备。在这样的过程中，语言参与度越高，越可以获取一个普遍适用的模式，越可以抛弃看似任意的形式,从而越可以接近所有说话者的自然本质。

在此可以考虑一下永无止境的人员流动,它发生在不同时期的地球居民之中。人们时而去这儿,时而去那儿,时而群体迁移,时而殖民迁徙,偶尔还会发生个人发配至边远疆域的事件。这时,语言的差异性会比相似性更能引起人们的注意。因此,词源学研究并不是不切实际的妄想。

人们必须时刻牢记下面的两段话:

1．出于人类最普遍本质需求的语言,即便在差别最大的地区和时代,即便没有相互的交流,它们的构造都具有高度的相似性。

2．驱动于相互理解的热望,同时力求通过类比分析新的形式,人不断将个别的差异归因于更大的共性。

关于语言研究或者对所有语言建立系统的百科全书的计划

我们这个时代所进行的所有科学工作中,有一项丰富的、大规模的、关乎公众利益的课题一直没有引起思考和重视,那就是对古代和近代不同语言进行对比的工作。这个现象值得注意。

这种说法也许比这件事情本身更让人觉得吃惊,因为很多人肯定认为,语言的对比研究虽然尚未全面和彻底,但至少已经在许多方面开展起来了。然而,研究的核心不应该建立在一般性认识之上——况且据我所知,这些一般性认识还根本没有得到验证,而应该按照相同的原则对所有尚能找到踪迹的语言进行比对研究。应该将所有已知的语言与人类理性的本质相联系,并从不同部族的历史出发对其进行研究。迄今这一研究视角还几乎未经涉足,至少没有达到一种让人满意的程度。

这是一项浩瀚的研究工作,才刚刚开始起步,尚未完结,即便穷尽整个时代也无法完成这个课题的研究。因而,人们只能说这样的想法不切实际。目前,语言的对比研究虽然已经开展,但是研究目的时而是基于历史研究，时而是为关于原始语言（Ursprache）的凭空设想提供依据，时而只是便于学习这种或那种语言。虽然近年来也有人提出在所谓的普通语言学（allgemeine Sprachlehre）中解决了这种或那种语言中的这样或那样的问题，但这些只是个别现象或者仅仅起到了例示作用。尽可能完整地收集所有语言并对其按照想得到的所有类比原则进行对比，一方面从结果出发去追溯人们发明和发展语言的方式；另一方面再从起因出发推导出本民族语言的构成。这两种方法应该从哲学上考察语言的普遍本质，在史实上考察不同种族所经历的不同命运。我认为，这一想法至今被忽略，但是非常值得对其进行认真的思考。这样，虽然不会产生一门新的科学，但也会在目前所进行的科学研究中成为一个新的方向。

本篇论文的目的即是对上述的观点进行恰如其分的讨论并加以证实。它提出了一个研究计划，即如何按照本文作者的观点从现在开始对语言进行系统研究。如果能够得到内行人士的赞同，那么许多人可以共同为实施这一计划助一臂之力。令人宽慰的是，这一计划的主要困难是对语言的比较研究，但随着时间的推移并在很多人的努力下终能成就。而研究结果的应用和使用却相对容易，即使教育水平不高的人也能理解。尽管许多人对这项研究的主要目的不甚明了，但该研究至少还有一个非常重要的次要目的，即以前所未知的方式帮助语言学习。

所有学习的主要困难在于寻找合适的学习时间并通过规则来帮助记忆。这种需求在语言学习上显得尤为迫切。现在的人学习语言，常常会身陷单词丛林而不能自拔，而这些单词又毫无关系地连在一起。虽然有些语法规则存在，但人们只是为语法形式所累而丝毫看不出这些形式存在的理由。尽管如此，人们还是感到这些在教学方法上看似毫不相关的符号其实在本质上并非如此。如果学习一门语言有了一段时间，那么之前不理解的东西就会豁然开朗。此外，还可以非常有把握地预先感知未学的内容，而不再只是对其进行猜测。掌握许多语言并关注自我学习过程的人都会清楚地记得，几乎在学习每种语言的过程中都会突然有所发现，犹如灵光显现，而如果这种现象早点发生，就能为自己的学习节省大量的力气。因此，若谁有勇气在没有老师的情况下自学一门语言，总会从通读语法和反复学习词汇开始。他用自己构造语言的能力来检验他想象力所及的语言形式，由此从各零散的形式中提炼出适合这种语言所有形式的普遍性模式。在语言学习中，人们总是按照模模糊糊感觉到的类比方法行事——相比那些死记硬背的孩子，这在那些主动创造的孩子身上体现得更为明显。正是通过这样的类推比较，同时主动创造而不只是被动接受，人们才会融入这门外语之中去。其间的关键是找到类比的精髓，而这对于所有语言学习来说是最为紧要的一点。从这一点出发，便能提升学习效果和学习乐趣。

不仅仅是语言各要素，而且还有其他许多要素都处于一种共同的类比规则之下。这一点我们通过浅显的观察就能认识到。经验告诉我们，一旦认真细致地学过多门语言，再学习一种新的语言时不仅会感觉很轻松，而且可以凭借之前学习语言而获得的语感在学习过程中预先猜测出这一新语言的特点。

然而，现在人们习惯于孤立地学习语言，最多也只不过以普遍的哲学原则为基础，但这些原则几乎只是与语法、却很少与构词有关。这一缺陷可以借助系统的语言百科全书彻底进行弥补。语言百科全书的出发点是对语言能力进行先验性分析（metaphysische Analyse），找出对语言形成产生影响的偶发状况，进而全方位地考察人与语言间的相互关系。如若百科全书出于理性和经验可以将地球上不同民族解决语言中出现的各种问题的方法类型罗列出来，并以此描绘出有关语言差异的蓝图，那么它现在就可以描述出每一种语言的特征，并按照亲缘关系的远近分组归类，由较为相近的过渡到差异较大的语言。使用了这样的百科全书，不仅可以了解所要研究的那门外语的特征，而且可以在所有已知语言中找到其应该归属的位置；这样，人们完全可以先熟悉待学语言的结构体系、进而学习这门语言，凭借对人类语言过程系统的、概览性的掌握，以一种奇妙的方式明确地感受到人在语言中存在的意义。

便于语言学习对建立所有语言的百科全书而言只不过是一个不太重要的次要目的。而其最主要的目的是，将语言本身作为一种重要的、关乎公众利益的对象来研究。

虽然人们早已不再将语言的差异性看成文化障碍，不再将语言学习视为教育（Erziehung）中必不可少的痛苦，但是人们还远未达到这样的程度，即不再将语言仅仅看作其所属民族或该语言的作家表达想法的工具。因此，按照文学的精美程度来错误估量语言的重要程度，完全低估没有文学的民族的语言价值，以及错误的教学方法，这些行为的产生源于我们仅仅通过作家所言来评估语言。

语言，不仅仅在普遍意义上，而是每一种独特的语言，无论多么贫乏、多么原始，都值得人们费尽心力去仔细思量。语言并非只是人们通常所说的一个民族观念（Idee）的表达物。对于许多语言符号而言，观念无法弃之而存。语言是民族精神力量的总和，奇迹般地经由一定的声音得以表现。借助声音的形式，通过它们之间的内部关联，去获得别人的理解，同时别人用自己的方式唤醒他们身上相近的精神力量。人虽然可以超越语言，即不仅仅只是能够通过词语来进行表达；但他必须用词语去把握和定格瞬息即逝的思想，并借助词语来进一步超越词语本身。多种语言并非是对同一事物的多种称谓（Bezeichnung），而是对这一事物的不同观点。如果一个事物不是外在感官能够感知的对象，那么它就会被不同的人建构成为很多不同的事物，人们只是用自己的视角把握和理解陌生的事物。象形文字正是人们传达世界、表达想象以及表达自我所留下的印记。世界和想象力总的来讲是相同之物，而想象力总是按照相似性原则将想象之物串连在一起，让它们相互生成、不断丰富并且继续构建。语言的多样性使世界变得丰富多彩，同时使我们对世界的认知也随之丰富多彩。由此，人类存在的维度拓展开来，新的思考和感知方式确切地、真实地呈现在我们面前。语言是所有民族的共同财富，因此我们不必担心语言中会存在对想象力的吹毛求疵和放纵使用，因为这多半是个人行为所导致的后果。语言所呈现给我们的是完整的、纯粹的、朴素的人类本质；如果我们能成功到达语言秘密的深处，我们就可以用那个民族崭新的想象力来刷新我们枯燥的理解力，这种想象力可以用动人的、有生命力的图像表达出对世界敏锐的感知。

对地球上语言的研究同时也是人类思想（Gedanken）和感知发展的世界史，它对处于所有区域、所有文化阶段的人进行描述。其间所有的因素都不可或缺，因为所有涉及人类的东西都与人类密切相关。

希望各位通过以上所言便都会明白，我在此所提建议的目的无非是，再次简单地重复一下，将语言（既指普遍意义上的语言，也指所有地球上的特别方言）发展为独立的、区别于其他的、自身具有体系性的研究性工作，并且将这样的研究确立为重要（虽然很少被关注）的方法，由此去了解和提高处于不同文化阶段的人，除此之外还可以用来帮助语言学习。

这样的语言研究需要、而且值得进一步的阐释。这可以划分为以下三个部分：

1．需要进一步确定的目标和该目标的重要性。

2．语言研究必须包含的不同部分，或者关于普通语言百科全书计划的具体阐述。

3．实施该语言研究计划的可能性以及如此规划的语言研究的方法。

译词对照表

德语拼写遵照原文，词汇排列按照其在文中出现的顺序

Wurzelwort	词源形式
Stammwort	根词
Gesetze der Analogie	类比的规则
Wurzelbegriff	根概念
unartikulirte Empfindungslaut	不分音节的情感音
reflectiren	切分语符
Form	意义
artikuliren	发出分音节
denken	思维
Anlage	禀赋
Ursprache	原始语言
allgemeine Sprachlehre	普通语言学
metaphysische Analyse	先验性分析
Erziehung	教育
Idee	观念
Bezeichnung	称谓
Gedanken	思想

3．普通语言学论纲

1810/1811

著述的内容提要

Ⅰ．一般性研究

1. 对语言、语言的本质、语言的划分以及语言与人和世界之间关系的研究：

A. 语言的性质，语言和人的关系

B. 不同语言的特点，语言及其民族的关系

C.ª 不同语言对言说者作用和影响的差异

C.ᵇ 关于不同语言的产生、语言之间的亲缘关系、语言的变化和消亡

D. 语言所有的差异所涉及的范围，人类语言的特性

E. 对语言结构的剖析，研究哪些结构组成部分在语言的整体影响上发挥着主要作用

F. 关于已知语言对人类已经或将会产生的影响的概要介绍

2. 方法论，上述研究结果在以下领域中的具体应用：

A. 语言学习

B. 对不同语言的评判

C. 对不同语言的论述和探讨

Ⅱ．专题研究

导论

1. 普遍对比语法
   A. 根据语法规则和类比原则
   B. 根据语法现象的称谓手段
   C. 根据语法对思想表达的影响
2. 普遍对比词汇学
   A. 根据词法规则和类比原则
   B. 根据词根音（Wurzellaut）
   C. 根据词法和言说者需求之间的关系
3. 确立不同语言之间的亲缘关系

Ⅲ. 不同语言的哲学发展史以及语言对不同民族在不同历史时期的影响

如罗马数字所示，上文所列为三部著述的主要内容。
大写的拉丁字母则将第一部分内容分成了十卷。

关于著述的主要观点

1.

我所说的"普通语言学论纲"，是指所有起主导作用的基本原则和历史事实的系统总合，无论是针对多种语言或所有语言，还是某一种语言，或者是人类语言的本质特性，它们使语言研究更为容易、更为准确、更为广泛并富有成果。

2.

这样的论纲因此必然包含最一般的概念，且尽量能够深入及里；但同时也要顾及特殊，因为知性（Verstand）不能仅仅依赖于记忆和练习，而是要能够洞察类比和关联。

3.

这里所勾画的理论探讨只能称之为一项研究的论纲，因为一种语言、甚至所有语言，都无法形成一门科学或学科，而只能构成一种研究。本质上，每种语言都是"无限"的，因而人们不能指望对其彻底探明，更无法完全描述。

4.

正如每一种语言都带有民族特点的印记，所有语言的总合很有可能体现出人类的语言能力，以及依赖于这种语言能力的人类精神。

语言是一种独立的存在，人既创造语言，又被语言所引导。以前人们仅将语言看作一群符号的总合，用以表示一些外在于语言的、自然存在的物象，或仅仅是一些概念而已。现在，这种错误看法早已不复存在。

各民族的分隔是自然演进的必然结果。我们没有理由认为，大多数语言仅为民族分隔的伴随现象；但我们也没有理由否认，语言的基础是某种远比上述现象更为重要的世界观（Absicht der Weltanordnung），亦或是深刻的人类精神活动。我们知道，人类精神的每一具体作用都带有片面性，但这种片面性可以通过其他相关的作用得以消弭；我们也看到，很多已经得到细致研究的语言，它们之间可以互相取长补短。也许对所有的语言而言，情况都是这样，虽然很多语言尚未完善便已消亡。人类精神需要造就丰富多样的智力形式，这也许正是语言多样性的原因。这种丰富多样有其界限，但正如生机勃勃的大自然也具有多样性，其界限却同样难以为人所知。若想进一步寻求语言与自然的相似性，那么人们或许还可以说，根本就不会再产生新的语言了。不过仅仅是语言的变体（Spielart）就远比有限的物质自然界中的种类要多得多。

5.

每种语言都为其使用者的精神设立了一定的界限，指明某一方向，同时排斥其他方向。因此，通过对所有语言的研究可以发现，一种语言能达到怎样的精神高度，同时语言又以何种方式历史性地决定了人类的精神界限。

6.

一部普通语言论纲的主要任务是：尽可能对人类的语言能力做出测断。

在向着这一目标努力的同时，这一研究也就自动地满足了所有从属的要求。

7.

但是目前所能研究的只是人类语言创造这一杰作的残章片段，其中大部分已经湮没不见，还有许多则永远无法破解。因此，人们首先必须依靠的，是理性（Vernunft）以现有的材料为基础又能够突破这些材料所获得的认识。

8.

因此，首先必须研究语言和语言对人的影响。这里指一般意义上的语言和人，不考虑个体的多样性和独特性。

9.

一方面要排除所有独特性，另一方面要总结所有已知事实。在"人"和"人类"这两个概念之间存在着一个生动丰富的领域，由真实的语言、民族和个人构成。人们应当对其进行全面的检验、测断和加工，但前提是必须在语言的不同特性之中，在存在于不同部族、民族、个人的不同人类目的和属性之中查找相关的指导原则。

10.

对各种语言初步、甚至是肤浅的考察，就已经显露出了对语言进行独立且深入研究的必要性。正如漂浮于山顶的云朵，只能从远处眺望才能确定其形状，一旦走进其中，看到的却只是一片灰蒙蒙的雾气；同样，虽然可以在整体上清楚地看出语言的作用和特性，但一旦着手研究这些特性的具体体现，研究对象便仿佛从手中溜脱。

另一个困难是，人始终困囿于语言之中，无法在语言之外找到立足之点。若想要从任何一个词语转向由该词所指称的概念，那只有将其翻译成另外一种语言或者还是只借助词语而合成定义，除此之外别无他法（当然，具象之物除外）。

此外，语言和民族特性之间的紧密联系之所以难以破解，是因为这种特性的展现形式及其随不同民族和个人所产生的变化，都要求人们对其进行全新的和更为深入的探索，尽管有的部分永远无法得以彻底勘破。

只有不断地从经验中来，并又回到经验中去，才能实现上述目标。倘若人们无法全面搜集和筛选所有现存的语言材料，并进行系统化的整理和对比，便难免产生偏见误识。

因此，如果不对语言重新进行崭新的、独立的、全面的并横跨相邻领域的研究，那么语言研究就永远无法以一种真正有效的方式对人类其他的认识领域产生影响。

11.

虽然在我们这个时代哲学和语文学已经取得了巨大的进步，虽然对所有文明开化的语言（cultivirte Sprachen）所进行的研究得到了加强，虽然也对那些原始的、只因其构造（Bau）才引发兴趣的语言予以了很大关注——这主要是通过传教士和旅行者，但所有这一切对于上文提出的研究观点而言还远远不够。

从哲学的观念上看，人们几乎还仅仅停留在普遍语法这一贫乏的境地，即便如此，也很少将其视为纯粹理性的科学，更从未将之作为普遍的对比语法加以研究。普遍语法在大部分情况下只是一些理性论述和实际例子的混合，其中实例的搜集则很不全面，常常得于偶然。

从历史资料来看，人们仍只是满足于材料的堆集，且材料既不完整，也不纯一，无法服务于所有目标。更不幸的是，人们几乎处处都根据这样一些材料做出判断。显然这样的判断缺乏可靠的依据，无法恰如其分地提出主导观念。

所以到目前为止，无论是属于哲学范畴的各门科学，还是在史实（Geschichte）方面，尤其是对语言本身的认识，都尚未从如是研究的普通语言学中大获裨益。如果人们仅仅通过几十个费力找到的词，不顾其与其他词之间的内在联系，而由此来推断不同语言的亲缘关系，词源学以及关于民族起源和亲缘关系的学说就必然会被视为不可靠而遭受质疑。

所以毫不奇怪，即便在那些经过科学训练的人的眼中，探寻语言的残余也只不过是一种可以容忍的探新猎奇。而语文学家们则认为，那些研究所谓"野蛮语言"的人只不过在古典语言的研究上难以为继，出于无奈才改换了研究对象。却很少有人能够理解，一种语言的魅力绝对不仅仅体现在其文学之中，也不只在于这种语言所显示的民族个性，以及由此可以获得的历史启示；语言的魅力在于，通过自身的内在构造和基本成分的特性，用截然不同的方式引导并束缚着人的精神和情感。

12.

往往最为原始的部族的语言，其构造的内在和谐表现得最具活力、也最为朴实。语言构造的内在和谐，对不同情绪的细腻表达，用称谓之间的关联深刻揭示事物之间的联系，以及另外一些令人赞叹不已的美——只有当人们放弃了所有其他目的，完全客观地为了语言自身的目的而研究一门语言时，这一切才会显露出来。毫无疑问，这就要求人们不能将语言视为人的发明或自然造化，而要将其看作一架赐予人类的乐器。这一乐器非人类所造，也不受人类意识中潜在的一切能力的束缚，无论谁来演奏，都无法穷尽其无限丰富的乐音，而且每个乐音的内涵也只能逐渐得以认识；它的弦能够奏出最为宽广的情感音阶，看似追踪精神和感觉的足迹，而实际上却为精神和感觉指引了正确的道路，让二者借助其所赋予的翅膀，追随它而前行。对语言的这种构造之美无动于衷的人，必定从未尝试去探明其构造的内在联系。事实上，语言一直被视为一种用以达到别的更为重要目的的手段，因此绝大多数人，其他学者和语言学家也不例外,终其一生都徘徊于语言之中,而从未能从更高的视点,去俯瞰语言的整体及其构造方式。

13.

如果当前的研究表明,人们对语言的认识和感觉超越了语言本身,而且词语除却日常的使用,别具一格地从外部和内部对我们产生卓有成效的影响,那么研究也就取得了预期的最佳效果。至于那些自动产生的附带效果,我们不必持续关注。

如果能更为普遍和正确地认识母语的内在联系,那么概念的清晰性、表达的明确性和意识的缜密性便会更上一层楼。对母语和祖国的热爱以及随之产生的真挚的情感都会变得更加强烈。人只要将语言视为其自身主干上萌发的枝条,或像关心家乡山水一样对自己的语言稍加关注,而非将其看作近乎规约、无关紧要的符号,那么人就会和这样一个对象如影随形:它持续地激励着他们,且从不以外在用途为转移而对他们产生持续不断的反作用。于是人们会对外语做出正确的评价,即便在目前普遍缺乏外语知识的情况下,也能够恰当处理母语同外语之间的关系。这意味着除了已有的那些与他相互作用的力量,人还会获得另外一种崭新的力量;由于人和他的语言始终相互影响,所以在这过程中,这种相互影响会更为深入、更有规律,同时也更富成效。

随着对语言兴趣的产生,人们也会摆脱骄傲、鄙薄的对待方言土语(Provinzialsprache)和民众语言(Volkssprache)的态度,殊不知此种骄傲和鄙薄最终会扼杀语言和民族的一切卓越和活力。如此,文化也会随着上流社会与民众的逐渐接近而健康发展;人们一旦开始热爱语言的清新、真挚和粗犷,就会更加主动地关心民众的语言并使之得到提高。

无论以何种方式从事语言研究,最终只有囊括所有的语言,并把整个语言领域的全部材料一举囊括其中,才能给语言和历史带来完美的科学效用。然而至今为止的研究不仅不够全面,而且由于知识的不完善,以此为依据，研究的正确性也因此而受到质疑。

14.

当然没有一个人会指望能够全面探索如此广阔的领域；要达到这一目标只能靠许多研究者前赴后继的努力和互补互鉴。至于我自己，在写作本文时更不敢自诩做了一项完满的工作。我只是觉得自己着手尝试要比只做一番筹划更好。脚踏实地走在路上，而非仅从高处对此放眼眺望，会更好地感受遭遇的困难和取得的成绩。

15.

整个路程分为三段，也几乎可以认为是三部不同的著述：

一是一般性研究，即从所有语言的广泛领域中提取那些能够明确人类语言、语言的本质和影响的东西。

二是专题研究，指搜集、筛选和整理现存的种种语言中的一切事实——之所以以此为对象，是因为那些全部是真实的存在。

三是纯粹史实性的研究，即把上述两种研究结果统一起来。

16.

上述"一般性研究"又包括两个方面：

一是纯粹的考察，即视语言本身为认识对象。

二是方法论，即对以此获得的成果加以应用。

17.

一般性研究的第一步，即纯粹的考察是整项研究工作的基础，决定了其可能的范围和成功的希望。要想完成这一步，必须就语言、语言的本质、具体语言的划分、语言与人和世界的关系等方面的通论进行穷尽研究。

下面将分七卷来撰写这些广泛的内容：

18.

第一卷将展示语言的本质和它与人的总体关系，不考虑语言可能具有的不同点，同时不涉及语言的具体结构。

译词对照表

德语拼写遵照原文,词汇排列按照其在文中出现的顺序

Wurzellaut	词根音
Verstand	知性
Ansicht der Weltanordnung	世界观
Spielarten	变体
Vernunft	理性
cultivirte Sprachen	文明开化的语言
Bau	构造
Geschichte	史实
Provinzialsprache	方言土语
Volkssprache	民众语言

4. 关于巴斯克语和巴斯克民族的著述预告及相关观点和内容的说明

1812

之所以决定借助现有的辅助资料对孤立的部族，如巴斯克部族，进行详尽细致的描述，主要是我清楚、同时也坚信，非常有必要对世界历史进行一定的研究（无可否认，世界历史需要并且可以从很多不同的角度进行研究）。

人类被划分为不同的民族、部族和种族。正如个体无处不在的独立和自由，拥有自己的意志和道德上的无所束缚，整个人类与动植物一样都是自然的一部分。一个种族本源的气质及其发展都要受到以下因素的影响：赖以生存的土地、呼吸的空气、周遭的环境和仰望的天空。一个部族所引以为傲的及其民族发展的新、旧历史所呈现的最极致、最美妙的，并非收获于辛劳、努力及教养（Bildung），而是那种与生俱来对幸福的期待、快乐的情绪以及相关精神和情感力量混合的产物。什么是考察处于不断发展变化中的不同民族的恰当时机？他们迁移、分裂、统一、融合，由于物质的消亡或精神的退化而灭绝，建立新的居所或者改头换面重新登场。无论优先考虑以上哪个方面，都会影响、甚至决定对人类特征的描述。这样就会出现许多迥然不同、接近完美或不尽完美，但是互相支持、互为补充的人类发展模式。

最初似乎主要是由物质自然（如山脉、海洋、河流）将人类分隔成不同的部族。要理解这一观点就必须研究世界历史，即追踪引发小型部族合并以及将整个人类的道德水平推至更高层次的那些重大历史事件和道德变革。在某种程度上这是一种双重努力，然而，如何使其有效地相互啮合，并非是这里要讨论的内容。在此只探讨世界史的一个方面，即民族和种族之间多种多样的亲缘关系、他们之间反复多次的相互作用、他们的完善和退化，由此来追寻自然永不停歇的运动所造就的新生事物，并认真思索人类及其观念的伟大。要像观察一棵巨大植物那般对人类进行考察：这棵植物在大地上朝着不同方向繁茂地生长，若土地和天空朝着它微笑，它就快乐地抽枝发芽，否则就沿着泥土而缓慢蔓延；它虽然扎根土壤，熟悉那里，但却接受雨露的滋润和阳光的温暖。以这种方式可以将人类与自然、自然与观念相连，正是在观念的指引下这两个有机生命才得以息息相通。因而每个人的内心都会萌发这样的想法、直至付诸研究：是哪些先祖留下了现在的子孙后代？

要回答这个问题，世界史必须多种方式并用，预先对各个部族进行仔细、详尽和忠实的描写，但是这方面的工作目前几乎尚为空白。恰恰因为民族之间的差异在语言中体现得最明确、也最纯粹，所以在部族描写时语言研究和历史习俗研究必须并驾齐驱；最近一些时期已经出现了颇具价值的相关文献，然而将语言研究和历史研究合为一体，这方面还远没有达到一个令人满意的完美程度，甚至还根本没有做到以普遍性观点为指导而大大简化该领域每一部分的研究工作。目前，关于如何确定语言的亲缘关系程度还缺少坚实的原则；在如何证明不同民族互为起源方面也还远没有达成一致的标准；人们还太过满足于对个别习俗以及碰巧从某一种语言中割裂出来的几十个词汇的碎片化比较；这一浩瀚无际的领域还远远缺乏可靠的事实依据和确凿的可比事例；对于语言是如何成为一个民族自我构建的标准和媒介这个问题，人们的理解还相当摇摆不定，所以无法将语言、历史和民族合而为一进行研究，并且将其视为一个崭新的、充其量只不过粗略涉及、但是现在必须真正加以研究的领域。而这种合而为一的研究恰恰是对人类（作为庞大的，划分为人种、种族和民族的，受制于自然法则和难以战胜的天然环境的，但同时能自由决定自我的整体）认识和尊重的需要。

在此提及这些不尽如人意的地方，并非是为了指责他人，而仅仅想表明我本人从事这一工作的原因所在。所有因素互相交织，如若不将一个部族和其他部族进行对比，就无法对其进行准确的描写，更不能正确衡量其真正的价值。但是据我所知，目前还没有出于相似目的、对任何一个部族做过全面的研究，甚至都没有研究过部族语言，以便为普遍的语言对比做好准备工作。而理论假设和学说赖以依靠的，都是些未经研究的语言素材；抑或是出于其他目的而撰写的语言理论和字典以及对普通语言史方面的粗略尝试；还有词源学著作，常常缺乏统一原则而对所掌握的或多或少的语言知识肆意滥作；或者是那些历史研究中的评注，虽然不乏价值与深度，但却是分散又单一。这一切都加深了我这里所提出的对比研究的难度。

现在我要做的是尝试撰写一部独立的、描写详尽而且真实的关于巴斯克部族的专著。我将尽力排除上述障碍，以便在解释可能出现的更大的、抑或由我本人造成的困难时，无须向读者赘述上述障碍。我将会竭尽所能来详尽描绘巴斯克部族的习俗、语言和历史，包括对西班牙半岛原住民的完整调查，然后回答下述问题：巴斯克是一个孤立的部族还是一个更大部族的一部分？可否根据部族谱系表（Geschlechtstafel）上的特征尽量将其正确划分归类？

我会尽量提供详尽的资料，同时不按既成观点、而只是大体归整这些资料，这样，若对我的分类产生疑虑，便可依据本书所提供的事实重新进行分类。我自以为能够提供不可多得的辅助资料，本书至少在这方面做出贡献。这样也可以避免让已经做过的工作从头来过，而这却恰恰是语言研究过程中常常发生的情况。

选择巴斯克部族作为研究对象完全出于偶然。西班牙之旅使我对其民族和语言产生了兴趣。当我前往比斯开湾（Biscaya）和巴斯克地区、并在其最为偏远的山区逗留数周时，其民族和语言进一步引起了我知性的思考。此后，在我继续研究那些了无生气的辅助材料时，这个民族、其语言和国家的独特性持续不断地吸引了我。事实上，就我们的研究目的而言，巴斯克部族是一个非常有趣的研究对象。虽然它融合成为那么小的部族，虽然它也像日耳曼、斯拉夫或其他种族那样不曾广为分布，也未曾分化成不同的分支，但是我却敢说，它是多种族的部族（Völkerstamm），而不是一个单一部族（Volksstamm）。从地理和历史上看，它构成了一个稳定的、孤立的整体。在比利牛斯山脉（Pyrenäen），这个部族无疑是强大的并分布广泛。但在我看来，还没有确凿证据可以证明他们在其他区域也发挥过如此重要的作用。回首凝望，所有促使这个部族强大并引人注目的，却也促使了他们的逐渐消亡，并可以比较有把握地预见，他们的语言也会快速地衰亡。虽然这个部族现在仅有小小的残余，但其语言在词汇和形式的多样性方面却几乎保留了原初的模样。那些未曾改变、大多也易于理解的地名和姓名，非常纯正地保存了很多和现在的语言使用已经不太一样的根词（Wurzel）。这是因为每个属地（Meierhof）都有其各自按照地理位置或周边树木和植物命名的称号，这样整个区域就成为了生动的语言活化石。因而，在构造和本质方面所有针对最为丰富和完整的语言的提问都可以在巴斯克语中找到答案。重新研究巴斯克语虽然已经做了一些前期工作，但是还远不够详尽彻底。巴斯克语本身的构造是那么精美和独特，这让大多数早期研究者完全否认了它与其他语言之间存在相似性的可能性。巴斯克语在早期就脱离了其他亲属语言，之后在众多部族中口头流传，最后慢慢地被边缘化至少数孤立的山脉峡谷地带，结果其多样的形式和符号大部分都失去了与其他亲属语言间的关联性。很明显，这一过程在巴斯克语中留下了烙印。在普遍意义上的语言研究和欧洲远古史研究的双重考量下，巴斯克语在很大程度上是值得关注的。哪个民族最先居住在西班牙和葡萄牙？他们如何去到那里？在那里他们经历了哪些混合和分离？——当然，要解答这些疑难问题就必须先弄清楚关于法国和意大利部分地区的原住民，关于凯尔特部族（Celtischer Völkerstamm）的居住地、迁徙及其残余部落这些悬而未决的问题，关于巴斯克语言与盖尔语（Gaelisch）及克米什语（Kymrisch）之间的亲缘关系，以及很多这一类疑问，都与当前的研究相关，只有通过对巴斯克语进行详细的研究才能部分地加以澄清。归根结底，研究巴斯克语有助于推导出欧洲语言中许多词汇的来源，对研究西班牙语的起源同样是不可或缺的辅助；没有对巴斯克语准确的认识，就不可能对这些语言进行词源学研究。

本书的目标是要充分阐述上述观点。为此，本书将分为三个部分。

1. 在第一个部分，我将会分享我在西班牙和法属巴斯克地区的考察笔记，并尽量为读者形象地勾勒出这块土地及其居民的大体轮廓。这一点对于正确理解很多语言方面的问题十分重要，当然，语言也与民族习俗以及当地的自然状况交织在一起。同时，设身处地地去了解一下这个勤劳刻苦、勇敢坚强、富有才智的民族，本身就是一件有趣的事情。巴斯克部族位于欧洲南部国家的北面，居住在沿海山区，因而具有山区和沿海民族的双重性格特征。此外，在我考察的时候，他们还拥有自由的组织制度（Verfassung），将许多按照不同地方风俗划分的居住点组建成联盟。这个部族的地理位置、组织制度以及性格活力经常让我想起古希腊的自由城邦。为了不损害叙述的形式及其形象性，我将会在这个部分使用非常简短的游记形式，篇幅长短将与这块狭小的土地和我短暂的旅行相符合。

2. 第二部分将会对巴斯克语进行分析或剖析（Zergliederung），同时附上从可供考证的最古时期迄今的巴斯克语的语样（Sprachprobe）附录。

我将尽可能寻找一种简便但又不失系统性和彻底性的方法，以便尽量涵盖所有涉及对比的方方面面，使读者不仅对巴斯克语语法方面、而且对其词汇方面的构造有一个完整的理解；同时要阐明该语言不同结构成分之间以及作为表述手段的语言和被表述的对象（虽然这两者不可分离）之间的关系。此外，我将关注尽可能多的其他语言，用以检验所选择的方法是否具有普遍的适用性，由此尝试着先对所有语言进行类似的剖析，进而逐渐对其进行普遍的对比，最后汇总成为宏大的普通语言百科全书。

许久以来，我一直有编撰这样一部百科全书的想法。当然，这需要许多人的共同努力，但是必须有人提供一个可供进一步完善的计划。因而在撰写这本关于巴斯克语的专著时，我会顾及这一点，并视之为编撰语言百科全书的一项先期工作。

考虑到语言的具体分析和总体语言研究之间的普遍关系，请允许就我所计划的语言剖析方法再赘述几句。

我们可以假设语言中所有的一切都建立在类似原则的基础之上，因而语言的构造，直至其最为细小的部分，是一种有机的构造。这一规则只有在以下情况下才会有所例外：一个民族的语言在形成的过程中遭受了干扰，或者一个民族吸收了其他民族的语言成分，或者被迫完全或部分地使用一门外语。当然，这些情况或多或少发生在所有的语言之中：由于原始语言和原始部族无所流传也无所考证，我们无法逾越与它们之间的鸿沟；即使在美洲丛林的最深处，也都很难找到一个完全与其他语言隔绝、因而一点也没有与其他语言混合的部族。一种语言一旦吸收了外来因素或者与其他语言混合，就马上开始了它的同化过程。它会努力将混合过程中败下阵来的语言逐渐地、尽可能地转换成与自身特点类似的语言形式。这样一来，语言的混合中虽然会产生与自身相似程度高一点或低一点的不同序列，但并不会留下大量完全异质的语言形式。

即便是真实存在的类似原则，也很难在语言的细枝末节中找到踪迹。因为时间会抹平它的痕迹。像有生命的个体那样，语言因素也会时而产生、时而消亡，而类似序列中的中间分子就会消失殆尽了。即便是帮助过、而且现在还在帮助构建语言的人本身，也只是本能地遵循着类似原则、并不总能意识到它的存在，因为民族的自我意识体现在不同因素上，无法生动地集之于某一个点［如类似原则］。此外，即使对语言进行彻底的剖析，也无法接近语言的本质。这好比围绕在一个整体四周的薄雾，如若细究它太过细微的成分，那么整个形状就会从眼前消失。同样，山中的雾气，只有从远处方能观其形态，如若深入其中，它就消融遁形。人们仔细考察的语言越多，并由此深入了解整个人类的语言构建，人们越是努力地把每一种语言看作某种民族性格的特有表现——为此语言的具体剖析是不可或缺的前期工作，那么就越有可能接近语言的本质。如果遵循这样的方法，就会超越单纯的语言研究。语言是人类（endliche Natur）和自然（unendliche Natur）之间，也是个体之间无处不在的媒介。正是通过这种方式，语言使结合成为可能，同时自己也在结合中诞生。它的全部本质并不存在于进行媒介的某一个部分中，而总是需要通过另一部分对其进行猜测或者预测；也无法由结合的双方共同去解释语言，真正的媒介发生时都一样，语言也是根据某种观念对已有事物进行结合而产生的独特的、不可捉摸的、跟我们的想象迥异的东西，而它正是存在于这种观念之中。并非是狂想，从对其肌体构造完全枯燥、甚至机械的剖析着手，语言的考察将会直通人类本质的最深处。必须完全摒弃这样的想法，认为语言可以与其所指之物分离开来，就像一个人的名字与他本人分开那样；或者认为语言就像规约的代码，是语符切分（Reflexion）和结合（Uebereinkunft）的产品；或者如经验所示，认为语言是人类、甚至某一个人的作品而已。语言是从一个民族、从牙牙学语的孩子口中蹦出来的一个真正的、无法解释的奇迹。虽然我们每天都重复使用语言，不经意地忽略它的存在，但它却足以让人吃惊。语言是上天留下最闪光的痕迹（这里并非为了纪念神灵），同时也最可靠地证明了人并非本身具有互相隔离的个体特性；也证明了"我"和"你"并非互相对立，如果追根溯源，二者在本质上确实是完全相同的概念；同时在这个意义上也进一步证明了，存在着具有不同个体特点的人群，从柔弱的、需要帮助的和体弱的群体一直到人类古老的部族，因为如果没有语言，人永远不可能相互理解。我不想再赘述，只想表明，上述阐释有助于正确理解以部族、民族形式存在的人类有机生命，也利于正确理解世界历史。我们应该避免错误地认为，仅凭枯燥贫乏的语言剖析就可以探究语言神奇的本质。写作者的首要任务是表达出他对所研究对象的尊重。

如上所述，没有一种语言会完全贯彻类似原则，同时业已存在的类似原则（语音之间，语音所指概念之间）也无法得以辨明。因此，每种语言中一方面存在大量按照类似原则构建的语言形式，另一方面也有无法解释的语言现象。

要全面和准确地证明语言的这种双重性，必须对语言进行恰如其分的剖析，按照系统的规律性对语言进行全方位的研究。需要注意的是，不能出于寻找的热望而将找寻到的与主观臆想出来的相混淆。这种对语言的剖析当然也会便于语言学习，只不过在方法操作上与语言研究稍有不同。对于语言学习而言，只需列出完全确定的、有说服力的类似原则；而语言研究则必须要关注即便是稍稍预感到的可能存在的类似性，甚至连细枝末节也不可放过，如此所冒的风险是，也许所获成果并不丰厚。这样我们得出两方面的结论：一方面语言是具有或多或少普遍和可靠的规律性、原理性和类似性的体系，是真正意义上的语言有机体；另一方面语言同时是非有机的、是大量不可继续拆分的语言要素的组成体。

若对语言进行这样的剖析，分析话语连接和语法系统要远比分析构词和词汇系统来得容易。所以我满足于对巴斯克语中的类比构词并不全面的阐述。此外，人们所能确定的只是那些清楚、明确和突出的类似原则，而另外需要继续研究的方面，若能引起其他语言研究者的关注，将是一件很好的事情。在书中我将顾及这一点。我阅读最多的那位巴斯克语研究者在构词方面已经自成体系,无论对错,对此我都会有所涉及和评判。

在第二部分的结尾我将会对巴斯克语和其他一些语言进行一般性的对比,以便尽量根据该语言的特性和亲缘关系确定其所属的门类。进行这样的对比,需要尝试对已知的语言进行分类。而特意将这种合乎理性的语言对比与对语言特性的描述区分开来,是为了不让前者对后者产生影响,同时也希望读者根据他所熟悉的语言来进一步更正和扩充这些语言特性的描述。

3．在对这一地区及其居民进行描述、并对其语言进行剖析之后,作为这两部分的结论,第三部分将会最终从历史和哲学方面来研究巴斯克民族及其语言。此处的重点是,考虑所有产生影响的情况,依据不同民族和语言的来源、价值、在人类历史中的重要性以及对不同语言的认识和理解程度,来判断巴斯克民族和语言的价值。最后这个部分将会不可避免地带有我个人的见解和信念。我自以为,鉴于前面两部分的写法,内行人士能够按照自己的方式对第三部分进行扩展或改写。

我希望,我的研究工作尽可能尽善尽美并最终能够完成。从各个角度所聚焦的这一欧洲狭小角落也终将会反射出一定的光辉。

这样的详尽著述也无需冗繁,所以我希望,该专著在一年之内,至多一年半的时间里可以和读者见面。

译词对照表

德语拼写遵照原文,词汇排列按照其在文中出现的顺序

Bildung	教养
Geschlechtstafel	谱系表
Biscaya	比斯开湾
Völkerstamm	多种族的部族
Volksstamm	单一部族
Pyrenäen	比利牛斯山
Wurzel	根词
Meierhof	属地
Celtischer Völkerstamm	凯尔特部族
Gaelisch	盖尔语
Kymrisch	克米什语
Verfassung	组织制度
Zergliederung	剖析
Sprachprobe	语样
endliche Natur	人类(社会)
unendliche Natur	自然
Reflexion	语符切分
Uebereinkunft	(语符)结合

5. 新大陆语言随笔[1]

1812

§1. 美洲各民族为语言研究提供了广阔的空间。那里有大量的部落和民族，大多生活飘泊不定或者迁徙频繁，这势必会催生出大量具有很大差异性的语言。而欧洲和亚洲的情况却截然不同，他们的文明一直致力于统一不同的民族，其语言也已定型而不再推陈出新。当然，美洲的自然环境也推动了民族和语言的多样化。没有一片大陆像美洲那样，浩瀚无垠的湖泊、难以攀登的山脉和手持利斧才能穿越的森林阻隔了不同部落间的联系，更别提定期出现的洪水、众多蛮荒之地和严重失衡的人口与地域比例。因此，美洲相比欧洲的任何地方都拥有更多的语言就毫不奇怪了。与美洲相比，如今欧洲的语言与其植被一样都非常单一。从瑞士到利沃尼亚（Livland）[2]边境说德语；穿越整个欧洲东部，在俄罗斯、波兰、波希米亚、德国和匈牙利很多省份以及欧洲范围内的土耳其大部分地区，则很容易借助数量众多的斯拉夫方言进行沟通；而在欧洲西部，可以毫不费力地发现那些同宗同源的语言，如果不是科学、艺术以及伟大的文学赋予了民族语言一定的个性

---

[1] 本篇原文用法语撰写。其中第一部分（§1～§11）洪堡曾亲自译为德语并在《试析墨西哥语》（*Versuch einer Analyse der Mexicanischen Sprache*）一文中采用。但是他本人的这部分翻译自由洒脱，增补和删减了不少法语原文的内容。本篇采用了克里斯蒂安·施泰特严格遵循法文原文的德译本。（译者注）

[2] 又译作立窝尼亚、利夫兰，主要在现在的拉脱维亚和爱沙尼亚。（译者注）

和独特的色彩，那么这些语言还会更为相近；在丹麦、瑞典或是英格兰，即便没有接受过专业的训练，德国人也可以听出乡音。除此之外还剩下几乎不到八至十种语言，除却匈牙利语，其余的在欧洲都落入了边缘或坠入了社会的最底层，并正在年复一年地走向消亡。南亚与欧洲的境遇相近，而北亚无论在语言还是其他方面，则与美洲相同。许多事实情况都说明了这种相似性，我将冒昧在此略提一二。北亚有很多我们未知的语言，回顾往昔，和美洲相似，我们会发现那里曾经出现过大量的民族和语言。据提摩斯特纳斯（Timosthenes）[1]和普利尼乌斯（Plinius）记载，科尔基斯（Kolchis）地区唯一的城市底阿斯可里何斯（Dioscorias），在其最为辉煌的时期曾统一了300个外族部落，而这些部落需要130名罗马翻译员帮助进行沟通；当然数据可能有些夸大，同时也可以想象，其中许多语言只不过是不同的方言俚语而已，而且也有理由猜想，这座位于黑海尽头的城市充当着亚洲内陆与希腊、意大利的贸易中介，因而必定会吸引许多民族远道而来，但无论如何，这一记载始终还是让人无比吃惊。此外，我们现在还能看到，在黑海和里海（Kaspisches Meer）之间的狭地（Landenge），许多不同的民族和语言互相混杂。

§2. 有人曾经尝试过粗略估算一下美洲语言的数量，但仅凭我们对这块庞大的陆地所掌握的零星知识，估算的数量在500到2000之间波动，就不足为奇了。细究这些徒劳的尝试无济于事，但若是针对那些我们比较熟悉并了解其语言和人口的国家，再来研究这一问题，就会有意义得多。而如果把语言数量和使用这些语言的人数相关联，美洲与其他大洲的比较或许将更具启发性。因为不难理解，在美洲，可能只有三四个、甚至只有一个家庭使用某一种语言。他们漂泊于荒野之中，从

---

[1] 希腊领航员和地理学家。（译者注）

未隶属于某个较大的部落、抑或忘却了曾经的联系,而且因为缺乏经常的来往也没有混杂于其他民族之中。

§83. 许多我们尚知其名的美洲语言已经没落;很多我们未知的或许也已经遭遇了相同的命运;而欧洲人侵入之处,那里的语言也将会面临相同的遭遇,这只是一个时间问题。语言的目标绝不是互相混合;正如希腊语和德语那样,只有基于最初的根基而不断茁壮成长,语言才能获得最强大的力量;两种语言交汇之处,弱势的语言必然会退让;这样的混合始终是有害的,而只有两种语言相互融合并衍生出第三种语言,才可能带来裨益。阿图瑞斯(Atures)部族目前仅留下了墓地;[1] 许多加勒比部落与其语言一同消失;上个世纪初还有3000人使用加利福尼亚的佩里库语(Pericu),在耶稣会会士被驱逐的年代,这个数字下降到了300人,而且先辈的语言他们也已经忘记。只需翻阅一下传教士的报道和信件,就会相信,在欧洲人的统治下大多数印第安语走向没落。不过,即便放任自流,美洲各民族也定会经常经历巨大的变化,而其语言的生命期——如果我可以这样来形容的话,也必定是跌宕起伏而又短暂的。大规模的自然进化、野蛮的、特别是食人部落间的战争会瞬间消灭整个部族,或者强迫其离开原来的居留地而流落到沙漠。游牧生活本身会孤立家庭、甚至个人。对那些社群关系本来就非常松散的人而言,一个能够轻松提供食物、丰富的渔业资源或者狩猎来源的地方,便足够吸引他们离开原来的部落而独自生活。

§84. 即便在当今这个时代,估计美洲的某些引人注目的现象,也可以为我们了解人类史前历史的关键问题开启曙光并提供实证,如果可以进一步考察,在一定程度上便可一窥语言诞生的奥秘。即便是现在,美洲极有可能还是创造和构建新生语言的工场。而恰恰是因为缺乏语言

---

[1] 见亚历山大·冯·洪堡的《自然观》(*Ansichten der Natur*)第一卷第327-328页。

产生的历史样本，语言研究遭遇到了主要瓶颈，即便是希腊语和拉丁语转变成现代语言的过程，我们也不甚明了。因此，在美洲，全面、近距离地考察这些语言就显得非常有意义。与之相反，在欧洲，连找到一些无足轻重的相关痕迹都相当困难。然而，这种希望也只不过是一种幻想。即便是无所畏惧的游客，也习惯于前往早已摆脱蛮夷起源的国家，他们通常缺少时间和方法去了解那里的民族的性格与思维方式。语言与观念和情感相随，只有将其视为一个整体，全方位地去考察，才会注意到它的形式和特点。若要以一定的方式解释野蛮人的语言，并且让史学家和哲学家满意，那么就必须亲临荒蛮之地。传教士就是这样做的，必须承认，正是因为他们，我们才能对新世界的语言有所了解。然而这些令人尊敬的传教士并不适合探究语言，当地语言的独特构造对他们来说还是太过新颖。我们不幸地看到，他们是如何将安东尼奥·冯·内布里亚（Antonios von Nebrixa）[1]的拉丁文法或者是西班牙语教科书的某种迂腐规则粗暴地强加给这些语言。这个或那个部落的语言是否具有分词、动形词（Gerundiv）[2]或者动名词（Supinum），这样的研究充斥全文。更为不足的是对本身就晦涩难懂的词汇的研究。多数情况下传教士们只提供有限的词汇目录，但当他们真正编撰词典时，又会对着无数的派生词白白耗费时间，而明显忽略了大量真正有意义的根词。若是碰到道德和认识上的观念，则须提防传教士出于传播教义的目的而人为杜撰词语。他们只专注于皈依原住民，所以唯一关心的就是根除所有与其传统和部族记忆相关之事，并由此来转化那些部族的思想和情感方式。这样一来，他们就在一定程度上亲手摧毁了他们本来希望探究、发展和介

---

[1] Antonios von Nebrixa（1441—1552 年），编纂过拉丁文法。（译者注）
[2] 拉丁语中的动形词指动词的将来时被动态分词，表示行为的必须性。（译者注）

绍的对象。¹ 如果能够给予那些传教士更多的自由和支持，让他们能够深入美洲大陆的腹地，如果阴谋和宗派思想没有击溃或许有必要进行改革的耶稣会，同时在遥远的地球那端没有毁坏那些语言成果，而这些辉煌的成果原本会让没有什么宗派思想、并能感恩图报的后代子孙惊叹不已，那将真正成为世间幸事。衷心希望，那些关于印第安部族语言的工作成果，当初的传教士们能够更加用心地保存，² 所有印刷出版的和手稿保存的语言资料，也能尽量收集和获取。因为就现有的美洲语言资料而言，很多方面还不尽如人意。

§5. 可以毫不掩饰地说，研究美洲语言的材料还严重不足，一方面，已经描述的语言数量极少；另一方面，现有的相关语法和词典本身就有所欠缺。这一现状，加之美洲语言本身的性质，势必决定了对这些语言的研究以及相应论著发表的情况。

§6. 我们从未自诩，以我们所掌握的那些数据就能完整和准确地了解美洲原始语言的数量、亲缘关系和分支结构。甚至对最知名的区

---

1 对野蛮民族进行教化和皈依的艰巨工作，仅从博爱的角度来讲就显得非常重要，因为这能凝聚人心。然而，对此并没有经过真正哲学意义上的考量。即便是宗教，也只能遵循教学和教育的普遍原则，才能通达知性并深入人心。天主教和新教的传教士认为，必须彻底根除旧的宗教，他们没有适当的准备就送上了新的教义；或许甚至在新、旧教义中看到了相似之处，并以真理的名义，在某种程度上让旧的宗教继续存在。而后面一种情况，其后果是产生虚假皈依；即便是前面一种情况，也迫使精神突然从一个极端走向另一个，由此妨碍了道德能力的发展而无法巩固宗教观念，同时也摧毁了民族的个性特征。所有野蛮人的心中，都有一个最高神灵，即使在最未开化的宗教中，也留有爱的痕迹，这正是神性的本质。因而，符合自然的过程，应该是逐渐净化这些原始的宗教，而不是通过暴力或劝说让人们不再忠诚祖先的信仰甚至忘恩负义。而恰恰是他们祖先的信仰，能激发他们最高贵的情感和最稚嫩的喜好，能慢慢让他们明白，上帝的宽容到处播撒着真理的火花，但是有一个宗教，那里真理的源泉永不枯竭，也不会因谬误而浑浊。传教士以传播真理和为他们谋福祉为要义，飘洋过海、抗御了无数艰难险阻，就是为了向他们传播这样一种宗教。

2 因而，1809 年在罗马过世的阿坝特·劳伦兹·赫瓦斯（Abate Laurentius Hervas）是我遇到的一个幸运插曲了。当时有很多前耶稣会士被驱逐至意大利，在那里靠他们的退休金生活。其中好些去过美洲并很好地掌握了需了解的美洲语言。这位勤奋的赫瓦斯要是想法更有条理和更富有方法性就好了。尤其是他摘录的外语词汇，应该更准确地书写或印刷。将他众多著述中的某些部分与其他书籍进行比较，我还发现了很多不够准确之处。

域，例如人口最为密集且紧靠首都的新西班牙王国行政管理地区，那里的语言我们也未能完全把握。在众多已知的语言中，有一种语言以其优美的音调和丰富的元音著称，那就是美科肯（Mechoacan）的塔拉斯卡语（Taraskisch），但对此我们一无所知。今天墨西哥还在使用的40到50种语言中，只有7种语言有语法描写，而仅有一种拥有一本有用的词典。这里我们碰到的一定是衍生语言（Töchtersprachen），但不知晓其源头（Muttersprachen）。就比如在缺少拉丁语的情况下研究意大利语，或者研究拉丁语时不带上希腊语。但我坚信，凭借我们所掌握的知识就可以发现美洲部族和欧洲民族之间的某种亲缘关系，而很少会得出相反的观点或结论。如果找不到所要寻找的线索，原因很可能在于我们知识的匮乏。没有在现场进行全新和广泛的调查研究，关于美洲各部族的产生、亲缘关系和分类等诸多问题，将永远悬而不决。借助我们所掌握的资料对美洲语言进行研究，另一项重要意义是，要就语言、语言的产生以及语言及其民族之间的亲缘关系进一步加深和纠正我们的理解。美洲语言整体上所呈现的，在我们那些开化的语言当中只能找到微弱的痕迹；若将其与欧洲未开化的方言土语进行比较，就会发现某些语法特征并不需要从一个民族传至另外一个民族，而是到处都可以自发形成。由此，它们并非显示了语言的发源之地，而只是说明了语言的形成时期，因而这没有地理上的意义，而只是说明了时间顺序。美洲语言最终为我们提供了大量例证和宝贵的材料，能够帮助我们研究不同民族和语言的起源及其本质。我会牢记上述思考，尽可能清楚和简要地讨论相关的研究主题。我会尽力让大家对美洲语言有一个普遍认识，特别是要确定，什么是所有语言毫无例外所共有的，什么是偶然作用的结果，以及什么真正体现了语言及其部族的个性。

§7. 但我不会仅限于对美洲语言进行一般性的思考，而会更加关注如何将这些语言介绍给读者。我会向读者展示完整的语法摘要，并用系统的分析来补充词典以提供给读者。虽然相比于未知的材料体量，我所掌握的资料还远远不足，但若与欧洲现有的材料相比，那就已经非常的可观了。旅游者（亚历山大·冯·洪堡）怀着不知疲倦的热情收集了在美洲所能发现的所有语言资料，他的相关著作也将附在这篇拙作之后。而我则有机会从西班牙有所收获，特别是从一些手稿中获益良多，这些手稿由赫瓦斯神甫（Abbé Hervas）授意意大利和西班牙前耶稣会会士完成，但未公开出版，在我逗留罗马期间，他允许我复制了一份。因而在美洲语言方面，最多只有极少数印刷的著述、或者隐藏于某个图书馆的手稿我们尚未收集到。[1] 我现在的目标是收集所有相关材料，然后从中筛选出感兴趣的内容。我的出发点并非是如何正确传授这些语言，而是通过研究以及与欧洲语言进行对比，来详细介绍这些语言的本质和构造，并且用一部著述有条理地归结这些材料。在我看来，这样一部著述的优势在于读者不会受制于我个人的观点，他们可以自行评判，但也不必像我一样花费心思去整理材料，一切相关的材料已经收集并整理而尽展眼前，这样也便于读者进行比较和评判，而无需重复这种纯粹机械性的收集整理工作。我自以为，如果这部著述能远渡重洋，那么这一汇集了欧洲关于印第安语所有认识的成果也完全可以激励彼岸的学者去拓展、纠正并完善它。令人遗憾的是，如果不考虑传教士，美洲在这方面的工作至今完全缺失。黑奴交易由来已久，这原本应成为有利契机去了解非洲内陆的大量语言，但在少量游客的著述中相关记载仅是凤毛麟角。

§8. 我将尝试从三个方面描述研究内容。无论研究什么语言，必须要时刻关注以下这三个方面。

---

1 不太了解的语言，其研究原稿有时可以在意想不到的地方找到。奥地利皇帝宫廷总管韦伯纳伯爵（Graf von Wrbna）的图书馆里，有一部关于塔格拉语（Tagale-Sprache）的非常有价值的手书词典。而那位令人欣赏的学者法布雷加（Fabrega）先生，对这一语言进行了很长时间的研究，但是由于没有相关的语法书籍而进展缓慢。我很高兴能够提供给他这本语法书。

第一，通过研究某一语言或研究所有已知语言的普遍特征，了解这一语言与其他已知语言的相关性，或更多的是形成关于语言的普遍概念。

第二，了解某一语言与该民族个性之间的相关性；这一语言是如何依赖于其民族并对该民族产生影响。

第三，了解一种语言与其原生语言之间的相关性；依据历史脉络描述该语言的起源以及和其他语言的亲缘关系。

上述第一方面有赖于对语言的普遍研究；第二方面则需要哲学研究，特别是可以借助哲学对民族和个体之间精神差异的起因进行研究；第三方面取决于实践经验。在进入正题之前，请允许我对每一方面作一些补充。

§9. 关于某一语言和语言普遍性的关系。所有语言虽然总体上来说都拥有大致相同的构造，但很难找到一种语言因毫无自身特点而与其他语言不相区别。想通过一种普遍性的语言来汇集所有这些差异，并且以这种方式统一四处分散的语言特点，却是不切实际的幻想。如果一种语言想要呈现不同语言所有的独特个性，这本身就是一种自相矛盾；而若将其从其他语言中抽象出来，那么这种语言也必定空洞无物。只有人类的语言能力，才能汇集所有不同的语言，并统一所有相互对立的语言特性。这种能力便是语言研究的重点所在，一切研究领域和研究进程都应以此为指向。人类的需求以及身体和精神力量差不多全都相同，但是一些不确定的因素却导致他们互相区别并有优劣之分。因此，语言研究决定于以下因素。

第一，语言的本质。语言作为一种工具具有一定数量的语音和一定数量的语音组合。

第二，人的本质。其器官的特点及其感知、思考和情感的能力范围。

第三，不可变更的逻辑法则。所有特殊的语言现象都从属于这一法则。

第四，我们四周的外在事物。

但是这些因素有着无穷无尽的多样性，对此必须要通过语言研究来考察、探究和丰富。因而对特殊语言进行研究一直能够、恰好也应该具有双重目的，即通过所有已知语言的共性来弄清特殊语言，反之亦然。从这一立场出发，可以改善对上述因素的范畴和分布方面的认识，并通过言说者的意图和方法来阐明特殊语言的意图和方法。

§10. 日常经验表明，要认识一种语言，显然最好借助于另外一种语言。只要普遍地观察一下就能确信，若只基于某种语言自身、而不是尽可能与其他多种语言进行对比，要确凿无疑地解释这种语言往往徒劳无功。在许多方面，每种语言都可视作一个更大整体的碎片，首先，这与语言的持续变化相关；其次，则与语言的来源有关；最后，也与地球上曾经或者目前尚存的所有语言相关。就最后一点而言，其实也并不能将每一种语言称之为碎片。所有语言构成的所谓整体，并非由许多目标一致的部分组成；确切地说，是由很多能够独自完成各项相同任务的不同方法组成。从这方面来看，如果不考虑语言之间的亲缘关系，那么一种语言就是另外一种语言的补充。采用这种观察方式，可以摆脱孤立地研究一种语言必然带来的那种局限。对语言进行评价，即便只解释和评价某一种语言，这对语言的普遍研究也是非常有益，甚至不可或缺。某些基于语言本质的共性特征，在这种或者那种语言中得以完全和显著地体现，而在其他一些语言中的表征却并不明显。因而只有借助前一类语言，才能清晰完整地理解后一类语言中的这些特征。很自然，提及一种行为的时候，我们也会说明其涉及的对象。因而毫不奇怪会存在这样一些语言，其代词和支配这些代词的动词关系非常紧密，代词成为了动词变位的一个组成部分。所有的闪米特语以及土耳其语、波斯语、芬兰语和匈牙利语都有这种特点，只是这种特点仅在某些情况下显现，而在匈牙利语中可以说只留下了一道淡淡的痕迹。[1] 唯独巴斯克语（Vaskische

---

[1] 匈牙利语中，只有当第一人称单数支配第四格的第二人称单数时才出现这种情况，这也并非是将代词黏着在动词上，而是改变了词尾："om, em in lak, lek"；这样，人们不说"*latom tegedit*"（我看到你），而是用一个词"*latlak*"来表达此意。

Sprache）¹ 把这种规则完整化和系统化，且几乎囊括了各种可能性。因而只有在巴斯克语中才能对这一特点有一个完全清晰的理解。当然，虽然这种特点能够在个别情况下使表达清晰和明确，但总体上来说却并不能带来什么优势，因为它使表达变得拖沓和迟缓。² 巴斯克语有这样一个特点，而墨西哥语则又有另一个特点，即需要辨清一个动词是中性的、反身的还是及物的，如果是及物动词的话，那么它是搭配特指名词还是泛指名词，是搭配人还是物，抑或两者皆可？在所有语言中都要仔细甄别这些情况，而很多语言可以通过动词来对其进行表达。德语中根元音（Wurzelvokal）可以变化，这是一种精致细巧的构造形式，从中丝毫感觉不到语言的粗糙——人们常常指责最初语言创造留有粗糙，这是没有道理的。一些类似的情况下，巴斯克语会在单词中插入音节；希腊语有中动态（Medium）；³ 匈牙利语针对搭配特指名词和泛指名词，动词具有两种完全不同的变位形式。只有墨西哥语包含了所有这些情况，体现出非常精细微妙的差别。例如我说，我在某个科学领域非常精通，这里会通过添加或省略唯一一个代词来显示，我是要表达"我是自己的老师"（ni-no-ne-machtia），还是并不想说明这一情况，因为可能我有另外一个老师（ni-no-machtia）。很容易理解，每种语言的构词中，除了复合词和通过限定音节（Bestimmgungssilben）构词，还可以通过对根词（Stammwort）补充或改变字母而生成单词，且通过这种方式证明词族（Wortfamilie）的存在，有时甚至可以追溯到最简单的元音组合。尽管与东方语言中同类构词不可等同，且希腊语拥有最长和变化形式最

---

1 主要由于这一特点，巴斯克语中产生了 206 种动词变位形式。详见我在《米特拉达梯》（*Mithridates*）第三卷关于这一语言的记录。
2 哪些语系具有这一特点以及这一特点是否可归因于这些语言的共同起源，对这一问题将另文研究。奇怪的是，那些和西方语言、特别是德语最为相近的东方语言中，如波斯语，却很少出现这一语法现象。
3 指主动态和被动态之间的中间态。（译者注）

多样的单词，但由于希腊人具备精细和敏感的发音器官，能够在不混淆语音的前提下组合词汇元素，并将和谐、轻便、准确和清晰都发挥到极致，所以只有希腊人才能够——基于其语言中固定不变的类比性，来成功地发展出这种构词方法。尽管还可以有很多补充，但这些例子已经充分显示，对所有已知语言进行对比研究能够在何种程度上促进对每一种语言的具体探究。而对语言的哲学和实证（Geschichtlich）[1] 研究可看作是一种特殊的研究，超越了语言的日常使用，要像对待任何其他一门科学一样对其进行独立的研究。因而这种研究必须要涵盖整个领域，一方面要了解每种语言都要解决的任务，从而找到共同的方法；另一方面要研究各种语言如何使用不同的方法，却各自构建出一个整体。以这种方式可以区分出差异很大的语言类型，因为有很多不同的分类标准，同一种语言可以划分到不同的语言类型之中。然后，借助普遍语法来考察大量现存的语言事实，便可以发现其中的不足。只有这样，语言研究才能真正成为一门科学，同时才有可能较为全面地去探究每一种语言并对其进行全方位的评价。其中好处不可胜数，但要实现这一目标，必须在普遍性观点的观照下去研究每一种语言，且无论哪种语言，都将其视为无限庞大整体的一分子，并用相同的科学方法加以研究。

§11. 如果说，要建立语言研究的科学体系，必不可少的方法是尽可能把握所有已知语言，那么，通过语言研究去进一步认识人类精神的范围和进步，该方法同样非常必要。众所周知，概念与其语言的表达紧密相连，几乎总是步调一致并始终互相影响。一种语言的语法和词汇形式以及所有的词汇，尽管具有一定的规则和结构，但在具体应用中可以有无尽的变化。语言的奇妙本质正是在于生活在巨大时空间距中的人可以通过语言相互理解，但同时每个人又可以保留自己清晰的语言特点，下文会提到，语言甚

---

[1] 和哲学相对，本文中 Geschichte 或 geschichtlich 指 Empirie、Erfahrung 或 empirisch，即实践或经验的。（译者注）

至有助于个人形成自身显著和持久的特点。每一个年龄、每一个社会阶层、每一位著名作家，如果关注到最细微的差别，甚至是每一个有见解的人，都在民族的怀抱中形成了他自己的语言；他们虽然使用相同的词语，但概念略有不同，而最为重要的是，大家共同的语言渐渐能够表达最为细腻的思想和情感。交谈中相互探讨，其主要意义即在于此，而对于有思维能力的人而言，交谈无疑是一种最高贵的活动和放松。对相同的词汇，人们的理解通常会有所不同，而在交谈过程中双方会达成一致而互相理解；但如果就某一主题进一步探讨，又会出现新的、更为精细入微的、最初人们并未发现的差异。人们互相阐释自己的想法，首先对相关对象做概括的介绍，但越是深入下去，就越难以对同一个概念有相同的理解——差异会变得非常细微和难以捉摸。所有语言都具有这种细微差别，如果能够清晰有力地表达出更为细小的意义差别，那么语言就会变得更加完美。当然，语言的可塑性和差异范围都有一定的界限。如果是从小使用的语言，表达时却要歪曲语义或改变概念，那就说明未能掌握该语言一定的思维和感知方式。作为各民族的主要成就，语言尽管在其民族的掌控之中，但它又束缚了该民族，并极好地塑造或刻画了民族个性。对整个人类和对个人而言，究其竟也是如此。人类能力的发展并不仅仅依赖于语言的一般条件，语言真实的发展过程由一些次要但同样有力的因素所决定，也对此发挥了巨大的影响。只有检验语言的发展态势，打破人类精神的局限，才能解释人类精神在其发展过程中所经历的根本性变化。因而普遍的语言研究有利于认识人类精神前进的步伐、甚至是可能的发展。地球上所有的一切都遵循着一定的规则，也具有一定的发展规律。经常可以看到，即便那些看似偶发的事件，其变化过程也具有一定的规律性。无论是哲学方面，还是实践方面，人的本性都会去遵循这种规则，遵循规律的、固定不变的发展过程。因而，若要发现人类精神能力的多样性和变化性，并在某种意义上测量其范围，具有充分普遍性的语言研究是一种必不可少的重要方法。每一种语言都体现了人类精神，只是每一种语言都具有一定的个性、都只体现了人类精神的一个方面。如果对一些语言进行对比，视野也就逐步拓宽；然而只有涵盖了所有已知语言，才能真正完成这项伟大的研究。只有这样，才有可能从实践走向哲学的升华，同时对人类精神考察中可能出现的偏误进行纠正，使之成为语言研究的支柱和基础。若将那些普遍的看法应用到某一个案，那么所有这一切将更为清晰明了。经常可以看到，不同语言对相同事物的称谓，尤其是涉及概念或情感时，在意义上会有细微的差别。如果仔细分析这些表述，明确意义并互相比较，就能更为完善和完整地理解所指称的事物本身。每一个词语表达概念时，都存在一定的细微差别，这一方面源自事物本质，另一方面来自理解方式，一旦进行对比，就能学习如何去认识概念的这两个方面；而纯粹抽象的思维却无法完全理解这种细微差别，并由此理解事物的整个范畴和所有变化形式。通过对比，可以对不同语言中的近义表达展开有益且有趣的研究。同时可以确信，只要是涉及精神的概念、乃至表述真实事物的词语，其所引发的想法或相关的情感无法用近义词来表达，即便在两种不同的语言之间，情况也是一样，正如译者或更多是读者都知道，所谓的近义词是不得已的选择。比如那些古典时期的学者语言（gelehrte Sprachen）和当今我们最为发达的语言，若对比研究其中表达人类精神能力的词汇，就如实际完成了一个心理学方面的教程，更为有趣的是，似乎还能由此发现整个民族思维与情感的方式。同时，这样的工作还会进一步深入并准确地揭示许多这些人类能力之间的关联，发现不同民族的个性，以及气候、习俗和历史事件对其施加的影响，乃至每一种语言的精神特质。如果将这种研究拓展至更多的语言，还会发现，那些同出一源的民族或生活在同一环境下的民族对同一概念会有相同的理解和表达；同时也会注意到，哪些表述体现了那些古老部族的特定视角，以及概念在发展过程中如何得到匡正、修改或弱化。如果抽象思维只是对事物进行不断的分析和分解，或只关注其形式而忽视了其原本真正的力量，那么只会将精神引入歧途。而真正应该引导精神的，是运用聪明才智从不同民族的不同视角体系来观察事物。考察不同语言的另一个视角是研究隐喻，通过隐喻可以对众多事物进行称谓，因为几乎所有的事物在命名时都会考虑其这样或那样的特征，以及与其他事物之间这样或那样的相似性。这种事物之间特征的关联性在很多情况下已经无法辨认，但在另一些情况下却还可以进行描写。研究隐喻，可以令人惊异地发现人类普遍的概念之间以及不同民族的概念之间的关联。此外，若要赋予语言不同寻常的活力，就要激活古老的记忆——这主要通过对青少年的教学，让大家认识到那些对于我们而言可能只是任意发明的语音形式，曾经以真实表意的象形文字形式出现，以便在如今的一代人中唤醒语言创造之初的精神，而原初的语言自然更清新、更纯粹，更接近事物的本源，拥有更为简明和独特的特征。如果遵循这样的路径，就必须谨记，不能失却所要研究的整体，亦即语言的普遍构造或人类精神的范围、差异和发展进程以及赖以表达精神概念的语言对精神的影响和制约。即便这方面的研究无法达到完美，但也必须孜孜以求。一旦精神只寻求差异，局限于搜集有关实例，那么去考察业已消失的语言变体便是在分散精力，由此只能找到特例，既不能融合分歧，也无法发现事物差异的原因。只有胸怀全局，融合差异，才会理解产生差异的原因和目的，发现知识的漏洞并预见尚需填补的空缺；同时获取研究结果，为新的、更为广泛的研究打下基础。只有以这种方式进行语言研究，才能在语言研究史上留下最有意义的篇章。这样的语言研究，不会在人类发生突然变革之时停滞不前，它将努力确定人类的道德和智力能力至今所达到的范围和所呈现的丰富形式，至今获得的成果以及今后的发展趋势。

§12. 这样的语言对比研究不是闲散的工作，也不是奢侈的科学赏玩。它能使人们更好地使用母语并从中获益，最终进一步优化语言。根据前两节所述，我们可以确信，不同的语言可以互为解释。若要完全弄清楚一种语言，就必须把握并对比所有的语言。正如所有领域的艺术家，只有了解了自己所使用的工具，才能更好地进行创作。然而，这里指的并不是作为个体的艺术家，而是所有的民族。如果将语言的哲学和经验性研究视为对每一个文明人必要的培养内容；如果较之于其他内容，赋予语言研究适当的时间，以便做好相应的准备工作、以便每个人都能从中获益；如果在可以接受的范围内，语言研究能够尽可能地融入面向所有阶层的各类学校教学之中，[1] 那么，语言的准确性和语言的规模、尤其是其概念的清晰性以及语言的活力就可以得到无法估量的加强。这里并不是说，对语言必须要有计划地进行改革或者突然变革。语言根本不适合改革；相反，

---

[1] 我认为应该教授低等阶层的孩子外语，聪明且没有成见的读者应该不会指责这一观点。民众只需了解和使用母语，而并不需要对此具有科学的认识，只要知道讲得是否正确，是否偏离其州省的地域习惯，甚至这些也无关紧要；但人们必须具有对语言的整体感，而要达到这种整体感，不能通过枯燥徒劳的思考，而要借助于其他途径。然而，目前的情况却并非如此，而且这个问题远比大家想象的要来得严重。这里我不便进一步展开这些想法，只提出两点普遍的观想。对于普通民众和那些只从事体力劳动的阶层，必定要考虑到，要以完全不同的内容对他们进行培养（Ausbildung），但结果是对百姓的培养被简单化、甚至通常不够充分。因而，启蒙大众，在大众中普及启蒙思想，这种说法即便并不错误，但至少也很不充分。若是将注意力从内容转到结果上，从培养能力的角度出发，那么这两种类型的培养就会比较接近。如果培养民众的内容有限，那么概念的清晰性与准确性、论证的正确性、想象力的生动性、感情的深度、对善恶的明确理解、意志的力量以及为履行义务而牺牲短暂的利益等，这些方面的教育在社会各阶层必须相同。而这样民众也会比较轻松，因为若是多样化地应用大量内容来培养能力，反而会产生困扰且有害无利。另一观点是，语言是教化（belehren）民众的合适工具，两个明显的理由可以说明。第一个理由是，民众主要能感觉词汇的力量和词汇之间的一种神秘联系，而这种对语言原初的感觉，只能借助于相似的、尚未被削弱的感知活力来体会，其原因在于：民众接触的事物有限，自然也容易受到影响；他们只会讲述那些所见所闻，因为几乎无需思考，也与智力水平无关；他们讲述甚少，只有在万不得已或者情不自禁时，才会付诸以言；如果思想较为深邃或复杂，他们的表达就有一定的困难；如果朴实自然或者富有表现力，他们最终还是会使用一些粗言野语。社会上等阶层的情况则完全相反，与普通民众不同，他们那里没有什么需要克服或匡正的。第二个理由是，一个民族所共有的语言，如 §11 所述，具有柔韧性。语言完全具有打动心灵、深入人类精神的内在力量，籍由其令人惊叹的、真正神圣的本质特性，不知不觉地赋予了所有语言使用者高尚和神圣，使之拥有并在其四周发现这种高尚和神圣。民众也欣喜于这些有益的影响，他们每天所使用的词汇和句子，鉴于表达上的细微差异，在其他领域有着更为广泛和高级的用途。由此，民众始终与那些更高层次的语言表达保持着联系；基于思想和情感本身，无需明显改变习以为常的表达方式，他们就可以最大可能地提升语言能力，从而通向幸福之地。一个国家的教育事业当然不仅仅限于这样的培养和教育，但它最需要操心的便是如何保持这种联系，以便在社会各个阶层之间自由地、便捷地并通过明智的引导来传播这些理念。

它只需遵从那种源于整个民族的推动力，跟从于发展过程中缓慢而自然的前进步伐。人们经常会在语言中添加过量的新表达和新用语，而如果这些表达不符合语言的本质或者不能被普遍接受，那么随着时间的推移又会慢慢地销声匿迹。语言——恰似云朵，若身处其中，其形便消弭于缥缈的雾气之中，几乎不允许人们通过分析细节来认识语言的力量和个性特征；同样，人们只能悄无声息地对语言施加影响而毫不自知。但可以肯定的是，一个民族迈向更高层次的每一个重要步伐也必然会对其语言产生积极的作用。如果这种进步恰好触及语言，就能产生双重作用，亦能进一步深化语言的本质和影响。对语言的普遍研究应主要澄清以下三个重要方面。

第一，语言绝不是约定俗成的任意符号的集合，尽管可以供人自由使用，并使人与人之间便于沟通；相反，语言符号与事物的内容以及与不同民族的个性直接相关。

第二，人们可以对语言有一个普遍性的概念，那些人们认为语言应当具备的并融合其中的多种特征，事实上却只能分散于不同语言之中；每一种语言都有自身的个性，这种个性将该语言的所有特征集于一身，并以一定的方式阐释着整个世界，同时，这种个性也蕴含了语言的力量和活力。

第三，只有确定了语言符号与客体概念或者与所感知的自然之间的联系，并由此摒弃那种观点，即粗看之下认为这种联系是任意和约定俗成的；只有辨明了语言符号和语言的普遍本质之间的关系，并充分理解在何种程度上语言的具体特征反映了语言的普遍本质，[1]同时又是如何

---

[1] 通过归纳一种语言的特有属性及其与其他语言的相似特征，可以共同构建普遍意义上的语言抽象概念。比如，用语言的抽象概念可以说，语言特别适合于描写事物或激发内心的情感。但这两者在同一种语言中并非总能协调一致。分别拥有这两种特性的两种语言，通过互相补充，才能形成普遍的概念。也从纯机械的语言现象举个例子，例如，动词变位，可以通过单词本身的屈折变化，或者给动词添加一个助动词，抑或动词上附着或施为或受事的人称代词，还可以分离动词和代词等，不一而足。使用了这种或那种方式的不同语言，也就具有了不同方式所带来的长处和短处。以上例子可以说明，如果能够对语言可能具有的特征进行抽象思考，并对已知语言所真正具有的特征进行研究，同时通过以上研究来更好地评价和使用母语，那么，无论研究哪一种语言都会取得长足的进步。

通过排除其他特征来凸显自己的特殊个性,那么才能说对一种语言真正进行了探究。这样,便可以发现不同语言之间的细微界限,既不失却语言的个体特性,又不让其过分狭隘和过分奇特。

假设一个民族能全部理智、准确地认识这三个方面,既全面兼顾,又注重细节,并符合社会各阶层的需要,那么他们的语言就会产生意想不到的进步。一方面,能够防止语言陷入停滞和僵化;另一方面,能够避免那种牵强附会或不恰当的变革,并尽可能不失去它最初的鲜活。然而长远来看,所有语言都将遭遇这样的命运,由于愈发精美而最终固步自封,在成千上百年的发展进程中变成了越来越无法解释的困难文字(Hieroglyphe),进而逐渐失去了力量和活力。如果不同民族的文学通常只拥有唯一的一个辉煌时期,其原因主要在于,只有当一种语言还鲜活的时候,当它还不用刻意地去表达充沛的想象和情感的时候,只要还可以用全部的天赋才智就能学会和掌握语言,那么这一语言才能激发完全不同的想象力。我此处提及对多种语言进行研究的益处、甚至是必要性,道理很容易明白,不过这更多的是指借助语言自身来修正并拓展对语言的理解,而不是真的要去掌握大量语言。掌握大量语言往往是一种奢侈的想法,甚至还需要特别的预防措施,避免损害概念的明晰性以及表达的正确得体。所有重视母语的人都会谨防被外语的语言习惯所累,但如果实施了恰当的预防措施并偏重于业已养成的表达方式,那么同时使用多种语言就会有很大的优势,甚至对于作家也是如此。他会非常熟练地运用语言,并习惯不拘泥于有限的惯用语和表达方式,同时能够比较自由地表达那些与某一语言紧密相连、但又并不受制于此的概念。

§13. 上文已经指出,研究语言时,涵盖所有的语言以更好地考察人类语言的能力是非常有益、乃至必要的。同时我也表明了如何将语言普遍研究所燃起的光明去照亮不同的语言。现在还需说明的是如何将那些初看宏大无比的想法最终付诸实现。然而相关的前期工作确实耗时费力，要完成这些工作，必须献身语言的科学研究并将研究结果公诸于众。不难相信，我们远不会花费过多的时间去学习语言而不进行必要的语言研究。相反，我们应该缩短语言研究的时间并简化语言研究，尤其要使它不那么枯燥且普遍有用。前期工作必须关注所有已知语言的本质、不同个性、优势与不足、起源、亲缘关系以及变化和遭遇，这是后期所有研究的基础，因而分析每一种语言时，必须精确、完整，并将研究结果系统化和条理化。某种程度上，语法就是一种这样的研究，语法研究得越好，就越符合这一理念。尽管如此，语法研究还须关注形式细节，但是形式细节关注得愈多，整体理解就愈加困难。因为并不涉及词汇体系，所以语法只能说明语言的一部分。因此，下面有必要进一步说明我所指的分析究竟是什么。

§14. 彻底研究一种语言必须要：

第一，解释语言各个部分之间的所有关系。

第二，解释语言作为整体与语言所表达和体现的大量概念和事物之间的联系。

第三，关注一种语言与其他语言之间的关系，当然这也立足于对前面两种关系的研究。

一种语言所体现的大量概念和事物，究其竟无法脱离这种语言，若是离开了语言的使用，就无法清楚明白地理解这些概念和事物；尽管如此，还是可以借助其他语言在某种程度上将两者切分开来。集合所有的语言犹如组成一面多棱镜，不同的截面用不同的色调来折射外部的世界。现在我们来看一下，如何通过分析来实现这一目标。一种语言的所有组成部分都毫无例外地遵循着一种显性或隐性的类比，且语言的结构、直至最细微之处都呈现为一种有机结构，这是一个确定不变的原则。所有的概念内部都互相联系、互相包容，基于它们之间的普遍联系可将它们分门别类；正因如此，我们能够看到概念所体现的事物之间也有相似的联系，且这种联系并不依赖于由事物本质所决定的真实关系；空间与时间是不间断的连续体；所有我们通过形状、色彩和任意一种特性所认识的事物都互有关联，而只有对比这些相近之物，才能辨认各个个体。另外，使语言之所以成为语言的分音节[1]同样毫无例外地具有相近的音节，总是通过某种规则实现音位变体，通过音位的结合、分离和过渡不断地展示自然的协调和一致以及音位变化所遵循的途径和归属的类别。此外，通过唤起相似的感官感觉，语音还可以与事物之间建立联系。人类的想象力会自发地捕获所有相同一致的关系，那么人自然也不会拒绝去跟随这一联系他们与外界事物之间的纽带。而这一纽带不会断裂，因为人创造了语言，并且绝非为了某一个体、而是为了整个群体，如果语言是任意符号约定俗成的产物，那它永远无法植根于人类的精神或思想之中。与之相反，语言发自人类内在的情感和观念。一种语言总是从最初的发源之后持续发展，并基于已有的部分而慢慢丰富，因而，要自发地吸纳那些任意或毫无联系的因素，对事物的本质而言并不可能。由于我们与不同民族及其语言的起源相距遥远，所以几乎无法知晓当初的情形。总是当一个民族在语言形成过程中受到外界影响，或者两个不同的部落互相融合、其语言也互相混合，抑或一个族群接受了其征服者的语言，自然规律就会受到冲击，惯常的类比性就会屈从于反常、不连贯和冲突，而这种现象的数量越是庞大，那么学习这种外语的民族就越无法理解和把握它的结构。从古老语言发展而来的现代语言给我们提供了许多这样的例子。在欧洲那些曾经被很多不同部族所占据的地方，尚能碰到一些奇特的混合，然而即便是这样的混合，仍然显示出一种人类自然的偏好，即处处按照已知的类比规则去构建新的语言现象。就如自

---

[1] 发出分音节是语言伟大且神秘的一项工作。此处不再进一步阐发这一观念，但任何对语言形而上的思辨，都必须以此为出发点。这样，才能真正认识到，语言是人和世界之间的中介，它为人创造了世界，并同时让人能够理解并感知它的这种创造。

然的有机体，若要吸收异体，或者即便在自身具有缺陷、甚而畸形的构造过程中，总是重复着其原初的类型特征，并同化所有遭遇的异体，那么，语言也会尽可能征服那些所吸纳的外来因素，使其符合语言自身原有的结构；语言互相混合或融合之时，占据上风的语言就会将其规则和构造强加于另一方，由此产生的新的语言就会具有自己的类比规则和构造机制。即使无法指望由此产生的语言拥有一种普遍的类比结构，但总能发现一些或长或短的类比序列，通过细加收集并仔细分析可以追溯其起源。事实上，研究工作从一开始就只是对类比现象的一些零散收集。即便在一种语言中类比是一种普遍现象，但也绝不可能对其整体揭示，也无法深入解析其细枝末节。语言在持续变化中会逐步丧失它的某些结构，并由此产生无法填补的空白；由于与语言的起源相距遥远，我们无法体验并想象语音的本源，而只认识几经变迁后它们现在的样貌；我们很可能在同一片天空下、同一片土地上、同一个世界中体验着完全不同的事物，很难通过观察准确地描述一定的语音与一定的事物之间的细微联系；即便语音本身，也可能很难对此作出解释。因为一种语言绝不是某一个人的作品，甚至一个词也不尽如此；语言产生于一个家庭、一个部落、一个民族之口，人们互猜其意、互相理解，甚至在讲话时确信，无须预先约定，对方就能听懂自己的话语或者猜出语义——当然，一种已经成熟的语言本来就基于一种约定俗成。人出于一种无可抗拒的渴望结群而居；惊异于外界事物而想对其做出反应，外界事物的这种影响让人感受到，需要创造语言作为媒介，将自己的想法外显并使之更为清楚和明了，同时将事物转变为独立于人的语音而更具可操作性；人感受到了自己的语言能力，如同花朵和果实从包藏它们的花苞中破出，这种属于人类本性的语言能力也必须破茧而出；此外，人拥有人类物种所共有的特征，相比语言最初的创造，境况完全相同。所有这一切引发了语言起源这一奇迹，虽然永远无法解释，但它又以某种方式每天重复于我们眼前。如果仔细观察孩子，我们都会有相同的认识：孩子模仿四周的语音，瞬间就理解了大量的词语，无需规则、通过少量的归纳就能进行屈折变化，而这种方式基本上可以与语言精神相媲美，更多的是一种猜测和创造，而不是学习。这绝不是那种有规律的一步步向前推进的进步，而显然有那么一瞬间，好像灵光闪现，所有的困难都得以排除；之前花费的时间，仿佛不是用来逐步理解一个费时、困难、复杂的事物，而是为了推动智能达到必要的成熟。只要孩子具备了这种能力，他就会开口说话；孩子听到的大量词语和句子，在其脑海中悄无声息地产生作用，突然从混乱变成了清晰；孩子拥有开启这种能力的钥匙，他所有的记忆现今都能为其所用。说外语的成年人身上也显示出一些相似之处。人们无须学习所有的词汇和句子，就能猜测出其中的一大部分；与其说人们学会的是语言，不如说是一种理解语言的能力。我认为很有必要提请注意，在学习语言、而更多是在学习语言构造的过程中，有一些因素是思维、甚至是观察所不能企及的，因而无法解释。由此我想说明，我们不能指望理解所有上述提及的联系，即便是那些语言中真实存在的现象。人们的思想转瞬即逝、各种想法接连不断，即便在某一个单独的人身上也难以捕捉。如果语言是一个群体共有的产物，如果每个人无法确定自己说出的话语，而需要别人口中的证实，那么如何能够在同一个层面来归结一个民族或至少一个部落的各种不同的感觉或感受？我们已经看到，在目前的状态下，没有一种语言能呈现一种普遍或完全的类比性，我们也不可能全面和彻底地去把握一种语言真实的内涵。因此，每一项有质量的研究，一方面有必要搜集资料以展现或多或少具有普遍性的规则以及一些归纳和总结，用以揭示在一种语言中尚可发现的完整的类比体系；另一方面也要收集一些已经无法做出解释的语言要素。语法和词典能给出一些这样或那样的解释，前者包含了一切规则，后者则涵盖了没有语境联系而需要记忆的所有词汇。事实上，语法和词典的区分并不仅仅如此。词汇还允许并要求研究其中存在的大量类比现象，目前只在少量语言对此进行了一些零打碎敲的工作；同样，某些语法需要进一步修正，有很多极为有趣的问题尚未得到解答，目前只是对其避而不谈。一项优秀的研究，其首要任务在于了解展示一种语言所有关系的概貌，或是针对语言本身，或是针对语言所表达的事物以及语言所表现的思想，同时囊括所有由此产生的问题并为其寻求答案。

§15. 运用上述方法对所有我们已充分了解的语言进行研究，并尽量使之完满，那就有必要撰写一部综合性的普遍论著，对此我将具体阐述。研究每一种语言完整的构造体系，收集每一种语言完整的词根音，这些研究工作组成了这一普遍论著的两个不同部分。自从哲学研究应用于不同的领域，人们就提出了普遍语法这一思想，可以将其理解为从语言的抽象概念和人类本质中推导出语言的成分和语言的规则。如果总结所有已知语言的构造，或许就可以建立一种语法，不过语法这个概念还太过狭隘，无法表达此处所指，所以更准确地说，应该是建立一种不是哲学的、而是经验性的语言普遍体系。这一体系必须包括一个基本的部分，探讨字母、不同语言及其在语音和发音方面的相互联系；另一个是语法部分，探讨词语结合成言语的方式；最后一个是词汇部分，但这一部分并非是罗列词汇，而是归纳构词的规则与类比形式。每一部分起始都先介绍相关的抽象概念，因为所有现象都要依据普遍概念进行归类、排序和评价，以期呈现现存语言的概貌。这里首先要总结出所有语言、即便是差异最大的语言的共同之处，然后归纳出大部分语言的主要特征，由此才能一步步推进至不太显著的语言特征。具有任何一点共同特征的所有语言都会归于一类，由第一章至最后一章，从对比共性的语言特征逐渐推进到相对个性的语言特征，并以此充分理解形成语言差异的那些特点。这样就可以一目了然地看到人类是如何运用不同的手段来表达无尽的概念和事物的，同时，前期逐步展开对亲属语言的普遍研究并考察语言所属的语类（Gattung）、语系（Familie）和语群（Klasse）等，可以极大地减少每一种语言的研究难度。通过这种方法、也只能借由这种方法，才能不依赖于语言的历史亲缘关系，像自然研究者那样建立起语言的自然类别，当然，此间必须避免运用同样的方法对性质完全不同的事物进行研究归类。第二部分是要比较所有已知语言的根源，这样势必会发现新的类比关系，而这是单独研究一种语言时所注意不到的，当然，这种不同语言所共有的类比也可以用于第一部分的研究。这样做意义重大，最终会找到不同民族语音和概念的起源。人们经常尝试去收集许多语言的词根音（Wurzellaut），但由于没有足够重视必要的前期工作，这些尝试大多以失败告终。我所说的论著，在其计划伊始，将缓慢且稳定地推进一切工作安排，从简至繁，从特殊到一般，并基于事实，以尽可能排除任意的猜想。要对比多种语言，就必须先单独研究每一种语言，但这绝不仅仅是简单地翻阅词典，而必须是一种从容而严肃的研读，那些对该语言进行专门研究的论著必须首先参考阅读。即便只是为了普遍的语言研究，也必须从长期研究某一语言开始，同时以古典时期的学者语言为基准，按照其全面关注语文学的方法，专注于阅读经典作家的作品。熟悉了这些发源于人类智慧的、最为优美的语言，才能认识到思维及其表达之间大量细腻微妙的联系，也只有通过这样的训练，才能把握——即便研究最为原始的语言也必须具有的那种准确性，以期获得真正有意义的研究结果。缺乏这样的细致，即便是最为广泛的语言知识也将流于肤浅，而这比任何其他行为都对语言研究更为有害；如果语言知识的宽度要以掌握语言的准确性和深入性为代价，那么宁可只掌握一两门语言。紧接着上述两个部分的内容，第三部分将快速准确地纵览各个民族的遭遇，包括其迁移、辉煌以及衰落，由此结束这部普遍的语言研究论著。这部论著，还有那些已有的或将会出现的、从相同视角对不同语言进行研究的其他著述，这些合在一起就构成了一部关于已知语言完整和普遍的百科全书。

§16．事实上，这样一部著述是一项广泛而艰巨的工作，但并非不切实际，我们只要看看那些业已存在的巨量资料——无论是收集于相关的著作里或散落于其他诸多作品中，就能明白。这样一部著述将对那些非专门从事语言研究的人员产生积极的影响，这几乎也是不言自明的，因为对他们而言，并不是要从中学到更多的东西，而是可以更加完整且轻松地学习。借助科学分析，可以确切、甚至全面地理解一种语言，而不必费力地去记忆大量陌生的语言表述；只需几个语言表述方面的单独例子，语言的有机体系就会形成，并借助思维而深入记忆；这里需要熟悉的不是词汇，而是思想。更好地理解语言所有成分之间的联系，同时学会去关注大量的语言标志性特征、甚至是构成这些特征的不同因素，并由此每天都有新的发现，这样多加观察、多加评判，也会有助于记忆，同时对于喜爱思考的人来说并非是负担。对所有的语言进行研究，是一个独立而内容广泛的领域，应将其分为几个研究部分并理清头绪；对于熟悉的语言，所有观察到的和新发现的，甚至偶然从陌生人那里听到的，都能自动归类和排序，而对所有需要停顿下来进行深入了解的语言，必须采用正确的方法，才能有所收获。目前常见学习语言的方法主要是阅读、口头和书写练习，要通过这种方式完全掌握一门语言非常困难，而要从那些不太了解的语言中收获一些明显的研究成果，就更为困难。相反，若能非常系统地研究语言，就会毫无遗漏，就能熟悉所有语言。很多语言，无须认识一个词语，就能够完全了解其构造；还有一部分语言，我们或多或少能够使用；再有一些，我们则完全稔熟，能够正确贴切地进行口头和书面表达。同时，我们会逐渐养成理解每种语言精神的能力和习惯，并比较容易、甚至无需老师也能学会新的语言，而对那些我们了解的语言，造句时也会甚少犯错。尽管如此，我还是要介绍我所观察到的一些现象，并以此来结束上面这些想法：目前的方法是，只是孤立地学习古典的学者语言，仿佛除此以外没有其他语言存在、也没有其他事情可做，人们停留在这些语言的学习而止步不前，认为这是获取关于语言普遍认识的先要。这种学习，局限于单一对象，以全面考察为目的，对于记忆力是一大挑战，必须青少年时期就完成。我们这里讨论的是纯科学性的研究，需要成熟的学者，他们必须具备一定的知识积累，并通过研究去更为透彻地理解这些知识。那些学会分类、排序、评判的人，如果没有时间去收集、去组合、去创造——即便这个过程可能产生混乱、陷入纠葛，势必会头脑空洞；因此他们无法感知、也很少能够回应他们的天赋。这里指的是那些能够花费大量时间去塑造精神思想的人。社会中的另一些阶层则绝不能脱离其母语的界限，是否对其他语言有所思考也无关紧要；但是对语言的普遍研究也会影响到对母语的认识和对语言的普遍性理解。那些对民众进行教学的人士将帮助人们在其母语中发现更多的内容，从而更加稳熟地使用母语，并理解其母语的精确性和表达力，而这最终能对民众的思维和个性产生积极的影响。

§17. 语言及其民族个性之间的互相联系是语言研究所引发的最有意义的思考命题，但始终也无法加以彻底探究。民族的个性，类似于个人的性格特征，与其身体和精神生活密切相关；这种个性成为了民族的本质与原动力，无论我们如何努力研究，也无法触及；我们只能根据其作用和自我表达的方式满足于不完整的评判。语言的个性不易把握；它涉及所有组成因素，一旦不囿于一般、而试着去研究这种个性与各种因素的依赖关系，它就会逃脱我们的视线；作为人类最崇高和最神秘的产物，语言的一个基本原则就是使人类充满活力。即便研究如前面几节所述非常准确完整，也无法将我们引入这最神圣的领地；通过研究我们可以了解语言构造的所有细节，也会更好地理解语言的本质及其最内在的相互关系，但无论如何，那个将各种特征合而为一的本质内核，我们只能接近、却始终与其保持无法估量的距离。思维和语言之间的内在联系，这种联系从个体出生之时、自人类起源之始就已经形成并还在继续形成，它向思维提出了一个最艰深的问题，也指向了形而上学中最为抽象的命题。此处不宜进一步阐发，因此，我只论及一些零散的观点，主要目的在于确定语言研究究竟应该关注什么，以便对澄清关于语言和民族个性之间的关系这一问题有所裨益，并有助于获得可能的答案。在所有可能的研究中都要特别注意，尽可能不遗漏任何涉及这一关系的线索，并牢记那些可能对研究有所启示的不同问题。

§18. 经常听到两种论断，很大程度上导致了对语言本质的错误认识，因为一般听来无疑是正确的，但也仅仅在一定程度上。一种说法认为词汇是符号，代表了概念和事物；另一种说法认为语言的目的在于互相理解，以便人类在社会中共同生活。由此可以得出，语言不是人类一种令人惊奇的自我发现，而是归因于互相约定的一种发明。同样，也可以提出另一种完全相反的原则。可以说，词汇实际上是事物、物体，而不是符号；使用语言的目的是思维和论证，因为也许人注定是绝对孤独的；语言既不是人的发现，也不是人的发明，而是神的恩赐。如果缺乏思维能力，人们不仅无法藉由感官和记忆区别周围的事物，更不能真正辨识它们，如果没有能力将思维着的自我与思维的对象区分开来，也就不可能进行思维活动，这是任何自我意识和自我反思的基础和先决条件。缺乏像语言这样的手段，每一种思考、每一次反思、对外部事物的每一次辨识、每一个有智慧的生命都不可能存在，所有我们的思想和感觉以及无限存在物体都需要语言，它以一种难以理解、很难表述、但又绝不矛盾的方式成为我们的创造物，却并不依赖于我们。语言存在于人和世界之间；它以它自己的方式向我们展现了这个世界；脱离词语的帮助，我们无法为思维构建清楚准确的概念。若使外界事物对我们发挥影响，并在我们的思维中有所回应，那么我们更多的是与所谓的符号、而不是与事物本身产生联系。符号这个概念的前提是，要清晰准确地区符号和符号所指的对象。就此，人们尝试在语言中进行这种区分。若涉及精神领域的概念，只能借助其他词汇进行详细定义（至少对于那些不完全是人为提出的概念，并像科学研究一样具有确凿的前提条件，正如可以建构、也可以解构这些前提条件），但即使是最准确的定义，也会出现模糊性，且定义的个性特色体现于特定的词语，而这一词语却又使定义变得多余。如果涉及物质性的对象，便能实际展现，但如果涉及"马（Pferd）""狗（Hund）""橡树（Eiche）""卵石（Kieselstein）"等单词，就绝不仅指这些事物本身，同时也会涉及一些附加意义，以呈现词汇所指称事物的状况，并赋予概念和表达一定的色调和细微的区别。不同符号之间的联系在语言创造之初就已设定。一种语言的构成元素与我们的思想和感觉极为相似，例如，任何一个词只要与相近或相反的概念处于一定的关系之中，就会引发处于相同关系中的另外一些概念，语言本身也存在一种必须要遵循的类比关系，因为这和我们的思维方式紧密相连。语言的根本在于：

第一，借助感官和想象力对事物所获得的模糊和含混的想法，这种想法只遵从感官的印象。

第二，我们精神和智慧能力的本质。

第三，语言的本质，是所有元素以无穷多的方式组成的系统。

从出生至死亡，我们认知世界的方式持续受到上述三点的影响；对一个民族而言也是如此，当然，民族也对我们发挥着影响；习俗和时间使这些影响日益强大、几乎无可抗拒，因而我们生活的世界也就是我们的语言所赋予的世界。没有什么比语言本身的有机原则所产生的力量更具吸引力。这种有机原则基于概念之间以及概念和语音之间的隐蔽关系，它所孕育的那种准确和美好，尽管无法解释，却打动并惊艳于我们。语言的发明者，或更确切地说，那些最先对未知的新世界产生全新印象并对此充分反思而引发灵感的人，还有那些选择同伴并希望敞开心扉与之交流的人，只要唇齿之间涌现词语，就会对事物和自身突然产生一种新的清晰感受，他们可以和诗人或艺术家媲美。创作对象了然于胸，画家才敢于在画布上抹上最初的一笔，这最初的落笔也激励着他、引领着他、不经意地带领着他，而经由他的手所创作的，那种美丽和庄严连他自己也不曾料想。能够思维和感受的人与语言关系紧密，因而讨论语言是民族个性的起因还是产物，抑或是语言塑造了民族个性、还是民族个性塑造了语言，就成了完全多余的问题。这两者之间的影响始终是相互的；人始终是一切在其身上发生或与其相关的事物的本源；但如果无法确定是否会丧失独立性，人也就不会采取行动。所有符合现存事物秩序的，必须遵循不变的原则。思维依托于言语，也必须遵循相同的原则，一旦人确定了其语言中的一些词语，就受控于该语言，阻止他偏离已经确立的方向。这第一步是决定性的，自其诞生之日起，语言就包含或宣示了可能产生的黑暗和短暂的命运。即便如此，只要表达所能及，这样的语言也能胜任思维与感觉的日常功能；但语言既非思维、也非感觉的源泉，也不会使其日臻完美。很长时间内，一个民族的精神，如果说是为其语言所掌控，不如说是为其语言所激发；因为激发，需要向精神展现一定的事物并设定特定的行为方式。往往存在这样的瞬间，相互的影响悄然而止，而只有语言发挥着决定性作用。这一瞬间出现的大多数情况，是一个民族的语言达到了一定的规模和稳定，更多地成为了一种研究的对象，而不仅是交流的工具；人们主要致力于确定语言的界限，并使其更为成熟和明确。文学不再有所创新，而只局限于模仿前人伟大的作品。民族及其文学所经历的，正如人体机器，随着步入晚年，动脉细微的枝桠开始封闭僵化，死神步步逼近，因为生命不再发展。而区别在于，民族有能力再度孕育年轻和强壮的萌芽，因而民族展现的路程绝不能与个人的发展道路相提并论。根据以上所述，所有的语言都必定与其民族个性紧密相联，甚至语言就是民族个性的鲜明体现、一种忠实的表达，越是大范围地保留着规则和类比的一致性，各成分之间越是互相关联，那么语言及其民族个性之间的关系就越强大、越活跃、越明显。人的思想不可能是闲散多余的，就好像被一个接一个放入人的头脑。精神世界中的一切都是积极的、运动的、连续的，除却所思和所感，思维和感觉很难再有其他的一种真实存在。我们的思想不仅源自对外界的感知，碰到合适的机会，所有潜在的思绪能够被触发，也能够再现。因此，精神活动首先依赖于迅速、规律且富于产生新组合的语言序列（Folge），这种语言序列存在于思想和情感之中。由于语言和民族之间始终互相影响，从语言与民族个性之间的联系出发，一种语言是否从远古以来就属于它的民族而留有其原初的一些含混痕迹？抑或一种语言是大型部族思想的官能（Organ der Gedanken），还是仅局限于一个狭小的范围？这些问题并非无关紧要。那些尚能理解的原始语言，其源头并不清晰可辨，但它们本身就能解答它们所蕴含的问题；它们为精神提供了一个完整的体系，其中所有的成分都具有严格的类比和紧密的联系；它们不仅使民族思想更为清晰和准确，而且对民族个性发挥了更为强大的影响，它们激发那些具有创造能力的语言，借助其较为统一、也更为美丽和庄严的整体精神，清楚地呈现世界以及民族的思想和感受。但这还不是全部。那些形成并始终呈现相同感觉与思想的词语具有一定的色调；句型（Gestalt der Sätze）则直接反映了或快或慢、或规律或任意的民族精神方式；语音最终具备了一种我们每天都能感受到、却无法言说的魔力。作为我们痛苦和欢乐的陪伴者，我们灵魂秘密躁动的忠实见证者，语言牵动着我们的生活，同时也记录和流传着我们的生活。在这种情况下，即便处于偏远地区或分属不同时代，如果语言交流的对象来自同一个民族，并因此拥有相同的感觉和体验，就会产生一种紧密的和谐关系。一个民族使用同一种语言的范围越大，就能够更多地经历那些或大或小的集体遭受的所有更替变化；语言越是和民族的个性相互交织，对民族个性的影响就越大，并能更多地使民族了解人类所有的悲伤、轻松、高贵或卑贱。在这一意义上可以说，一种语言本身具有或多或少的个性特征，并由此赋予了使用该语言的民族一种鲜明的个性。对语言的哲学研究绝不能忽略这种联系，而必须判断某一种语言在何种程度、以何种方式依赖于民族个性，反之民族个性对其影响又有多大；也要细致研究究竟语言中哪些部分建立起了这种互相联系，以及有哪些特性在语言中得以清晰地呈现。并非为了给这样的研究做先期准备，但我们的研究应该包括：语音的本质，语音不同的组合形式，大部分词汇所具有的、与其指称的客观事物相关的那种附带思想，以及由此透露的一个民族的主要偏好和观察世界的视角，还有决定语言建构进程的行动方式。如果这些主要研究对象互相之间、并与民族个性一起共同发挥作用，那么语言和民族个性之间的关系，将呈现一种无以言表的力量和紧密性；反之，这种联系就不再紧密。不过，成为我们思想的官能，语言除了这种普遍能力，还具有一些特殊之处，这能使其民族变得与众不同。拉丁语的特殊之处在于其令人感动的庄严；希腊语则是美丽的轻快感，人们可以毫不做作地使用丰富而富有表现力的措辞来表达所有心灵的激荡；德语则是一种严肃和敏感的风格等。这种语言的特色总是趋于退化并蕴含了衰败的萌芽，而普遍的能力与特殊偏好在一种语言里的平衡或失衡，则是决定语言完美性与存续性的关键所在。

§19. 如果语言与民族个性之间的关系的确如此紧密，那么语言的变体应当与民族的差异相同。民族差异往往起因于偶发的自然因素之综合效应，却产生了一种明显的精神特质，可以认为这正是民族差异的真正所在。只有遵循一条为其单独预设的道路，人才能发展能力；因此，种族产生分离也必定有着一定的原则。如果独自一人，缺乏和他人的联系，能力就无法得到发展；人和人组成集体必然也遵循着一定的原则。在完全不同的民族中都可以发现这种分离和结合，有时它们的作用是如此的强大，以至于民族间会寻求更大的联合，而在民族的内部则会产生细小的分裂。这两种原则之间的关系越是恰当，就越能互相加强，产生的结果也就越加美好、并越能给人留下深刻的印象。相较于其他因素，对这种游离和靠近的交替变化语言的作用更为强大。一方面，人自然而然地倾向于跟那些使用不同语言的人保持距离；而另一方面，语言提供了唯一能够真正交流的工具，即便不同的语言，也总是有着相通的普遍本质，不同语言之间存在的联系要比想象的更多，而且新的联系还在产生，已有的联系则进一步加强。语言以一种强大而有效的方式，不仅影响了普遍的民族个性，也影响了民族之间的差异性。个人和民族的个性源自于性情、身体的感受、跳跃和激烈的想象力以及无法抗拒的激情，同时，通过语音和概念的双重作用，语言也对此发挥着影响，借助具有音乐般节奏的语音来清晰地表达概念，安抚了我们的感官，也无形中控制了情感和激情。语言创造了一片崭新的天地，从而发展和加强了民族的个性；对比一个民族不同的发展时期，即便丝毫没有吸取外来的文化元素，人们也会发现，虽然语言还是这种语言，但始终呈现出崭新的面貌和更为细腻、不断完善的形式，能够更好地表达理性和情感。语言的终极发展体现在文学，因此研究一个民族，必须对其最初的民族个性（也就是说，尽可能在不考虑其思维方式和对其评价的情况下来考察一个民族的外在特征、容貌、感觉和行为的方式）、对其语言和文学分别进行仔细的研究。这三者息息相关，一个民族的文学要达到完美、尤其是尽可能地保持持久，其根本在于以下两个方面：民族最初的个性是怎样的？帮助民族个性趋向成熟、并加以拓展的语言，又是如何保持力量和独特性的？语言是中介，民族从早先的游牧和荒蛮生活中所赢得的力量和强大滋养了语言，并使这一最为美妙的成果走向辉煌。因而要评判一个民族的文学，自然首先要彻底研究并完整了解该民族的语言。不同语言的区别之大，堪比民族个性的差异，而这不仅仅是指每种语言不同的完美程度。这里所指的语言之间的区别，根本无法用是否完美来衡量。人的本性特征有很多不同的形式，而每个个体只能具备其中某一方面，这样，不同的个体就可以用不同的方式同样走向理想中的完美，而语言也完全遵循着这种人的本性特征。同样丰富多彩、有适应能力和悦耳动听的语言，不仅是它们的使用手段，而且其表达形式所带来的结果都可以完全不同，不同的语言描述事物时，可以赋予不同的色彩，体现不同的精神特质。所有这些细微差异都容易感受，但很难描述和解释；首先要避免的是按照先入为主的想法将语言分门别类。任何事物迈出的第一步，或使用更形象化的说法，任何事物的第一粒物质结晶，就已经决定了它的个性特征；这种完全打上了个性烙印的事物本源，产生于非常现实、且富有特色的很多情形的共同作用。为了提炼出普遍性的概念，必须褪去事物个体的特征，以呈现出骨架或模糊不清的轮廓。对待人或语言的个性就如看待人的容貌。人的容貌可以重新认出、甚至可以一眼判断，但若要通过研究来解释其特征所在，则会迷失其中。那些所谓的关于美丽的标准——即便按照最美丽的样板来确定，都是模糊不清且毫无用处的，若要仔细分析什么才是真正的完美，就必须承认，完美取决于面部线条的和谐，血肉和形体之间的那种正确、细腻、有时又是大胆的比例以及力量和甜美，这一切无法言表，只有艺术家的创造天赋才能感知。的确，我们能够解释并清晰准确地把握不同语言的很多特征，这些特征对语言的共同个性起到了极大的影响；但无论多么努力地汇总这些特征，也无法辨识语言真正的个性；真正的个性总是存在于那种思维无法企及的不确定之中。思维很容易引发一种谬误，认为只要考察了所掌握的某一事物的全部关系，就可以再现并阐明这一事物，这在研究中应当加以避免。此外，人们还是可以在一定程度上描述并把握语言的共同个性，而无需损害不同语言的独特性，而语言发展得越高级，理解它的途径就越多，这样的研究也就越发有意义。例如，没有什么比对比分析那两种古典时期学者语言的个性更有意义的了。一种语言逐步达到了人类所认识的最高深、最微妙的境界，也就提供了其民族丰富多样的精神画卷；研究这种语言，也就是对造就这种语言的那种天赋和智慧的记录，更有意义的是，这同时能够结合研究该民族的情感和行为方式，而正是这些情感和行为方式决定了一个民族的命运、声望和衰落。

§20．研究语言个性的多样性，有两点值得引起我们的注意：所有这些不同语言具有共性，每一种语言又具有自己独特的个性。上述所有，意在说明应将每一种语言都视为人类普遍语言的一个片段而加以研究。正如所有的研究领域，在语言研究方面同样要关注三点，以便详细阐明对人类重要而有意义的一切：

第一，关于事物的普遍性观念。

第二，关于事物的不同特征。

第三，关于事物和普遍观念之间的关系，且从两个角度加以考察，即首先看事物是怎样的，其次看经过积极而持久的使用，事物会变成什么样。

要认识人类语言的普遍性，要大致了解其发展壮大的过程，以及能包容多种形式的柔韧性、对所有感觉和思想微妙的表达力及其多种多样的应用手段，唯一的途径是研究所有语言的不同之处和个性特点，以了解每一种语言从哪些方面帮助建构了语言的普遍性。当然，这不能凭空想象。没有一种经验性的研究能够全方位把握语言的普遍性，要研究语言的普遍意义，始终只有借助哲学和抽象思维。但是，这种本质上具有概括性的思维方式不太适合于发现语言的个体特征，因而需要实践和经验的帮助。不过即便是这种方式也无法确定语言所有的区别；当然，我们并不是要从所有语言中准确汇总出关于语言的普遍概念（这也只是幻想而已），而只是借助研究语言的多样性快速且准确地理解语言之间的区别，并尽可能地来认识语言的普遍能力及其局限。正如一个民族或个人，人类也具有无法脱离的想象空间，而某一类或具有某一个性的语言，其区别在于，这种类型或个性在其各自的界限范围以内允许存在无限的多样性，而正是通过这些多样性，可以了解并探究这一语言。尝试通过研究不同的语言而抽象出语言的普遍特性，在这一过程中也就轻松掌握了各种语言各自的特征。个体性和整体性，作为概念和认识的两极，总是互为解释，也只能互相依赖才得以理解。如若确实能够对这两极有所认识，那就非同凡响，无论在哪个领域、尤其在语言研究方面，就容易达到完美，而不再停留在最初所想象的那种简单的认识。在这一过程中，语言既是研究的目标，也是研究的工具，因而每一项发现都能同时有益于语言实践。通过将一种语言和语言的普遍原则相比较能够区分出哪些特征是异常的、哪些是标志性的并能够真正凸显其优势，因而人们总是尝试限制异常特征、强调标志性特征，并由此构建出语言的特性。由于不可能同时兼顾很多不同的优势特点，这种语言特性不会面面俱到，但尽管如此，它还是一个完整的整体，所以人们不会注意它是否包容了所有的语言特点。语言的构造绝不是机械性的，即便确实存在一些规则和原则用以确定某些方面的完善程度，但也存在很多只能用创造力和感觉来评判的有趣现象。所有和语言个性相关的，都具有这种性质。在这一方面，语言与艺术品相似，可以拥有一种理想化的美，很多语言可以彰显这种美，某些语言可以真正具有这种美，所有语言也可以以之为特征而不丧失其区别性。相反，每一种理想化的美也基本上都以清晰的个性为基础。完全深入母语的个性之中，对比尽可能多的语言以研究语言的普遍本质，清晰准确地理解形成于不同时期或陌生语言的优美之处，在母语中，严格区分那些尚不完善的和那些能促进进步发展的特征，并且在书写和讲述时始终意识到这些方面。要使语言日臻完美，以上这些都不可或缺。而越是普遍地研究和使用语言，也就越能促使语言更为成熟。同样重要的是向一个民族宣传理性开明的母语概念，用合适恰当的方法对社会不同阶层教授语言，同时考虑到让普遍的语言研究更注意方法、也更为普及，最终让更多的学者投身其中。

译词对照表

德语拼写遵照原文，词汇排列按照其在文中出现的顺序

Livland	利沃尼亚
Timosthenes	提摩斯特纳斯
Plinius	普利尼乌斯
Kolchis	科尔基斯
Dioscorias	底阿斯可里何斯
Kaspisches Meer	里海
Landenge	狭地
Atures	阿图瑞斯
Pericu	佩里库语
Antonios von Nebrixa	安东尼奥·冯·内布里亚
Gerundiv	动形词
Supinum	动名词
Mechoacan	美科肯
Taraskisch	塔拉斯卡语
Töchtersprachen	衍生语言
Abbé Hervas	赫瓦斯神甫
Muttersprachen	源头
Tagale-Sprache	塔格拉语
Vaskische-Sprache	巴斯克语
Wurzelvokal	根元音

Stammwort	根词
Wortfamilie	词族
geschichte	实证
gelehrte Sprachen	学者语言
belehren	教化
Hieroglyphe	困难文字
Gattung	语类
Familie	语系
Klasse	语群
Wurzellaut	词根音
Folge	序列
Organ der Gedanken	思想的官能
Gestalt der Sätze	句型

6. 论语言的亲缘关系

1812—1814

确定已知的不同语言之间的亲缘关系，为建立正确的语言谱系表（Stammtafel）打下基础，是普遍语言研究最为重要的目标之一。如果学习或探讨一种语言，不再只是为了日常或科学工作的需要，而是为了剖析语言的成分、探究语言的构造、描写语言的独特之处，那就不能孤立地、而是要联系所有的影响因素对语言进行考察。

对于历史而言，这样的研究也同样举足轻重。当然，通过语言亲缘关系的研究不可能拓展历史研究的范围，我也并不认为通过这样的方法可以超越所有文字和口头的流传而获得巨大的发现。哪怕研究最深入、最成功，采用这样的方式也无法发现未知的事实，而只能引起对已知事实的重视、排除某些观点并明确未知的领域。即便对拉丁语和希腊语进行剖析比较，也无法确定最早的希腊语是如何流入意大利的；只有进行更为全面的研究，更多地关注明显存在于拉丁语中的非希腊语成分并对其进行更为准确的评价，才能令人信服地解释，拉丁语的出现，远非我们认为的那样，仅仅受到希腊移民的影响，欧洲最西部的语言也对拉丁语的产生发挥了作用。通过这样的研究，我们可以将语言的发展划分为三个历史阶段：先祖时期（Urvölker）、古意大利的伊特拉斯坎文化时期（Etrusker）和希腊罗马时期。这样的分期与艺术上的划分如出一辙（如果将毛埃尔山[1]、伊特拉斯坎纪念碑和罗马人的著述概括在一起）。倘若关注的重点并非是知识的拓展，那么语言亲缘关系的研究就必须比较彻底地去驳斥那些错误的观点、推测和理论。即便不论瓦兰西（Valancey）[2]以及那些与他相似的所谓的语言研究者对语言亲缘关系进行粗制滥造的研究，也还没有任何一个科学领域能允许建立如此多的荒诞假设。尽管只有少数学者深入从事这一研究，但还是存在许多、也包括最为错误的言论，因而，即便是语言亲缘关系研究的坚定捍卫者，也无法再保持沉默。所谓爱尔兰人来自西班牙以北，以及芬兰人和匈牙利人有着共同的祖先，就是这类言论的例证。

即便不考虑对于语言科学和历史研究的重要价值，以下问题也非常重要且值得关注：

在多大程度上可以确定语言的亲缘关系？

什么标志了语言的亲缘关系？

以上问题不仅与最为深入、最为细致的哲学性的语言研究相关，而且可以更好地澄清有关人类种族分离和分枝的一些问题。此外，可以不依赖于个体的特殊性和随意性，在更高的层面考察各民族的智力活动。

但是，对以上所提的两个问题，至今仍然没有让人满意的答案。事实上，人们甚至没有尝试基于正确的原则来回答这两个问题。这里我指的，不只是那种彻底错误的方法（但还一直在使用），即根据发音和意义比较一些词的相似性。因为这样得出的结论不仅是片面的，而且常常也是完全错误的。这种错误体现在两个方面：原本不相关的语言容易放置在一起；而真正有亲缘关系的却互相分离。后者主要体现在下面的情形之中：用来描述同一特征的词，在不同的语言中使用了不同的名词，如 Tvgyog 和 Berg、ensis 和 Sense、corda 和 Horde、queen 和 konc。

---

1 毛埃尔山（die cyclopische Mauer）位于希腊境内。（译者注）
2 参见瓦兰西的民族传记词典，第 58 页、第 82 页。

按照这种粗糙的比较，很多语言都有相似的词，以至于人们不得不机械地计算，哪些语言拥有这样的词最多。更为糟糕的是，毫无亲缘关系的语言也会相互吸收对方的词汇。虽然阿德龙（Adelung）制定了规则来区分这些表达，认为那些最原始的民族也认识并能够表称的对象，所有对此的表达一定程度上是语言所固有的词汇，不过这也会出错，因为即便是这样的对象也可以使用外来词进行称谓，它们替代并让人遗忘了母语中原本的表达。

最近人们放弃了这种方法。一方面，开始着手寻找母语词汇的词根音（Wurzellaut），然后再与其他语言进行比较；另一方面，更多地从语言的构造而非语言成分出发来探寻语言的亲缘关系。尽管如此，人们只是朝着目标方向迈出了很小的一步。

以上提及的第一种方法实施起来难度系数很大，也很难得出让人信服的结论，究其原因，所有民族的意义表达式趋于相同，即便没有亲缘关系和历史渊源，各民族都会使用相同的词根音代表同样的感知和情感。只要混淆几个字母或者想象力发生一丁点偏离，几乎每一种语言都可以在其他语言中找到自身的痕迹，这样，概念会变得混乱而不是清晰明确。尽管极其谨慎，这种情况也很难避免。因此，只有结合其他方法，研究才能取得有效的成果。

毫无疑问，第二种方法更为有效、也更为重要。一个民族的精神为语言打上了深深的烙印，它更多地体现在语言的构造、系统以及各成分的组合之中，而非那些语言的偶发现象。但是目前的研究最多只涉及语法。语法很大程度上无须想象力，是逻辑规则在语言上的应用，在不同语言中都有一定的相似性。即便从这种相似性得不出语言亲缘关系的结论，但是从另一方面讲，语法的差异性也远非意味着语言本身的差异性。因为语法展现的常常只是一定时期的形态，在这一时期，一种语言保持不变；另一种由于很多形式消亡而形成缺陷并最终经历变化；还有些语言，由于它们的成分不复存在而变得面目全非。即便在语法方面，人们更多地也是去清点那些表示概念关系的称谓，而不是去厘清每一种语言以何种独特的方式构建其言语构造。经验表明，那些明显的、历史证明有亲缘关系的语言，其语法称谓可能非常不同，例如英语中无词性，这与它的起源语不尽相同，而丹麦语则有被动态形式。毫无疑问，英语起源于往往抹去词尾的低地德语的方言，而丹麦语中的被动态是基于隐藏的无人称动词。

即便进行对比，往往也只是用解剖学的方法对语言条分缕析而全然不采用生理学的研究方法。几个世纪以来，解剖这种技巧小心翼翼地区分和命名一些独具形式的大脑部分，而完全没有意识到大脑只有作为一个整体才能对人体的精神和智力机制进行解释。与上述的情形相同，人们在研究语言时，几乎仅局限于语法形式和派生词的构成等问题，而对根词（Stammwort）的构成、其内部的关联性以及概念称谓中所体现出的想象力却毫不在意或者很晚才注意到。当然，这些研究也困难重重。

为了避免这样的错误或者片面性并符合当前语言研究的需要，必须开辟出两条道路：一条是更为哲学思辨的，另一条则是纯粹经验性的。对于前者而言，是要探究具有亲缘关系语言的产生；而后者的任务则是考察每一种语言中那些普遍认可的现象。

在开始依据语言事实寻找语言的亲缘关系之前，应该首先在语言的普遍形式中去发掘形成语言亲缘关系的一些指导原则。为此必须深究语言的本质和起源。对不同语言进行对比时，经常会碰到这样的情况，虽然会发现不同语言在整体上、外在形式上以及语言个性和作用方面存在巨大的差异，语言的构造和词汇方面也有大量的不同现象，但若试图借此对语言的差异性进行解释，那么就会陷入非常尴尬的境地。因此，需要考量的第一个问题是：语言的差异性究竟体现在哪里，又是什么导致了语言的差异性？第二个问题是：语言差异性的原因何在？最后一个问题是：哪些现象导致了互源性或同源性语言之间既具有相似性、又具有各自的独特性？

要回答上述任何一个问题，都将从讨论语言转而讨论民族。而如果没有将语言的特征和民族的特征相互结合并使之互为解释，那么回答就会不够彻底。当然，不要期望由此能够获得实际可用的结果，这只是确保了研究方法的正确性，而最主要的是不会混淆那些导致相似性的起因。找到了语言亲缘关系的起因，就能够较为全面地认识体现亲缘关系的语言现象，不容易产生混淆。如果不切实际地认为语言的特性可以通过数学的方法详细确定，那么就没有认识到语言在本质上是细腻微妙的并与精神和情感交织在一起。根据不同种族在外貌上的相似性可以确定面部线条的轮廓，但无法按照这样的标准来说明其他众多的相似特征。同样道理，语法形式和词族（Wörterfamilien）僵死的框架不能用来确定语言全部的本质，因为语法和词汇关于语言的本源方面只留下了微弱的痕迹。因而不只是枯燥和机械的对比，更多的是需要那种训练有素的感觉，但为了做出准确无误的判断，这种感觉必须辅以清晰明确的洞察力，而不总是想当然地认为语言之间和人之间本质上都有一定的相似性。

奇怪的是，很少有详细的说明记录历史上那些具有亲缘关系的语言的形成。对于历史上曾经发生改变的语言，即便用穆拉托里（Muratori）[1]般的勤奋和敏锐可以收集到变化前的那些痕迹，但常常还是所获有限并差强人意。

如果说这里所描述的研究路径是综合性的，那么上面建议的经验性方法则是分析性。它要求找到确凿无疑具有亲缘关系的语言，研究这些语言的构造直至最小的单位，分析它们的相似性和独特性，进而依据所发现的特征来考察那些仅仅只是推测或根本没有亲缘关系的语言。历史证明相互关联的语言，其关系多种多样，亲疏程度也有所不同。因此，要由近及远对下述语言展开阶段性的对比研究。

---

[1] Lodovico Antonio Muratori（1672—1750 年），18 世纪意大利最重要的学者，也是意大利历史之父。（译者注）

1．仅是有所区别的方言：

希腊语各方言

巴斯克语

高地与低地德语

克米什语（Kymrisch）与（法国）布里多尼语（Bas Bretonsch）

2．近似于方言的亲属语言：

丹麦语与瑞典语

丹麦语、瑞典语以及德语

拉丁语与希腊语

3．由于其他语言衰亡而出现的语言：

古希腊语与新希腊语

由拉丁语演变而来的语言与拉丁语

4．起源不清、但亲缘关系明显的语言：

德语与希腊语

5．亲缘关系不明显的语言：

希腊语与希伯来语

6．没有证据显示具有亲缘关系的语言：

墨西哥语或其他美洲语言与欧洲语言

不难看出，这是对语言对比研究的概览。如果上述对比得以逐步推进，并根据以下三点来研究每一种语言的特性，那么就能够进一步正确评价那些不一定有亲缘关系的语言，并更好地回答这一问题：哪些语言的相近性标志了语言共同的起源？

1．语法和词汇构造

2．词族

3．语法现象，尤其是屈折变化的音节，用以区分词汇的不同语法状态

译词对照表

德语拼写遵照原文,词汇排列按照其在文中出现的顺序

Stammtafel	语言谱系表
Urvölker	先祖时期
Etrusker	伊特拉斯坎文化时期
Vanlancey	瓦兰西
Adelung	阿德龙
Wurzellaut	词根音
Stammwort	根词
Wörterfamilien	词族
Muratori	穆拉托里
Kymrisch	克米什语
Bas Bretonsch	布里多尼语

7.《阿伽门农》[1] 德译本导言

2016

就诗歌独特的本质而言，再加上《阿伽门农》较之其他所有作品都具有极大的独创性，这样一部史诗是不可译的。经常可以发现，除了那些仅仅表达物质对象的称谓，一种语言里没有任何一个词能在另一语言中找到完全的对应，现有研究和经验也证实了这一点。从这个角度而言，不同语言的相似性是有局限的；每一种语言表达同一概念的方式不尽相同，总是带有这样或那样的附带意义，显示或高或低的情感程度。即便对希腊语、拉丁语和德语这些主要语言，也还没有尝试研究它们之间的相似性（这其实是极为必要的），尽管许多作家在这方面有一些零星的叙述，但尚未产生富有见解的探讨、形成具有吸引力的成果。若没有符号，概念就不会生成，更无法记录，但也仅仅在这个意义上可以将一个词语看作符号；一个词语所反映的思维活动飘忽不定，就如晴朗天空中一朵飘逸的云彩。随即这一词语成为了一个独立的个体，有明确的个性和形式，能够影响情绪，也能够自由发展。如果想象一下人类创造词语的方式（这其实是不可能的，因为说出一个词语的前提条件是别人能够理解，同时语言又只能是听说双方即时交互作用的产物，其间不是

---

[1]《阿伽门农》是古希腊悲剧诗人埃斯库罗斯（Aeschylus，公元前525—前456年）的代表作之一，以特洛伊战争为背景，描绘了民族战争中一个家族相残的悲剧故事。洪堡于1816年将这部悲剧史诗从希腊语译入德语，并在译本序言中阐述了他的翻译观和语言观。（译者注）

一方去帮助另一方，而是每一方必须同时完成共同的工作），就好比艺术家构思一件完美的作品。艺术作品同样不会脱胎于真实，而是立身于纯粹的精神力量，从根本上来说源于虚无；自诞生的瞬间，它却有了鲜活的生命，成为真实和永恒的物品。除了最具艺术性和最为完美的创作，谁在年轻时没有过想象中的作品？较之于那真实的世界，人们更易让想象的产物常伴左右。那么，如果一个词语的意义不直接源于感官，它如何能在另一种语言中找到完全的等同？因此，产生差异是必然的，若仔细比较那些最优秀、最细致、最忠实的译文，会惊讶地发现，在试图保持对等和同一的地方竟然存在如此巨大的差异。甚至可以断言，越是努力追求忠实，译文就越是容易产生偏颇。其原因在于这样的译文往往试图模仿原作细节的特点而避免使用一般性的词语，最终却未能找到与之相对应的表达。不过，不能因此对翻译产生畏惧心理。翻译，更准确地说诗歌翻译，是文学中最重要的一项工作，一方面，可以为不懂外语的人介绍他们原本无法了解的艺术形式和人类命运，每个民族都能由此获益；另一方面，也是更为重要的，藉此可以提升母语的重要性和表现力。语言的动人魅力在于，所有的语言均可用于日常生活，但假以民族精神的耕耘，其表现力可以无穷发展，变得更为高级且越来越丰富多样。可以毫不夸张地说，每一种语言，乃至我们并不十分了解的、未开化部族的方言，都可以表达一切，包括最高尚和最深刻的内容，最强烈和最细腻的情感（这并非表示，某种语言原本就不会优于另一种，有些语言绝非遥不可及）。正如乐器需要拨弄，这种潜在的语言表现能力需要一个民族去开发。所有的语言形式都只是一种象征（Symbole）而非事物本身，这不是约定俗成的符号，而是语音。语音表达事物和概念，持续生成于精神之中，并通过精神在语音与事物和概念之间——可以这么说，建立真实而又神秘的联系。这种联系将真实的事物变成了思想的内容，并无所限制地改变、决定、分离并联结这些事物。人们通过这种象征思考、说话、接收并转达意义，由此，它们也被赋予了更为高雅、深刻或细腻的含义。于是，尽管语言本身没有发生明显的变化，却具备了更深远的意义，拓展出更加多样的表现形式。随着语言的意义得到拓展，民族的思想也随之升华。例如，德语不正是大量模仿了希腊语的诗行格律（Silbenmasse）而有所提高，并使希腊思想在整个德意志民族——从那些受过教育的人士一直到普通大众，也包括妇孺，在他们之间广为传播并使国民精神有所发展？可以说，希腊语成为了一种不折不扣的国民教科书。毋庸置疑，克洛普斯多克（Klopstock）[1]首先成功运用了古典诗律而对德意志民族做出了贡献，而佛斯（Voß）[2]的贡献尤甚，正是他将古典思想引入德语之中。在一个已经高度文明的时代，无法想象还有谁能与佛斯相比，能对民族意识的形成发挥出更有力和更有益的影响，他是独一无二的。基于与生俱来的那种坚持不懈的个性，佛斯不知疲倦地为原文尝试各种译文，不断优化，确保用德语还原古希腊思想。确立一种真正的语言形式，也需要注意其持久性，即便是最富独创性的作品，缺乏这样的形式，缺乏继续发展的成效，也只能是一种个别现象。若要通过翻译使语言和民族精神获得一些原本不具备的或别样的东西，那么首先要求对原文具有一种朴素的忠实。所谓忠实，是指符合原作真正的个性，而非舍本求末，拘泥于个别细节。每一篇优秀的译文都起始于对原作简单朴素的挚爱，由此引发对原文的探究，再回归到译文本身。因此，译文一定会带上一些陌生的色彩，但这种陌生的色彩与明显的错误之间界限鲜明。只要译文呈现陌生的事物而不产生陌生的感觉，那么就实现了最高目标；如若译文带有陌生感，甚至由此掩盖了陌生的事物，则反映出译者并没有完全把握原文。若没有先入为主，读者的感觉会对

---

1 Friedrich Gottlieb Klopstock（1724—1803 年），德国诗人。（译者注）
2 Johann Heinrich Voß（1751—1826 年），德国诗人，也是古希腊罗马文学作品的重要译者之一，曾翻译《荷马史诗》。（译者注）

此作出正确的判断。如若译者因厌恶不同寻常而执意避免表达陌生的事物，就如通常听说的，译文必须达到原文作者用译入语写作的效果（这种观点没有考虑到，如果不谈科学事实，没有作家会以这样的方式，用另一种语言来写作同样的内容），那么翻译以及翻译为语言和民族带来的进益就不复存在了。所有古希腊和古罗马人的作品都翻译成了法语，有些译文极为出彩，却为何没能借此将那个时代的精神带给法国民族一星半点？甚至没有让法国民族增进一点点对古典文化的理解（当然并不包括某些学者）？

在我自己的翻译工作中，也曾力求达到上文概述中所描述的这种朴素和忠实。每一次处理译文，我都尽量避免给原文添枝加叶。译者无法传达原文独特的美感，很容易进行不适当的修饰，使译文整体上呈现出别样的色调，产生不同的风格。我努力避免非德语化和含混不清的表达，但对于后者，不必提出不合适并有害无益的要求。译文不能够、也不应该是评论。界定不清的用词或牵强附会的搭配，由此产生的含混要坚决杜绝；不过，如果原文只是暗示，没有明确表达，或原文运用比喻，本体和喻体关系难以辨清，乃至产生多种理解，译者就不能基于自己的理解添加清晰度，使译文偏离原文的基调。古典作品有时会出现含混之处，《阿伽门农》这部作品尤其如此，这正源于作品的简洁性与独创性，舍弃了复合句，思想、画面、感觉、回忆和惩戒犹如从汹涌的思绪深处喷涌而出。只要深入作者的情绪当中，进入他的时代背景以及他所刻画的人物心中，那种含混不清就会逐渐消失，取而代之的是一种极为明晰的感觉。当然，也必须关注译文；不能要求原文中着意凸显的不同寻常之处，也非得在译文中同样显而易见。对于译者而言，最难得的就是译文信手拈来、清楚明了，这并非单纯通过努力或对译文反复加工就能达成；这往往归功于最初那一抹幸运的灵感。我非常清楚，我的译文还有许多地方有待完善。

在勘误和注释译文的过程中，很高兴得到赫尔曼（Hermann）[1]教授的帮助。正忙于新版埃斯库罗斯（Aeschylos）文集的赫尔曼教授向我伸出了友好之手，提供了他手头所有关于《阿伽门农》的资料，对我的翻译极有裨益。基于他的帮助我才有可能使用经过核对的新版原文，尤其是能够翻译唱词（Chor）并公诸与众。每一位了解这部著作的人很快会发现，多处细节都得到了修正，且通过更准确的诗行划分文中的唱词和诗律体系（Anapaestische Systeme）也更为优美。内容方面的改动，赫尔曼教授在注释中做了简要的说明，而诗歌格律（Metrum）方面的完善可以通过对比译文与前几版原文加以发现。

我尽可能根据这一版的原文来进行翻译。我厌恶那种肤浅的折中做法，有时面对众多不同的风格和完善方案，译者却往往受到一种错误感觉的驱使而任意选择。出版一位古典作家的作品其实是在进行文献追溯，即便不寻求其原初真正的形式，也要尽可能正本清源。因而翻译这样的作品需要本着历史的严谨和认真的态度，倾尽全部所学，尤其要有始有终，一气呵成。如果译者不希望在译文中带入过多引发联想的奇思异想（对于古典作品的译者而言，这可能是最糟糕的情况），那么至少译者应该将自认为具备的审美感觉运用到翻译之中。

在格律方面，尤其是涉及诗行（Versmasse）的纯正与正确性——因为这是译文具备美感的基础，我在翻译过程中竭尽所能仔细处理，我也认为，在这一点上译者无法有更多的发挥。古希腊诗作，尤其是戏剧作品中的节律（Rhythmus），多采用各种诗行类型，在某种程度上自成一体，不同于表达思想的文字，也不同于曲调合成的音乐。不等文字流淌，或者说当歌声已经消逝，节律便表达了暗涌的情感和心绪。每一种美丽和庄严，每一种不同个性，都体现在节律之中，继而自由发

---

[1] Johann Gottfried Jakob Hermann（1772—1848 年），德国古典语文学家。（译者注）

展和丰富，不断更新创造。这是一种纯粹的形式，不羁绊于题材，本质上最接近于内心的情感，并通过音调这种最能深刻拨动心弦的形式体现出来。在我们的认识中，希腊是唯一一个拥有这种节律的民族，我认为这最能体现希腊民族的特质。其他民族的诗歌节律并不完美，我们、乃至罗马人的节律都只是对此微弱和粗糙的回响（少数极为成功的诗行除外）。评价语言和民族时，人们太少关注一些形式因素，很少注重吟唱诵咏这种语言表现，总是精神至上。本文并不探讨这个问题，但我总有这样的存想，一种语言如何将字母组成音节、将音节组成单词，又是如何将这些词语连接成抑扬顿挫的话语，这些才真正决定或展现了一个民族的智慧，甚至不乏其道德素养和政治命运。希腊民族最大的幸运之处在于通过精神和言语、而不是权力和行动来统治，这是任何一个民族都希冀的。似乎在所有新兴的语言中，唯有德语具有这种优势，能模仿这种节律，若想以节律来表现庄重感，就更应该牢牢地把握这种优势。这种优势还可以得到进一步发挥，一种语言犹如一种乐器，需要充分使用，那些读者，他们困惑于诗人的恣意妄为，不太习惯较为少见的诗行类型，他们的耳朵更需要练习。译者、尤其是古典诗歌的译者，常常需要有一定的自由度才能翻译成功，因而不必为了检验一个音节是否使用正确而在唱词中严格地遵守诗行格式；正如佛斯所提出的，在同样正确的情况下，所谓的行文自然比节律带来的高级美感更为重要。恰在这个方面，译者应当更多地实践自我否定并严格要求自己；只有这样，才有希望为后辈开辟一条成功的道路。翻译犹如一把固定的标尺，对某一时代的语言状况进行检查、测定并产生作用，新的译文会不断取代旧的译本，这是一项持续不断的工作。由此，相比于一种译本，多种译本能帮助一个民族中无法阅读古典作品的人更好地理解原文。不同的译本就好比展现同一种精神的多重画卷；每个译者都描绘出他所理解、所能表达的，而真实只静默在原作之中。

译词对照表

德语拼写遵照原文，词汇排列按照其在文中出现的顺序

Symbole	象征
Silbenmasse	诗行格律
Klopstock	克洛普斯多克
Voß	佛斯
Hermann	赫尔曼
Aeschylus	埃斯库罗斯
Chor	唱词
Anapaestische Systeme	诗律体系
Metrum	格律
Versmasse	诗行
Rhythmus	节律

8. 论与语言发展的不同时期有关的对比语言研究

1820

1．对比语言研究必须成为一门独立的、具有自身用途和目的的研究，才有可能准确无误地对语言进行有意义的阐释，并阐明各民族的发展和人类的形成。然而，即便只是考察一种语言，也会遇到困难。原因是，尽管不难取得关于每一种语言的总体印象，可是当我们努力寻索这一印象的起因时，就会迷失在无数看似微不足道的细节之中。我们会很快发现，语言的功效并不仅仅取决于某些重大、关键的特点，而是更多地决定于对语言各因素所具属性的整体印象；虽然这些语言因素孤立起来几乎不会引人注意。而这正是语言普遍研究的方法，唯有此，才能清楚地认识语言这种构造精巧的有机体。虽然语言的具体形态千差万别，但在整体上具有统一的形式，认清了这一点，有助于我们的研究。

2．我们的地球在形成今天的海洋、山脉、河流等地貌之前，曾经历过沧桑巨变，但此后变化甚微。与此相仿，语言形成完整的组织结构也具有一个时间点，自那一刻起，语言的有机构造和固定形态就不再发生变化。另一方面，语言是精神生机勃勃的产物，所以在一定范围内语言可以进一步完善，永无止境。一种语言一旦形成，其基本语法形式就会维持不变。例如，一种原本就不区分性和格、也没有被动态和中动态的语言，就不会再产生以填补这些语法现象的缺失；同样，大的词族（Wortfamilien）和主要的派生形式也不会再有增加。事实上，只要通过派生词细化概念含义，通过复合词，通过词汇形态的内部扩展，通过词与词之间的衔接，通过富于想象地运用词的本义，通过正确地区分某些具有特殊用途的形式，通过剔除冗余和修正粗陋的发音，那么原本贫乏笨拙、无足轻重的语言，若得到命运之神的眷顾，一个概念的崭新天地便会油然而生，让表达的力量放射出前所未有的绚丽光彩。

3. 值得一提的是，现存语言已构成相当完善的语法形态，迄今还没有发现任何一种语言能够有所超越，也没有任何一种语言发生了令人惊讶的形式突变。当然，上述论断还需要进一步的实证检验，为此我们应该重点研究野蛮民族的方言土语，以确定语言形成的最初阶段，这样我们至少可以从经验上去了解语言构建发展阶梯上最低那一级的状况。但是我迄今为止的研究却证明，即使是所谓粗陋原始的方言土语，也已拥有了可供全面使用的一切手段；只要假以时日，这些方言土语会像最优秀、最精美的语言那样，包容起全部的精神心性，以比较完善或不太完善的方式表达每一个思想。

4. 语言只能一举生成，或更准确地说，语言从它产生的那一刻起便是一个整体。作为人类这一有机生命情感和精神活动的直接产物，语言具有一切有机体的本质，它的每一部分都依赖于其他部分而存在，它的所有一切都依存于一种连贯整体的力量。当然，在自身的内部，范围大小不一，语言的本质也不断复现。即使一个很简单的句子，只要有语法形式可言，便能反映出一个完全的语言整体。这是因为哪怕最为简单的概念之间的联系也会激发思维的整个网络结构。正与负，部分与整体，统一与多样，效果与起因，现实性与可能性及必要性，有条件与无条件，一种时空维度与另一种时空维度，每一种情感与直接笼罩的具体情感，等等，前者能够要求并引发后者。同样，即便最为简单的思想，借助语法、也包括词汇，只要表达清晰明确，这种表达就包含了整个语言。已经言说的构成了尚未言说的，或者予之做好了准备。

5．人具有两种能力：一方面，能够将语言分割成一定数目的元素；另一方面，能够将这些元素进行无限的组合。而不论在哪个方面，语言每个部分的特性总是同时体现在与其组成成分之间的关系之中。换言之，人具有这两方面的能力：在精神上通过语符切分（Reflexion）、在肌体上通过发出分节音（Articulation）而把语言分解为要素；又能将语言要素重新组合起来，在精神上借助知性的综合（Synthese des Verstandes），在肌体上借助重音（Accent），由此，音节结合为词，词结合为言语。人具有足够强大的意识力量以融合这两种能力，并在同样具有这两种能力的听者身上引发相同的作用。而促使这两种能力的相互渗透融合的唯一力量，只能基于知性（Verstand）。发出分音节，这体现了动物的喑哑无语和人类的有声语言之间的巨大区别，对此也无法从生理上加以解释。只有强大的自我意识才会迫使肌体精确地划分和限定语音，形成了我们所说的分节音。

6．语言在形成之初很难具有精细的构造。语言的完善是以各民族在漫长的岁月中所经历的一切为前提的，而在这一历史过程中，一个民族的语言与其他民族的语言通常交互影响。若干方言土语的混合便是导致各种语言产生的一种最主要的因素。一种新生的语言或多或少会从那些与之混合的语言中吸收一些重要的成分。但那些逐渐退化、变得粗野的语言却不是因为借鉴了其他语言，它们只是中断了平稳的发展过程，抛弃或扭曲了原有形式，或者按照其他规则改造和使用了这些形式。

7．一般说来，出现一些毫无共性的方言土语，这种可能性毋庸置疑。但是也无必要的理由来否定这种假设，认为所有的语言都具有普遍的关联性。地球上没有任何角落，是外来人口及其语言所不能通达的，至少我们不能否认，海洋和陆地过去的划分或许跟现在已经完全不同。语言自身的性质和尚未开化的人类势必促进语言的普遍联系，因为每个人都有被理解的需求，这种需求便迫使人们去寻找既有的、可以理解的东西。

在文明把各个民族更多地联系起来之前，语言长期在众多小型部族内部使用；这些小型部族既不愿长期定居一地，也缺乏有效捍卫家园的能力，他们常常相互驱逐、相互征服、相互混合，而这一切自然会对他们的语言产生影响。即使假定各种语言最早并非同出一源，也不能保证之后部落之间不相混杂。因此，只要有任何迹象显示，就要去寻找语言之间的相互联系，这一点应该成为语言研究的圭臬。至于每一种语言，则要考证，是否一次独立形成，还是在语法或词汇构造上与其他语言有所混合，并以何种方式混合？

为了更好地剖析语言的发展过程，可以将其分为三个阶段：

- 语言的有机构造虽然只是初步形成，但已具完整性。
- 语言因外来成分的渗入而起变化，直至重新达到稳定状态。
- 当一种语言（相对其他语言）的外在界限和它的构造在整体上已经固定不变，它内部的细微之处还在继续完善。

前两个阶段不大容易区分开来，但第三个阶段却具有决定性的本质区别。这个阶段有别于其他阶段的关键就在于语言的组织结构所达到的完备状态。语言一旦达到这一状态，就拥有了一切功能并能够自由地加以运用；而且语言自身的构造也不会再有所超越并发生变化。在起源于拉丁语的那些语言以及现代希腊语和英语那里，我们甚至可以追溯语言组织结构的历史发展阶段，并且在一定程度上确定其何时臻于完备。特别是英语，它向我们展示了最富启发性的一种现象，即一种语言有可能由十分不同的部分建构而成，所以英语也是语言研究最有价值的对象。在希腊语那里我们看到，它一经形成便已达到了完备，而且其完备的程度要超过任何其他的语言；但自从那一刻起，从荷马（Homer）一直到亚历山大格式（Alexandriner）的诗作，希腊语也在持续不断地提高。至于罗马人，我们发现他们的语言好像在沉睡了数百年之后，才开始显露出较为发达的科学文化的迹象。

9. 我们在此所尝试的划分，构成了对比语言研究的两个不同部分；对比语言研究是否完满，取决于能否均衡处理这两个部分。探讨语言的差异性需要从经验的角度并借助于史实，要考虑到它的起因和产生的影响，同时考察与自然以及与人类的命运和目的之间的关系。但语言的差异性以双重形式出现。一方面，它是一种自然史的现象，是人类划分为不同族群的必然结果，也成为了人类产生直接联系的一种障碍。另一方面，语言的差异性是一种带有理性目的的现象，是各个民族赖以形成的手段，也是造就更加丰富多样、更多独具色彩的知识成果的工具；基于不同个性之间的相互吸引，语言的差异性同时造就了人类有识之士之间更为紧密的联系。后一种现象是近代所特有，在古典时期仅见于希腊和罗马文学；由于这两者并非同时繁荣，因此它们之间的联系也就不全为世人所知。

10. 语言的进一步完善显然也会对业已稳定的语言有机体（Organismus der Sprachen）发挥作用，同时语言的有机体在达到这种稳定之前，也可能接受过语言不断发展所带来的影响。不过为简便起见，此处我想忽略由此产生的小小偏误，而把上述对比语言研究的两个部分分别称为：

• 对语言的有机体所做的考察。
• 对处于进一步完善状态的语言所做的考察。

语言的有机体源自人类言语（reden）的普遍能力和需求，产生于整个民族；而一种语言的文化则取决于一个民族特殊的禀赋（Anlagen）和命运，很大程度上依赖于民族内部代代相继的个体。所以语言的有机体属于具有智能的人类的生理学范畴，而语言的进一步完善则属于人类的历史发展范畴。通过剖析不同语言的有机体、对比它们的差异性，可以测定语言的疆域，检验人类的语言能力；通过考察语言进一步完善的状态，可以认识人类经由语言达到的一切目的。研究语言的有机体要求尽可能广泛地对各种语言进行对比，而探究语言的完善过程则要求局限于一种语言，深入其最为细微的特点。因而前一种研究需要广度，后一种研究需要深度。若要把语言科学的这两种研究真正结合起来，那就必须研究许多不同的、可能的话甚至要囊括所有的语言；但是首先需要准确掌握一种或几种语言。如若不够准确，就很容易造成研究的不完整并产生疏漏，当然研究永无止境、不可完满。这样的话，语言对比的经验性研究可以说明：哪些不同的方式造就了语言，不同语言分别体现了怎样的思想世界；民族的个性是如何影响语言的，而语言又对民族个性产生了怎样的反作用。因此，对比语言研究有必要将下述四个对象置于相互关系之中来加以考察：

- 语言。
- 人类借助语言所能达到的种种目的。
- 持续发展的人类。
- 各民族。

11．关于语言的有机体，我将在一部有关美洲语言的论著中详细阐述。美洲是一块巨大的陆地，许许多多的部族在那里居住和迁徙，甚至这块大陆是否曾经与其他大陆有过联系，也还是一个问题。因而美洲语言为对比语言研究提供了非常有利的研究对象。其中仅仅是我们较为详细了解的语言就达三十余种；正如存在许多未知的原住民部族，那里也有很多鲜为人知的语言，这个数量就更为庞大，至今尚无完整的统计。仔细剖析所有这些语言非常重要。而目前普通语言学（die allgemeine Sprachkunde）最大的不足之处，就是对各种语言缺乏深入的了解，而没有深入的了解，对比的语言再多也无济于事。人们认为，对不同的语法特点加以说明，对数量或多或少的词进行对比，就已经足够了。但是即便最不开化的民族的方言土语也是大自然珍贵的杰作，绝不可以任意分割并进行支离破碎的描写。方言土语同样是有机体，也必须将其作为有机体来考察。因此，对每一种已知语言从它的内在联系着手进行研究，注意探索和发现其中的相似性并予以系统的归类，这便是第一要义。因为由此可以获得关于某一语言的种种直观知识，如语法上的概念联系，所表达概念的范围，概念名称的特性，以及寓于语言之中、具有一定活力的精神推动力，这种精神动力能够促使语言的丰富和完善。除了对每一种语言在整体上进行专门研究，对比语言学（die vergleichende Sprachkunde）也要求对不同语言所共有的某些构造成分，如动词，进行探究，借此探寻并发现语言间所有相互联系的线索。这种研究旨在贯通所有语言的同类成分，是一种横向研究，而前一种研究则要求连接同一种语言的不同成分，属于纵向研究。横向研究基于所有民族都相同的语言需求和语言能力，而纵向研究则出于每一个民族的独特个性。通过这种双重关系可以认识到人类的差异性，以及由此引发的不同民族建构语言的差异性。如果能够阐明不同语言通过丰富多样的形式所体现的语言观念，既能揭示语言的共性，又能厘清语言的个性，那么也就能够更加清楚地认识语言和民族的语言个性这两个方面。也只有通过这种方法，才能全面回答这样一个重要问题：语言能否能够并如何能够像植物分科立目那样，根据其内部构造进行分类？迄今为止有关这方面的讨论，无论想法如何一针见血，如果没有经过严格的事实检验，也只能是假想推测而已。而这里提出的语言学，却只能建立在事实的基础之上，而且事实依据不能片面和不完整。同样，根据语言来评判不同民族之间的渊源关系，基本原则也是仔细分析那些历史证明具有亲缘关系的语言或方言土语，而这种仔细分析至今还做得远远不够。如果在这一研究领域无法持之以恒地考察已知语言、进而探发未知语言，那么这样的研究就会浅薄而危险。

12．无论怎样仔细、全面地探究不同语言的有机体，起决定作用的还是语言的使用，这也是语言借助其有机体所能达到的目的。因为合乎目的的语言使用会从理论概念方面有所收获，能反过来丰富和塑造语言。而这样的研究只有在发达的语言里才能完整地展开，也只有这样的研究，才能说明语言是否适合于达到人类目的。这正是语言学的关键所在，也是与科学和艺术的相通之处。如果语言研究不朝这个方向努力，如果考察语言有机体的差异并不是为了从最高层次和最为丰富多样的语言应用入手去探究语言能力，那么掌握大量语言充其量也只能用来探究语言的构造和满足历史研究的需要。如果这样，人们就可能不再愿意学习许许多多形式和发音迥异的语言，因为不同语言的最终目的就是用不同的声音表示同样的意义。除却直接用于日常生活，那么唯有研究那些拥有文学的语言才有意义。语言研究于是要从属于文学研究，而这正是语文学一向的观点。关于这一点可以把语文学同普遍语言研究做一个对照。普遍语言研究之所以这样命名，是因为致力于从普遍意义上去探究人类的语言，而不是要涵盖所有的语言，因而更多的是为此才去研究语言。

13. 如果现在只关注那些发达的语言，那么首先要问：每一种语言是否都能造就相同的文化，抑或只能造就某种重要的文化？或者是否有些语言形式必须先行摧毁，那些民族才能通过言语活动达到更高层次的人类目的？显然后者最有可能。我深信语言应被看作人类天赋，相反，如果将之视为人类清醒意识下造就的知性产物，那么语言就无以解释。即便认为要经过成千上万年才能发明语言，这种看法也毫无帮助。假如人类的知性中没有语言的雏形，也就无法发明语言。只要真正理解一个词，不把它只是当作感官的刺激，而是表达概念的分节音，哪怕只是一个词，也必已拥有了完整和连贯的语言。因为语言的成分无法孤立存在，它的每一个元素都是整体的一部分。正如语言是逐步完善起来的，语言的发明也只能是一举而成。人只是因为有了语言才成为人，但为了发明语言，他必须先成为人。有人会以为这是一个逐渐的、阶段性的过程，人和语言仿佛逐步交替生成：人通过发明更多的语言成分而愈加成其为人，同时，由于人性的提升而又能发明更多的语言成分。这样的看法既忽略了人类意识和人类语言的不可分割性，也忽略了知性行为的本质。即便只是一个词语的理解，也必须以知性活动为前提，而有了这种知性活动，就足以把握整个语言。当然，我们不能因此把语言想象为某种成品，否则就同样难以解释，为什么人能理解和使用现成的语言。语言必然源于人类自身，同时也一定是逐渐涌现，但是，它的有机构造并不是一种幽闭于心灵深处的无生命的物质，而是一种决定思维功能的法则。因此，第一个词语的产生就已经预示了整个语言，并以把握整个语言为前提。语言是一种无法比拟的独特现象；假如一定要对比的话，那么相对于动物的自然本能，可以把语言称为理性的智力本能。动物的本能很少能用它们的精神构造来解释，同样，语言的发明也很难从创造了语言的原始野蛮民族所拥有的概念和思维能力上找到解释。因而我无法想象，创造一种高度一致、形式多样、充满艺术性的语言构造会需要预先的深思熟虑，并且由此证明没有形成其他语言的原因。语言能够生成于人类最粗野的自然状态，因为它本身就是自然的产物，或者更确切地说，是人类理性的自然产物。语言的构造不论多么错综复杂，其一致性和统一性也都处处带着自然造物的印记，所以发明语言本身并不是最主要的困难，真正的难点也远不在于语言中大量相互制约的关系所进行的排列组合，而是那种能够辨识看似简单却又深不可测的知性行为；这种知性行为是理解和生成语言、即便只是其中一个语言元素的基础。而一个语言元素一经生成，所有其他的便很自然地接踵而来；语言无法后天学会，而是人类的天赋秉性。不过人类的本能并非规约一致，个体的特性仍有余地去发挥作用。因而理性本能的产物，其完善程度可以参差不齐，而动物本能的产物则保持着更为稳固的一致性。有些语言在我们看来的确尚不完善，但这同语言的概念并不冲突。翻译极其不同的语言，用最为原始、最不开化的语言传授一种启蒙宗教的玄奥义理,这些经验告诉我们,尽管用不同的语言表达效果差异巨大,但每一种语言都可以表达任何的观念思想,这其实只是由于所有语言都具有普遍的亲缘关系,同时概念和它们的指称符号具有灵活变化的特性。语言及其对民族的影响都是民族的自然生成;语言并不是套在民族身上的枷锁,而是彰显了民族的喜乐爱好。

14. 对语言具体的历史考察可以探明某些语言不完善的原因。不过在此有必要联系另一个问题:一种语言是否尚未经过若干中间状态就可以构建完成?而正是这样的中间状态打破了语言原有的思想方式,使得语言元素原本的意义不再那么清晰可辨。原始语言的一个典型特征是其构造各部分逻辑的一致性,而文明开化的语言则表现为其构造的许多方面都有不合规律的异常形式;根据这种奇特的现象,同时也根据某些出自事物本性的理由,我们可以对上述问题给予肯定的回答。分节音是贯穿着整个语言的主导原则。对于一个分节音,最重要的优点就在于固定、方便地切分语音;至于分节音本身,则是由不可再分的简单要素构成。语言的本质就在于赋予现象世界的具象(Materie)以思想的抽象(Form),因而语言的全部努力都可以归诸对抽象形式的追求。由于词替代了对象,因此词作为材料也必须受制于相应的形式。然而,原始语言却恰恰让大量的限定音节叠砌在相应的音节组合之中,显然缺乏对形式的驾驭能力。要揭示其奥秘,方法说来也很简单,就是要全然忘记我们的语法,去按序排列语义要素。这样就需要自己添加形式,或者通过一个人们认为本身具有含义的词,因此是用材料来表达形式。在语言发展的第二大阶段,具象意义让位于形式,由此便产生了语法的变格和变位,出现了表达语法意义、亦即形式意义的词。然而,这种语法形式还只是出现在个别情况下以满足言语的需要,似乎还是具象的,尚不能满足观念联系的形式需求。例如,复数形式的确表示多数,但单数只是作为一般概念而存在，并不专门表示单个事物；在无需表达人称或时间的情况下，动词和名词不相区分。总之，语法在语言中尚无支配地位，只在需要时才会使用。只有当每个语言元素都具备了形式，材料在言语中也不再仅仅只作为材料，语言才进入第三个发展阶段。当然，即便最为发达的语言也未必能做到让每个语言元素的形式都得以显现，虽然多元组合句构造（Periodenbau）的和谐均称恰恰依赖于此。据我所知，即使最为完善的语言，其语法形式也都带有早期音节黏着的明显痕迹。假如在早期，词就不是简单形变，而是复合形变，那么就无法轻易分断构成词的因素；这种情况下，也就无法通过分辨每一基本成分的意义来理解词义，同时也无法通过形式来激发形式思维。一个还没有完全摆脱原始状态的人很容易会过分依赖于习惯性的思想方式，他考虑每一个对象、每一种行为时，都会顾及与之相关的一切，并通过语言表现出来，这样，这种指导行为方式的理念就凝固在语言之中，日后又制约着人们的行为方式。要保持这方面的适度性，要减轻具象意义的作用，民族之间和语言之间的相互混合是最有效的途径。一种新的思想方式可以加入到原有的思想方式之中；相互混合的部落并不了解对方方言土语中词语的具体合成，只是把它们当作惯有形式加以整体吸纳。于是就有了选择的可能，可以回避笨拙不便的词语，采用简易灵活的表达。由于精神和语言不再片面地合为一体，两者就可以互相发挥作用。虽然原有的语言有机体遭到了破坏，但是外来的力量同样具备有机特性，所以整个组织结构的发展不仅没有中断，而且以更大的规模、更丰富的方式继续发展。也就是说，远古时期族群之间看似混乱和粗野的那种混合，实际上却为许多世纪以后言语和诗歌的繁荣奠定了基础。

15. 刚才提到了某些语言的不完善性，这里不必展开讨论。只有通过考察同样完善的语言，或者那些不只根据其完善程度来衡量差别性的语言，才有可能来回答下述具有普遍意义的问题：

- 应该怎样看待语言差异与人类构成之间的关系？
- 语言的差异是否仅仅是一种伴随着各民族生活的偶发现象，是对语言的灵活运用而侥幸产生？还是一种观念领域必不可缺、无以替代的手段？

无疑，所有的语言都像汇聚的光束一样投向观念领域；观念领域是所有语言所具有的精神内容，所以也是我们最终的研究目标。倘若这种内容不依赖于语言，或者语言表达对这种内容来说无关紧要，或者表达和内容二者都是自发形成，那么认识并研究语言差异就只具有有限和次要的意义，而在相反的情况下则有决定性的重要意义。

16．将简单的词与简单的概念进行对比可以对语言与内容之间的关系进行最为可靠的评判。词虽说并不等于语言，却是语言中最为重要的部分，正如生命世界中的个体。一种语言中可以用一个词来表达的，在另一种语言中却需要以一定的方式加以表述，这并非无关紧要；但语法形式不一样，因为改写的不是概念而是一种纯粹的形式，所以并没有表现为思想的改动，而只是说明了改动本身；如果在概念上成为整体的，在语言表达上却并不体现为一个整体，那么划分原则就必然会受到损害，因未能表达相应的概念，词作为个体就会失去全部的作用活力。作为感性符号的词，其统一性要符合知性行为所造就的概念的统一性；概念的统一性和词的统一性必须通过言语在思维中尽可能紧密相随。因为，正如强大的语符切分能够引发分节音所产生的语音析解及其个性化，分节音也必然通过析解和个性化的方式反作用于思想的内容，使之有可能通过析解分离的道路，从最初未加分离的状态最终回归概念与词的绝对统一。

17．思维不仅仅依赖于一般而言的人类语言，而且在一定程度上也为每一具体的语言所制约。人们曾经试图像数学用来表示线条、数字以及代数运算（Buchstabenrechnung）的符号那样，用一些普遍适用的符号替换不同语言中的词。然而，用这种方法只能表达很少一部分想象得到的对象，因为这类符号本质上只适用于那些人为杜撰、或完全由知性生成的概念。而如果内在知觉和情感要用概念予以表达，便取决于个人的思想能力，而这种能力与他的语言密不可分。在不同语言中使用普遍性的视听符号，所有这样的尝试都只是简化了的翻译方法。要是有人认为以这种方法就能跨越自己语言特定的疆域——且不说所有语言，那便是愚蠢的妄想。当然，我们确实有可能寻索并最终发现所有语言共同的普遍符号，从事对比语言研究时，必须在语法和词汇方面对此进行关注。因为无论在语法上还是词汇方面，都存在一些完全由先验决定的东西，不为某种语言的条件所束缚。但同时又存在着数量远多于此的概念和语法特征，它们与语言的个体特性紧密交织，融为一体。因此，单凭游移于所有语言之间的内在知觉不可能发现这些概念和语法特征，也不可能未经改动用另一种语言予以表达。所以每一语言都有一部分至关重要的精神内容，这种内容无疑完全依赖于该语言，其表达绝不是无关紧要的。

18．概念经由词才成为思想领域中的一员，词把自身的重要特征赋予了概念。观念通过词而得以确定，与此同时也被套上了某种枷锁。由于词所具有的语音，由于一个词与其他近义词的亲缘关系，由于词在称谓新的对象时往往具有一些理解的不确定性，最后，由于感知和情感带给词的种种附加意义，便形成了一种特定的词语印象。这种印象一经成为习惯，便为原本不太确定、也比较自由的概念添加了个性化的特征。这是因为每个在某种意义上较为重要的词都会逐渐激发一些情感、时而联想一些体验（Anschauungen）并产生一些看法；而不同的词在一起并不改变这种词语印象。词一方面表达客体，另一方面也在不知不觉中造成一种既符合其自身本性，又与客体本性相一致的情感。人连续不断的情感活动伴随着连续不断的思想活动；但这一情感活动受到所表述的客体的制约，但主要也在不同程度上和不同方面为词和语言的本性所制约。对客体的情感始终离不开由语言引发的、反复出现的个性化印象，由此，对客体本身的认识也就有所改变。语言对认识的这种制约难以具体察觉，但上述印象均衡持续地反复出现，会在整体上产生效果。由于语言的个性附着于每一个表达及其相互的联系之中，整个思想领域也就获得了相应的色彩。

19．语言并不是个别人的自由创造，而是始终属于整个民族，在民族中语言代代相传。无论年龄和性别的差异，无论来自哪个阶层，也无论个性和精神层面的异同，部族成员的思想方式——而随着词汇和语言的传递，不同民族的思想方式，随着交往的增多，乃至整个人类的思想方式，都在语言中交混并得到提炼和改造。于是语言便从主观走向客观，从有限的个性迈向无所不包的存在。实际上，只有在语言肇始之初，尚不存在任何经验之时，才谈得上发明从未有过的语音符号。如果继承了流传下来的具有一定意义的语音，人们就可以借此掌握语言并依据这种语言的类比性丰富和发展方言土语。这是出于人类相互理解的需求，是因为任何语言中所有的成分和元素之间、以及所有语言之间都相互关联，同时也是因为人人都有同样的语言能力。还有一点即便在解释一种语言的语法时也很重要并应当谨记，那些构建了我们今天所知语言的部落也未必能轻易发明语言，但是他们发挥作用，对业已存在的语言元素进行搭配和应用。不同语法形式上许多微细的差异，显然只能这样来解释。一方面，很难为这类差异一一创制适当的名称；另一方面，对于业已存在的不同语法形式自然也不能随随便便地使用。词是构成语言的主要元素，容易在民族之间传播，而语法则不会。因为语法具有更为精妙的智力特性，更多地属于知性而不是物质范畴；它虽然附着于语音，但足以自我解释。人类代复一代、永不停歇地向前发展，在人类和需要表达的客体世界之间存在着数量无尽的词。尽管这些词最初按照自由法则产生并不断得到自由的运用，却跟人和客观事物一样，可以认为具有独立性，它们在自然、人以及历史事件的共同作用下逐渐生成，只有从历史的角度才得以解释。词语的生成可以追溯到遥远幽昧的太古，其源头已经无法查清；而它们的衍生形式则波及曾经有所关联的整个人类群体。除非现存的人类群体全部灭绝，所有的历史传承嘎然而止，否则这些词就会持续发展并持续发挥作用。虽然各个民族使用的是业已存在的语言元素，但在客体的描述中融入了他们的民族禀性，因而表达并非无关紧要，概念也无法独立于语言。人为语言所制约，却又反作用于语言，所以每一种语言实际上都是三种不同的力量会同作用的结果：

- 其一是客体真实的特性，会对情感产生影响。
- 其二是一个民族的特性。
- 其三是语言自身的特性。

一种语言的独特性虽然会受到外来语言的影响，但是这些进入该语言的、即便是本来自由生成的外来语言材料，只会在一定范围内按照类比规则存在和发展。

20．透过思想与词语的相互依存关系可以清楚地看出，语言不只是表述已知真理的工具，更是揭示未知真理的手段。语言的差异不是声音和符号的差异，而是世界观（Weltansichten）本身的差异。一切语言研究的根本和最终目的均在于此。作为一个有待人类精神耕耘的领域，全部的可知事物存在于所有语言之间，又独立于任何语言；而人只能以自身的认识和感知方式，即通过一条主观的道路接近这一纯客观的领域。当研究最为深入并达到高峰时，那种最富有个性特点的机械和逻辑的知性能力也就无法使用并发挥作用，代之而起的是一种内在的感知和创造，由此可以看到，客观真理来自于主观个性的全部力量。而这一切只有借助语言并通过语言活动才能实现。然而语言作为民族的作品和昔日的遗产，对于人来说又是某种外在之物。一方面，人受到语言的束缚，另一方面，历代先人在语言中所积累的又对人起到丰富、强大和激励作用。面对可知的世界，语言是主观的存在，而对于人而言，语言却是客观的存在。每一种语言都体现着人的普遍秉性。但即便是全部语言的总和，在任何时候也不足以完整地反映人类的主观特性，尽管如此，各种语言还是在不断地努力接近这个目标。同时，整个人类的主观存在会通过语言转化为某种客观的存在。对真理所有可能的解悟都基于人与世界之间原初的和谐一致，随着语言的出现，这种和谐便得以逐步恢复和发展。客观的存在始终是可以认识的，但是，当人通过一种特定的语言、用主观的途径接近客观存在时，他必须再度努力，只有用一种语言的主观性来替代人的主观性，才能排除主观因素，尽可能真实地把握客观存在。

21．如果对比一下非感性对象在一些语言中的表达，就会发现，只有那些纯粹构造而成、不含他意的词语才有可能完全同义。如果可以将指称的客体视作位于不同语言之间的中间地带，那么其他所有的词语就都以不同的方式将其切分割离，因而拥有了或多或少、这样或那样的语义限定。至于指称感性对象的词语，只有当所有人都想到同一个对象时，才可以认为是同义的；但由于每个词语都表达了一种认识对象的特定方式，它们的意义也就有所不同。不同语言对对象的看法影响了词的构成，这种影响如果一直葆有活力，反过来也就决定了词所能唤起的对对象的具体观想。然而有大量的词语是由感性表达和非感性表达联合构成，或是通过智力活动将其融合而成，因而尽管不容易发现，但所有这些词语的非感性部分在不同语言中也就具有了各自的特征，至于感性表达的个性特征，则会随着时间的推移而消逝殆尽。语言既是映像（Abbild），又是符号，既不完全是对对象的印象，也不完全是言说者任意的创造，因而所有语言的任一要素都带有映像特征的痕迹；但若要识辨这类痕迹，除了它们自身明晰与否，也取决于情绪心境，是倾向于把词当作映像、还是符号。因为心性（Gemüth）一方面拥有辨识符号的抽象能力，另一方面，当它洞开所有感觉的大门，便能感受语言特有的对外部世界的映像。言说者通过自己对语言材料的处理，可以指明一个方向，是表达语言的映像性、还是符号性。使用不同于散文（Prosa）的诗意表达通常只起到撩拨心弦的作用，不是把语言视为符号，而是专注于语言所有的风格特征。这两种不同类型的语言运用实际上区别并不那么明显，若要比较严格地加以区分，那么一种可以称之为科学文体，另一种为演说文体。前者同时属于公务性文体，后者则是日常需要的生活性文体。生活中自由自在的言语交往有可能打开心灵的束缚、使之更具感受能力。而这里所说的科学文体只适用于纯粹进行思想建构的科学和某些经验科学及其研究方法；需要综合各种能力获取认识时，则会使用演说文体。而正是这种认识方式，是所有其他认识的光明和温暖之源，以此为基础，人类普遍的精神教养（Bildung）才得以进步。诗歌、哲学和历史即属于这种全面的认识方式，一个民族若不着重在这三个领域中寻求并发现自身的精神教养，便会很快丧失语言所给予的良好作用；在这种情况下，这个民族因自身的失误而不再供给语言感性的养料，而正是这种语言的感性映像，赋予了语言青春和力量、光辉和美好。在这一方面雄辩术占有一席之地。如果从最广泛的意义而不是按通常的含义来理解，那么雄辩术则是一种语言使用的方法，使语言有意无意地对客体描述发挥重要的作用。在有意识地使用语言时，无论合理与否，雄辩术会转化为科学文体和公务性文体，而科学文体的语言运用又必然区别于常规的语言运用。如此一来，语言的科学用法和雄辩术就隶属了同一个类型，因为它们根除了语言作为独立感性映像的特有作用，而只是把语言看作符号。但是科学文体只适用于一定的领域，不允许表达带有任何主观色调，或更确切地说，它试图使心性完全保持客观，于是便产生了冷静审慎、合乎理性的公务性文体。至于常规文体的语言使用，则需要富有感染力，这迫使表达带上了一定程度、具有一定色彩的主观性，并赋予心性同样的主观情绪。由此，常规文体便转化为演说文体，同时导致了一种蜕化的雄辩形式并产生了诗歌。有些民族出于自身的独特个性而选择了这样或那样的错误道路，或是在原本正确的道路上偏离了方向；而有的民族则或多或少成功地使用了语言。一旦命运眷顾，让一个心性、听觉和发音上都特别适宜于言语和歌唱的民族所具有的方言土语，其有机构造达到高度凝聚的状态，一种美妙的语言便应运而生。无论哪个时代，这样的语言必将受到赞颂。拿希腊语的产生来说，唯有用命运之神的垂青才能加以解释。

22. 上述几种至关重要的语言应用与语言原初的有机构造并非毫无联系。在原初的有机体之中业已蕴涵着日后发展的萌芽。对比语言研究的两个不同领域在此便得以互相结合。只有在利用现有的辅助材料研究了所有民族的语法和词汇，考察了文明开化民族的文献遗迹之后，才能合乎逻辑地阐明，人类不同的语言以何种方式从事思想创造并达到了何种程度，各种语言的不同特性对最终形成语言构造又产生了怎样的影响。

23. 这里论述的目的只在于从整体上概述对比语言研究的领域，确定研究的目标，并指出为实现这一目标必须把语言的起源和形成这两个问题合并考虑。唯有这样，对比语言研究才能最终抛弃那种将语言看作任意符号的观点而更为深入地考察语言的精神，并通过研究不同语言构造的独特性来探索和认识真理，探寻思想和个性的形成过程。既然较为发达的语言无不拥有独特的世界观，那么这些世界观彼此之间以及它们与人类全部的思想之间就一定存在着某种联系。因为各种语言就像个性各异的人一样，或者选择一个更为简单的对象来做比方，就像造型艺术所表现的希腊众神形象（Götterideale），展现了众神的整体形象，也就是说，每个神像都从一个特定的方面体现着关于神的普遍观想，这种普遍观想无法个性化，而是那种关于神的全部崇高的化身。当然，不能指望在任何一类语言特点中都能找到这种普遍观想；若想这样描绘个性差异或语言差异的产生，那就完全歪曲了历史的真相。语言只具有各种禀赋，而不存在始终如一的纯粹的发展方向。个性的形成并不意味着观念表达屈从于某种规律，而是意味着人类本性逐渐接近于普遍观想，因而不论是人和民族，还是语言，其个性形成的道路不能认为是由一种普遍观想所规定，并以普遍观想本身在各方面都臻于完美为旨归。如果普遍观想体现在各民族的语言之中，这时民族的发展就处于最为高级的终极状态，这也是族群差异所能导致的最终结果；这种状态的前提是存在规模相对较大的人类群体，这也正是最终形成完整的语言所需要的条件。在人类发展的低级阶段，人类氏族不可避免地发生分化，同时也造就了语言的起源。这一时期存在大量小规模的人类群体，因为在这样一些群体内语言更容易产生；而如果要生成丰富发达的语言，许多群体就必须相互融合聚集。无论在哪个阶段，都体现了一种人类的经济原则所决定的统一关系，一方面，语言的起源出于人的本性和肌体需求，另一方面，在语言进一步的发展中，这二者又都从属于最高级的精神目的。

译词对照表

德语拼写遵照原文，词汇排列按照其在文中出现的顺序

Wortfamilie	词族
Reflexion	语符切分
Articulation	发出分节音
Synthese des Verstandes	知性的综合
Accent	重音
Homer	荷马
Alexandriner	亚历山大格式（的诗作）
Organismus der Sprachen	语言有机体
reden	言语
Anlage	禀赋
die allgemeine Sprachkunde	普通语言学
die vergleichende Sprachkunde	对比语言学
Masse	物质
Materie	具象
Form	抽象
Periodenbau	多元组合句构造
Buchstabenrechnung	代数运算
Anschauung	体验
Weltansicht	世界观
Abbild	映像
Gemüth	心性
Prosa	散文
Bildung	教养
Götterideale	希腊众神形象

9. 借助巴斯克语对西班牙半岛原住民研究所作的考证[1]

1820—1821

目录

序言

1. 迄今为止使用巴斯克语研究西班牙原住民的一些尝试
2. 语言在地名中的应用
3. 残缺的地名
4. 巴斯克语的词源分析原则
5. 对这些原则更为准确的评估
6. 将这些原则应用于地名的推导
7. 确定当前研究应遵循的原则
8. 巴斯克语的语音系统
9. 含有字母 f 的地名
10. 以 r 为首字母的地名
11. 以 st 开头，或包含"不发音字母 + 流音字母"组合的地名
12. 对伊比利亚地名的总体印象
13. 源于 asta 的地名

---

[1] 译文中保留了作者为其引文标注的来源出处，以彰显洪堡严谨求实的现代科学精神。但不再一一翻译成为中文。（译者注）

14. 源于 iria 的地名

15. 源于 ura 的地名

16. 源于 iturria 的地名

17. 从不同的根词衍生出的多个地名

18. 巴斯克人、比斯卡亚人，西班牙人和伊比利亚人名字的词源

19. 古伊比利亚地名的词尾

20. 按照初始音节对古伊比利亚地名的划分

21. 个人的名字

22. 伊比利亚地名与巴斯克语言在总体上的一致性

23. 以 briga 结尾的地名

24. r 紧跟不发音辅音字母的地名

25. 尝试从巴斯克语中派生出词尾 briga

26. 阿基坦地区（Aquitanien）的地名

27. 高卢南海岸的地名

28. 高卢其余地区的地名

29. 凯尔特人居住区的地名及其词尾

30. 在伊比利亚的地名中探寻凯尔特语的名字

31. 从凯尔特人居住区寻找巴斯克语的名字

32. 意大利的巴斯克语名字

33. 色雷斯地区（Thracien）的巴斯克语地名

34. 回顾研究，提出问题

35. 讲巴斯克语的伊比利亚人的栖息地

36. 按照伊比利亚半岛各民族对巴斯克语地名的分类

37. 巴斯克语在整个伊比利亚半岛的分布

38. 伊比利亚人是"一个"庞大的民族

39. 伊比利亚人只有"一种"语言

40. 伊比利亚民族与凯尔特部落的混合
41. 民族混合的范围和界限
42. 以 -briga 为结尾的词源研究
43. 伊比利亚的凯尔特人与伊比利亚人和高卢人的关系：这些部族的风俗习惯、特征及祭祀习俗
44. 伊比利亚半岛之外伊比利亚各民族的居留点，凯尔特人居住的地区
45. 地中海三大岛屿上的伊比利亚人
46. 意大利的伊比利亚人
47. 关于伊比利亚人与凯尔特人的亲缘关系
48. 关于巴斯克语和美洲语言亲缘关系的看法
49. 迄今为止的研究结果
50. 带有本土文字的伊比利亚古迹

序言

这一论著的问世，我希望有助于对整个西欧和南欧原住民（Urbevölkerung）的研究。无可否认，在迄今为止的研究中仍然有很多地方尚不清晰和明朗。而使之清晰和明朗的一个简单并重要的方法是利用西欧一些地区从远古保存下来的本土语言。虽然已经对威尔士人（Wales）和下布列塔尼人（Nieder-Bretagne），以及盖尔人（Galische）和爱尔兰人（Irländische）的语言进行了一些这方面的尝试，但这些工作尚需去伪存真，拨云见日。迄今为止，包括西班牙学者的最新著述，极少利用巴斯克语来从事这方面的研究，即便偶尔有所提及，却没有真正涉及。然而，只有通过了解巴斯克语，才能正确地认识伊比利亚人（Iberer）的独特之处，并将他们与凯尔特人（Celte）和其他民族区分开来，只

有更好地认识了这些最为古老的族群，才能为考察意大利原住民提供较为可靠的基础。对西欧和南欧原住民的研究迄今收效甚微，究其原因，很可能是人们走上了一条相反的研究道路。这些国家有哪些原住民曾经也居住于意大利？他们在地名和语言中留下了哪些线索，可以由此获得认识来帮助剖析意大利的文字遗迹？不去探究这些问题，而只是一味在希腊语和拉丁语中寻求解释，同时没有考虑到，意大利最早的移民并非来自希腊，而且罗马语本身还需要分解成为不同的元素。

  出于这些原因，即使不考虑对西班牙半岛（Hispanien）的研究，在我看来，尽可能准确地确定关于伊比利亚人和伊比利亚语言的概念也非常重要。谁若是对这方面有所兴趣，就可以公正地评判我所做的工作。由于这项研究最后全都归结为词源证据，我总是容易心存疑虑，怀疑词源本身是否正确。因而，我一直在严格的语言类比基础上来寻求词源，宁愿对大量地名不予置辩，也不愿去接受无法按照类比法进行的词源推导。其他精通巴斯克语的人，对我从巴斯克语所推导出的地名无疑还能做大量的补充。但即便如此，一定还有许多地名没有推导出来。因为在西班牙半岛的地名中，除了巴斯克语、凯尔特语、希腊语，还隐藏着某种腓尼基语（Phoenicisch）和迦太基语（Carthagisch）的词根音节（Wurzelsilben），因而，想要推导出全部西班牙半岛的地名，必须同时考虑所有这些语言。

  相较于巴斯克语派生而来的地名，对源于凯尔特语的地名所做的评判也许有所不同。那些坚信巴斯克语在西班牙半岛具有独一无二统治地位的人，也极有可能从巴斯克语的词根音节中推导出这些其实源于凯尔特语的地名，对其评判的难度，从分析地名 Arevaker 便可见一斑（见第 197 页脚注 1）。但我必须进行这样的尝试。我只能保证，我的研究完全没有先入之见，除了外来地名，我准备在全部、而不只是一部分地名中来寻找巴斯克语的痕迹。由于我对一些奇特的地名感觉非常敏锐，因而不可能有所忽略。

在下文中，我会经常提到我早期关于巴斯克语言的论文，该论文收录于《米特拉达梯》（*Mithridates*）一书中。如果没有巴斯克语的知识，又想要仔细地检验目前的研究，最好能够事先熟悉一下这一论文，以便了解该语言的发音和构词。但是那篇论文中，我的目的只是根据阿德龙的研究（Adelungischen Arbeit）解释和纠正个别观点，如果不是因为不时地希望西班牙本土能够出版更为重要的著述，关于巴克斯语我早就尝试更为完整地为其著书立说了。

在我从阿斯塔罗亚（Astarloa）、埃罗（Erro）或其他人那里获取地名词源的地方，我都标注了他们的论著。没有说明引用来源的地方，是我自己的研究结果。我之所以提到这一点，是为了不让别人承担本该我承担的责任。

也许会令人惊讶，本文并非使用一种可以在国外赢得更多读者的语言写作。本文的研究对象似乎在某种程度上可以这么要求，如果考虑到这一点，或许会更好。然而另一方面，正如其他民族的作者，总是以自己的母语、或者用居住国的语言写作，这也非常重要。无可否认的是，德语语言知识在国外得到了很大的传播，因而，用每一位作者的语言去阅读其作品很快就不再是我们（德意志）所特有的情况了。

1.
迄今为止使用巴斯克语研究西班牙原住民的一些尝试

西班牙是少数几个可以通过本国境内的语言来澄清其原始居民问题的国家之一。然而，这一重要资源长期都未能得以利用，认真以对的时间还不到二十年。两位西班牙作者，巴勃罗·佩德罗·德·阿斯塔洛亚（D. Pablo Pedro de Astarloa）和胡安·包蒂斯塔·德·埃罗·阿斯匹罗兹（Juan Bautista de Erro y Aspiroz），前者在《巴斯克语的辩护》（*Apologia de la lengua Bascongada*），后者在《西班牙原始语言的字母》（*Alfabeto de la lengua primitiva de España*）和《原始世界》（*mundo primitivo*）中涉及这方面的内容最多，虽然早先拉拉门迪（Larramendi）在他的《巴斯克语词典》序言中以及埃尔瓦斯（Hervas）在《加泰罗尼亚语》（*Catalogo delle lingue conosciute*，第 200-233 页）中已经写过一些。然而，正如已发表的那些论战文章[1]所表明的那样，这些人在西班牙内部也遭遇了多种质疑。不可否认的是，他们夸大了自己的看法，从而使得其中真实的部分也招人怀疑。因此，重新对关于古伊比利亚（包含整个半岛，也就是西班牙和葡萄牙）原住民的研究进行公正的探讨并非无所益处。然而，事情并非那么简单。人们总爱指责上述作者和所有西班牙本土作者总是从自己的语言出发来推断一切，而外国人则会被指责缺乏相关的语言知识。事实上，要学习巴斯克语本身、或者了解巴斯克语，现有的资料并不完整，因为它们不适用于巴斯克语的不同方言[2]。而且极其遗憾的是，上述著述中语言事实少得可怜，同时作者也不曾考虑，如果更为全面地介绍语言知识、而不只进行哲学的思

---

[1] 阿斯塔洛亚的《辩护》是针对 Navarra 一文的作者德·华金·德·特雷加（D. Joaquin de Tragia），该文发表于马德里皇家学院出版的地理历史词典中。而埃罗发表了《对原始字母的哲学观察》（*Observaciones filosficas en before del Alfabeto primitivo*）一文。通过该文埃罗对他的一位反对者做出了回应，该反对者用蒙托恩加（Montuenga）的一个神父虚构的名字来攻击他，并在此之前也攻击了阿斯塔洛亚。反对埃罗的文章摘录于《凯尔特科学院备忘录》（*Mémoires de l'Académie Celtique*）第三卷第 8 册第 291 页。

[2] 参见我对《米特拉达梯》第二卷第一部分的修正和补充，尤其是第 63-72 页。从中可以看出，对维斯卡语（Vizcayisch）我们拥有的最好的语法工具，对吉普斯夸恩方言（Guipuzcoanischer Dialect）有最好的词汇工具，对拉博特语几乎没有任何可用的材料。阿斯塔洛亚几年前在马德里去世，他把重要的文献收藏和巴斯克语语法留给了他的朋友埃罗。几年前，当我请求埃罗研究这些资料时，他回答说，他打算自己出版，或者至少在他自己的一些论著中使用这些资料。非常希望他能尽快、并非常全面地做到这一点。要说明的是，我引用上述提到的我对《米特拉达梯》的更正，总是根据 1817 年在柏林福斯书店重印的版本，因为在这个版本中我自己做了最后的修订。

辨，那么他们的论述可能更有成效并更具说服力。正是出于这些原因，外国人只会关注那些真正清晰明了、同时显而易见的现象，而不会陷入过多的论证。而在这类研究中，最重要的就是要聚焦那些可以在一定程度上加以确证的现象。如果这一思路（更多是取决于方法）是正确的，那么随着知识的更加全面，这一研究领域就可以不断得以拓展，但如果我们一开始就只对推测或者可能性进行探讨，那就不可能获得任何确凿的事实。

2.
语言在地名中的应用

以前的作者给我们留下了大量的西班牙地名，除却希腊和意大利，这一数量比其他任何国家留下的地名都要多。这些地名构成了我使用巴斯克语来进行研究的材料。通过这些最古老、历史最悠久的文字遗迹，一个早已逝去的民族仿佛诉说着自己的命运，而唯一的问题是，它的声音是否仍然能为我们所理解。我将尽可能地从中汲取确凿无疑的信息，当然，这是在本文标题所指定的范围之内。因此，我们不能期望这是一篇关于西班牙原住民的论文，最多只是与之相关。我认为这种限定是必要的，也是有益的。总的来说，这个问题已经由多人讨论，而且在一定程度上是令人满意的。首先是曼纳特（Mannert）出色的工作解决了许多主要的困难。然而，借助于一种我们完全没有用过、而本土作者也不总是能正确使用的辅助手段来重复这些研究，在我看来并非毫无意义。我认为，这样的工作必须达到双重目的：一是证实或纠正关于这个国家和民族历史的认识和看法，二是澄清关于巴斯克语的传播、亲缘关系和来源方面的问题。迄今为止，对这些问题的看法一直摇摆不定。

3.
残缺的地名

专有名称通常来源于种类名词（Appellativ），并且最初含有意义。如果以前的地理学家和历史学家能够如实地记录他们在西班牙所见到的地名，那么毫无疑问，我们所研究的问题就可以迎刃而解了。然而，他们当初却无意于此，根本不在乎去保存那些他们听上去荒蛮原始的声音。普林尼（Plinius）（*ed.Hard*.I.136.*p*.14.144.*p*.11.12.）完全承认，他在列举伊比利亚的城市时，会考虑这些地名是否容易用罗马语发音。庞波纽斯·梅拉（Pomponius Mela）说过，坎塔布里亚人（Cantabrer）有不同的部族（Völkerschaft）和河流，这些名字无法用我们的读音来拼写；斯特拉波（Strabo）（III.3.*p*.155.*Cas*.）则担心这样的名字过多，试图避免去记录那些不符合发音规则的名称，他写道，或许有人在听到 Pleutaurer、Bardyeten、Allotriger 这样的或者更为糟糕且毫无意义的名字时会有所乐趣。不过肯定还有一些名字更为离谱，因为他所提及的那些仍然包含了听上去非常典型的希腊语音节。由此可见，以前的作者只是选择性地告诉了我们部分地名，而忽略了那些恰恰是非常有特点的名字。他们总是抱怨那些原始的名字无足轻重、音节过多，因而很有可能还简化了他们所记录的某些地名，不仅使之屈从于希腊语或罗马语，还使之符合他们母语中真实的词语。曼纳特的猜测非常有可能，[1] 他认为 Conier 或 Cunier 古希腊人将其变成了 Cynesier，古罗马人甚至将其转变成了 Cuneer，即卡尔人（Bewohner des Keiles）（对名字的曲解可能导致了地图上的错误），这便是一个很好的例子。因此，出现在硬币上、可能并非伪造的外文名字就显得非常重要，当然，只能选取那些读音没

---

[1] 新版第一卷，第331页，我引用了它所有的部分。

有掺杂猜测成分的名字。Iligor[1] 就属于这种类型，不用牵强附会，也无须改变任何字母，就可以用巴斯克语解释为高城（Hochstadt）或山城（Bergstadt）。有些名字会随着时间的推移而改变，对此会加以特别说明。根据斯特拉波（III.2.*p*.154.4.*p*.162.）的说法，Arotreber 原本是 Artabrern，而 Bardyaler 原本是 Bardyeten。随着外来部族的频繁迁入，就会出现本土和外来名字双重存在的现象。例如根据斯蒂芬·拜占庭斯（Stephanus Byzantinus）的说法，Baetis 在本地语中叫 Perces，根据利维乌斯（Livius.XXVIII.22.）的说法则叫做 Certis，这和凯尔特伊比利亚的城市（Celtiberische Stadt）Certima（Livius.XL.47.）是一致的，而以前的希腊人（Strabo.III.2.*p*.148.Franz.Uebers.I.390.*nt*.I.）则称之为 Tartessus，其他城市和河流的名字可能也是如此。如果考虑到抄录者和作者自己对这些名字的歪曲和篡改，我们就会看到，要在古伊比利亚名字中找到完全真实可辨的本土地名，这种希望极其渺茫。然而我提到这一点，并不只是提醒大家不要对每个地名都进行巴斯克语的词源分析，更为主要的是，尽管有这些障碍，许多名字仍然带有明显的标记说明其源于巴斯克语。这就有力地证明了巴斯克语确实是当时的民族语言。

4.
巴斯克语的词源分析原则

当然，要进行这一证明，用来指导研究的词源分析原则举足轻重。在我看来，阿斯塔洛亚和埃罗所遵循的原则，虽然基于有关原始语言本质的、尤其是关于巴斯克语本质的一些正确观点，但是却将这些观点以一定的方式延伸放大和应用，这样既不能让人信服，也无法得出可

---

1 参见埃罗 *Alf.Prim.p*.235.*Lam*.10.Münze.21.

靠的结论。期间采用的方法体系源于阿斯塔洛亚对巴克语的整体讨论。根据他的说法，巴斯克语中每个字母和音节都有自己的含义，这种含义会在字母或音节复合时保留下来。由此，每一个单词都可以明确地分解成元素，例如，一个由两个字母构成的单词，第一个字母指的是种类，第二个是事物的特点，或者第一个字母指明所有者，第二个表示所拥有的。顺便说一句，字母或音节的意义并不是任意的，而是模仿原始人（Naturmenschen）发出的分音节（Articulation），这是声音给人留下的印象，是对有机（lebendige Natur）和无机自然（todte Natur）声音的模仿。o 表示圆形，i 表示尖锐的穿透力，u 表示中空，等等。[1] 值得注意的是，这里阿斯塔洛亚关于巴斯克语所言和戴维斯（Davis）[2] 关于凯尔特语的看法几乎同出一辙。他认为词根非常简单。一个单元音或双元音不仅能构成一个语助词，而且通常也能表达一个名词或动词。几乎任何一个辅音与其前后元音的结合都会产生新的意义，并成为最主要的同族派生词。最长的、只是纯凯尔特语的单词可以分解成这样的词根。但是，不能将这些词根看作是真实物体的称谓：例如土、水、树等，它们只是标志了不同类型的存在和行为。就像本文提到的戴维斯这样的作者，如果让自己的想象力随意发挥、对字母音节贸然组合，就很难让人信服。只有欧文（Owen）遵循了同一种方法体系，并一以贯之，而他词典和语法[3]的价值也是众所公认的，当然，语法可以更为详细一些。他说（I.27.），每个派生词都可以按照规律追溯到一个或多个基本词，并且只是通过一定的字母转换，无需任何其他帮助。这样一来，词源学

---

[1] 这一说法在《辩护》一文的开始，第 44-119 页，文中对此进行了广泛讨论。可参考第 31、64、70 页。

[2] 《凯尔特人起源研究，古不列颠人的起源、传统和语言》，第 235 页，1804 年第一版。可惜我没有 1807 年的新版本。

[3] 欧文的《英语词典或威尔士英语词典》引言部分介绍了语法概貌，该书于 1793—1799 年在伦敦出版。（编者 Albert Leitzmann 注）

家也就无法发挥想象力了。他的词典中，所有不属于基本词的单词都在括号中标注了相应的基本词，如果查看多个单词，就会意识到这些词的含义与戴维斯所指相同。下面我们将跟随这些语言研究者，并运用这些原则举例说明。阿斯塔洛亚对几个词进行了推导，例如 ule 指"羊毛"，源自 u "空心的"和 le "原创者"，所以 ule 就表示"许多空隙的原创者"；axe 指"空气"，源自 a "延伸"，而 xe 是个缩小词尾，所以合起来指"薄薄的延伸"；itz 指"词语"，源自 i "深刻的"和 tz "丰富的符号"，所以合起来是"富于深刻和敏锐"。戴维斯说：爱尔兰语中 ur 的意思是"覆盖""展开"，由此产生了多种事物的称谓，例如土、火、水、邪恶、谋杀等。a 在威尔士语中指"向前行进"，所以在姊妹方言中，它的意思是"山丘""高山余脉""车辆"等。欧文提到 tân 这个词的意思是"火"，其基本词 ta 表示"扩散开""在上方""占优势"，an 表示"开始""基本元素"。将那些作为基本语音的一般性单词的语义应用于某些事物，尤其从取自阿斯塔洛亚的几个例子就可以看出，这种方式是多么的不稳定和武断，甚至冒险，除非能根据固定的派生体系去辨识真正的声音亲缘关系。很难理解，一个语言研究者怎么会认识不到，如果没有这样的一个体系，那么要从普遍性到特殊性来猜测语义，或者在某些特殊情况下也可以从特殊走向普遍，这种努力都是徒劳的。但是即便有了这样的一种体系作为指导，有时仍然会有无法克服的障碍。一个抽象的、小心翼翼的、体系狭隘的理论，正如阿斯塔洛亚所使用的，甚至会掩盖那些真实的、而非凭空想象的相互关联。事实上，在某些词中确实还可以看出声音和意义之间的关联，比如德语中的 Wolle（羊毛），或许还有巴斯克语中的 ule。

5.
对这些原则更为准确的评估

然而有一点是正确的，用来称谓的词语是将普遍概念应用于某一具体事物，并对事物的特征加以说明，而且许多看似简单的词最初就是复合词。同样正确和明显的是，在最初的、即几乎没有经历变化的语言中词语复合的痕迹要明显得多，而且单词的组成元素都各自具有独立的含义，这肯定也是这些语言的一个主要特征。但是，要从词根角度去解释一种语言需要一种更为明确、更为稳固的语言理论，而且并不是每一种语言都可以用同样的方式加以解释。可以肯定地说，每种语言都以一定数量的简单语音为基础，通过外部添加或内部变化，这些语音可以构成更大数量的派生词。前者可称为词根，与后者具有一种双重关联：在物质上具有字母之间的亲缘关系和派生类比的相似性，在精神上具有意义的相关性。派生词就其本质而言是不确定的，每一步均需词根引导；离开了词根就不能保证能否正确识别派生词。当然，词根因为包含了所有派生词的意思，其本身的意义就具有普遍性，所以也一定是不确定的。这一点在每一种语言中或多或少都有所体现，因为它产生于所有语言形成的自然过程之中。但不是所有的语言，而只有在某些语言中才能找到大量的词根，并能够将其他词汇有规律地追溯到这些词根。但是任何这样的追溯都会遭遇怀疑，认为这是语言艺术家的一种伎俩，并非来自使用这种语言的民族，因而认为这一现象不是出于语言本身，可能只是被转嫁其上。但是，如果因此而不相信上面关于凯尔特语的说法，那么一定不要忘记还有其他的语言，在这些语言中同样的体系更加明显，并且可以从语言的构造更好地加以证明。梵语就是如此，它比其他东方语言更接近凯尔特语的上述特性，因为梵语中词根具有非常重要的普遍意义。梵语的词根大多除了作为词根，并无其他用处，除非经过某些变化，否则无法在言语中使用（Wilson's *dictionary. Pref.* XLIV.），因此它们完全超越了名词、动词等语法范畴。这一现象——有时也出现在其他语言中，是如何形成的呢？词根仅仅是分析而得的理想化的语音，还是曾经在人们日常生活中使用过的真正的词语、是语言早先留下的痕迹？这些问题不属于本文研究的内容。正如上面所指出的，梵语词根的含义是高度不确定的（Wilkins *Radicals. Introd.* VII."极端模糊，令人不满"），如果认为从上述词根汇编中可以列出相关的根词一览表，就像《希腊词根汇集》（*Jardin des racines Grecqucs*）[1]那样，那就完全搞错了。即便这本书完整地收集了梵语词根，但也不能保证是否所有的词都进行了正确的词根分析，而且从由 *unādi* 作为前缀构成的一整类词可以看出（Wilkins *Grammar.* §838.），将它们追溯到某些词根往往是不够的，既不能知其含义，也无法弄清字母之间的类比关系，以此为基础建立起来的规则仅仅是用来调和矛盾的一种随意尝试罢了。因此梵文也证明了，从特定的词根推导出所有可能的单词，虽然是语法学家的工作，但是否存在一定数量的派生词是由语言本身决定的（Bopp's *analytical comparison oft the Sanscrit, Greek cet. Languages in den Annals of Oriental literature.Vol.I.art.1.p.8.*）。对凯尔特语也许也可以这么说，可能只是情况稍有不同。以此来评判，会立刻发现阿斯塔洛亚研究方法的不全面和不可靠。然而，对巴斯克语的单词进行比较可以提供一系列词干音节（Stammsilbe），而每个词干音节都可以产生大量的单词，从不同的根词（Primitiv）派生出单词也存在着一种非常明显的类比规律（Meine Zusätze zum Mithridates.S.38.43.）。然而，还未有证据说明，巴斯克语能够像梵语和凯尔特语那样找出这样多的词根并进行有规律的词根分析。阿斯塔洛亚通过逐个分析单词，将词根字母与那些属于谐

---

1 Lancelots，*Le jardin des racines grecques, mises en vers francais*，1652年首次在巴黎出版，由德莱斯特（Delestre）修订的版本于1774年在巴黎出版。

音或出于方言差异的字母进行了非常正确的区分，但是他尚未建立起来一个完整的词根分析体系、即便只是部分地。从字母构成的角度来看，巴斯克语与梵语和凯尔特语很不一样，因为不同类型的语音之间有规律地进行转化，这对巴斯克语而言是完全陌生的。从单词追溯词根，阿斯塔洛亚的方法远非可靠，他只是寻找具有相同根音（Grundton）的单词来分析它们的相似之处，因而他的方法注重的是意义。这种方法是多么具有欺骗性，尤其是碰到隐喻概念时，就无须证明了。真正的语言研究者更愿意反其道而行之，如果通过恰当的类比可以追溯到某个词根，那么就不会在意意义了。因为即便发音相当接近，词义也很容易随着时间的推移而变得非常的不同。此外，阿斯塔洛亚还过分强调了所谓单个字母的重要性，而不认为字母组合也可以成为词根，从而忽略了语言分析的一个重要阶段——当然他也没有走得这么远，但他的方法完全可用于分析由字母组成的词根，虽然词根通常被视为不可分解的元素。最后，他认为仅有客观的语言比较不足以得出语音本身的含义，语音的含义要从普遍性的理解和感知中汲取——而其中一些理解和感知极其奇特：*aarra* 中 *a* 是"男性"的意思，*emea* 中的 *e* 是"女性"的意思，所以他非常严肃地解释说（*Apol.p.*35.），第一次听到男婴的哭声时，应该听到一个 *a*，而听到一个女婴哭时，会听到 *e*。很明显，不管是阿斯塔洛亚，还是他的继任者埃罗，他们通过自己的语言来认识人类的原始语言，这种努力都可能是有害无益的。这种早已被其他民族视为是纯粹徒劳的努力，只要巴斯克语研究者还没有决定放弃，只要他们还局限于通过自己的语言去认识巴斯克语，那么他们的工作就既不会对自己的同胞、也不会对别国人民有所裨益。但是，在评估迄今为止所使用的研究原则时，必须说明，不能够也不应该抹杀这些人在语言研究上的功绩。阿斯塔洛亚似乎是第一个对巴斯克语展开真正研究、并尝试将其分析剖解的人。他在这方面、特别是在语法方面贡献卓著，同时他还以不懈的热情，在他的国家的每一个角落遍寻真正的方言土语所留下的痕迹，因此，如果不亲临其境、考察他所经历的弯路歧途，就无法理解他的研究结果，也无法找到他对相关研究很多非常真实和有意义的注解。

6.
将这些原则应用于地名的推导

如果这种词源分析方法用于语言研究就已经显现出许多的不准确性，那么将其用于分析地名肯定风险更大，因为地名会更多地随着时间的推移而改变，会出于更多的不同原因而产生。如果像我们这里，要去讨论那些并不确切知道其地理位置和具体情况的地域名称，那么想象力就更会无所顾忌地展翅高飞了。因而，阿斯塔洛亚和埃罗认为毫无疑问而加以引证的大量词源，其实都存在着严重的错误。根据阿斯塔洛亚（*Apol. p*.210.222.245.249.255.）的说法，Edetaner 由 *edea*（意为"甜"）和 *eta*（一个地点后缀）组成，所以 Edetaner 的意思是"居住于一个气候甜美宜人的地方的人"。如果碰巧想到普林尼的 "*regio Edetania amoeno praetendente se stagno*"（环境宜人的泳池），就会觉得这个词源分析是无法接受的。Arcobriga 据说源自 *arcu*，"弧形""弯形"的意思；Turbula 源自 *ura*，表示"水"；*bola* 指"犹如陷入漩涡中的球体"，因此这个地名有"猛烈降下的水"的意思，即"倾盆大雨的城市"；Anas 这条河流的名字中包含了音节 *a*，表示"延伸"的意思，还包括 *na*，是一个缩小词尾；Saduce 河流这个名字源自 *zan*，有"血管"的意思，*ura* 则指"水"，*ce* 或 *cia* 表示"细小"，所以这条河的名字有"细小的水流"的意思。埃罗[1] 剖析了 Lumberitaner 这一名字，他说他在钱币上看到该地区的中心被

---

1 *Alfabeto de la lengua primit.p*.230-233.

称为 Ilimbelz，其中 il 是"城市"的意思，im 表示"高"，belz 指"黑色"，所以这个地名意为"位于黑色高地上"；同时他还指出，今天的 Lumbier 指的应该就是这座城市，它恰恰位于迷雾山上。更为武断的是，仅仅从发音的相似性来推断词源，不考虑该地区的一般情况，而是关注毫无根据的特殊情况，所以他们会把 Cosetanienal 解释为"饥饿的土地"[1]，把 Cerretaner 理解为"锯子制作者"（Apol.p.209.），而 Sagunt 则是"老鼠之地"[2]。即使阿斯塔洛亚有些地方的推断很可能是正确的，但也无法让人接受他那种过于人为造作的分析方法。比如分析 Navarra 的词源：Nava 的意思是"平坦""平坦的地方"，根据巴黎图书馆一本词典手稿的注释，明确说明这是一个靠近山脉的平地。这个词至今仍常见于多种不同的形式，很可能它已经出现于古罗马时代，并且具有相同的含义。托勒密（Ptolemaeus）（II.6.p.42.ed. Bert.）提到过帕塞人（Paesiker）的城市 Flavionavia，非常靠近今天的比斯开湾（Biscaya）。离这个地区不远还有一个港口叫 Navia。在现代西班牙语中，nava 这个词保留了同样的意思，基督徒 1212 年在桐咯撒（Tolosa）的 navas（en las navas de Tolosa）战胜摩尔人的著名战役就证明了这一点。Arra 在巴斯克语中通常作为词尾，因此对 Navarra 进行词源分析时，可以毫无疑问地认为这是指比利牛斯山脉边上的一片平坦土地。然而，阿斯塔洛亚没有考虑任何这些实际情况，只是引述了一下 nava 这个词，就把 Nabarra（正如他写的那样）分解成了 Na（"平坦的"）、be（"低矮的"）、ar（"男人"）和 a（冠词或者代词）等部分，这个词的意思即成了"低地的男人"。这种方法造成的后果是，只要语音具有任何一点的相似性，人们就会对其不加区别地以相同的方式进行词源分析。根据埃

---

[1] 阿斯塔洛亚（Apol.p.210.）为了进一步确证，说道：居住于该地区的部族被罗马人称为 Indigetes，该词源自 indigere。

[2] 埃罗（Alfabeto de l. l. pr. p.257.p.258.）为了证实以上的说法，认为 Soricaria（参见曼纳特 I.324，我不知道为什么是 Sorilaria）和 Soritia（Auct. inc. de bello Hisp. 24.27.）也源自 sorex。

罗的说法，[1]Asien 这个词派生自 *asi*，即"开始"的意思，因为那里曾是人类的起源地；Cilicia 派生自 *ili*，本来是"城市"的意思，但在这里被视为"国家"，而 *cia* 是指一个"高峰"、以谐音 *c* 开头，整个词表示"高山峻岭的国家"；Nazareth 由 *na*（意为"平坦的"）、*z*（意为"大量的"的）、*ar*（意为"延伸的"）和地点音节 *eta* 组成。虽然无需驳斥这种方法，但在我看来有必要对此做出上述说明，同时指出，即使这些人的看法中存在一些无可争辩的事实，也必须以另一种方式加以证明，以消除对他们的研究体系所产生的疑虑。

7.
确定当前研究应遵循的原则

而唯一可行的就是以一种自然无拘的方式在发音和意义方面去考察，是否有一些古伊比利亚地名与今天仍在使用的巴斯克语词汇相一致。如果的确如此，就可以确定巴斯克语就是古西班牙语——如果有多种古西班牙语，那么至少是其中的一种。这样也就有了充分的理由认为那些地名起源于巴斯克语，这些地名根据语义往往只能辨识其中的一部分，而剩余部分则晦涩难解。在整个研究过程中，首先应该在整体上、并根据听觉印象将古地名的语音与巴斯克语的语音和音质特点进行比较，然后才可以具体分析某些特殊现象。如果这些地名来源于巴斯克语，那么巴斯克语的发音体系也必然体现在这些名字之中。巴斯克语早期存在的另一个重要证据，是古地名与那些今天还在使用巴斯克语的省份那里地名之间的对应关系。即便不能破解地名的含义，但可以由此证明，同样的语言元素在相似的情况下可以在不同的地方形成相同的地名。在

---

1 《原始世界》，第 208、212、227 页。

这方面阿斯塔洛亚的研究提供了许多很好的启示。比斯卡亚地区的村庄由许多经常是非常分散的庭院（caserios）组成，这些庭院只是围绕着教堂[1]聚集成一个比较固定的中心，每个庭院根据其位置、周边的树木花草都有自己的名字，而所有的家族姓氏也都来自这些固定住处，所以这个小村庄就提供了大量的专有名词。已故的阿斯塔洛亚极其勤勉地收集这些专有名词，正如我和他多次一起散步时所目睹的那样，他在这方面每天都有所进展。正因为如此，本研究认为不需要对每一个名字都做全面的、抑或并不需要对所有的名字都进行词源分析。最重要的是要注意到，某些名字是否是外来的？这些名字之间、它们与其他名字之间、它们与巴斯克语同类名字之间能否加以区分？我认为西班牙本土作者忽视了我的这些看法，因为他们先入为主，认为今天的巴斯克语曾经是单独地、没有和任何其他语言一起传播于整个古伊比利亚，而这一点必须首先加以阐明。显而易见，在古地名中会发现今天西班牙语的痕迹。但重要的是，我们要讨论这些痕迹能追溯到多远？除此之外是否还有其他语言的痕迹？这些语言在地理上是如何分布的？但是，为了不偏好某一方法体系，并做到完全公正合理，在研究中我将不考虑那些古老族群之间的差异，而只是将大量的古地名与巴斯克语进行比较，以发现其中的相似和不同，然后再考量这些相似和不同产生的情况以及由此得出的结果是否与以前作者在这方面的研究相一致。

8.
巴斯克语的语音系统

我先从语音系统开始。严格来说，巴斯克语中没有 *f* 这个音。尽管

---

1 所以比斯卡亚的村庄都叫做"Ante-iglesias"，意为"在教堂之前"。

有时 b 和 p 的发音会与 f 混淆，就像在 apaldu 和 afaldu 这两个单词中那样。有时可以使用 f 来区分读音相同的单词，比如纳瓦拉省（Navarra），为了和 nabarra（意为"彩色""黑灰色"）进行区分，写成 Nafarra[1]。但是阿斯塔洛亚认为[2]，真正的巴斯克语根词中不存在 f。没有一个巴斯克语的单词是以 r 开始的，如果是外来词要发这个音，巴斯克人就放一个 e 在前面，成双出现就成为了 r 的发音，因为单独一个 e 的发音非常柔和，接近 d 的发音，因而，如果这两个字母出现在一个单词中，例如 erastca 和 edastea（拉伯特方言，"闲聊"的意思），彼此就完全混淆了。所以人们将国王称为 erregue（祈祷）。按照阿斯塔洛亚的说法，任何音节中都不会出现两个相连的辅音，既不会出现在词首、也不会在词尾。也许会有例外，但不发音字母与 l（甚至与 m 和 n）的连接确实不存在，st 不会出现在一个音节或一个单词的开头。此外，不发音字母与 r 的连接非常罕见，其中大部分是一些外来词[3]以及辅音缩合的结果[4]。在一些巴斯克语特有的语音中，上述的 r、ts 和 tz 这种缩合只出现在书面形式，而在文献记载的古地名中却没有留下任何这方面的踪迹。

9.
含有字母 f 的地名

包含 f 或者 ph 的地名，例如 *Φορναχις*（Ptol.II.4.*p*.40.）、Fraxinus（*Itin. Anton*.420.）、河流 Florius（*Reichards Karte*.A.b.），明显源自罗马语。我

1　参考我对《米特拉达梯》的补充中的歌词，旧版第 92 页。
2　词典中虽然有一些用 f 书写的单词。但是，这些可能是正字法上的差异，并且很多情况下确实如此，因为发现相同的单词还可以用 b、p，甚至用 h 来书写（在拉伯特方言中）。
3　但是，确实有这种巴斯克语单词，似乎也不是辅音的缩合，例如 *troquiua*（来自比斯开方言），指乡村居民使用短棍的舞蹈表演。这个词在全国普遍使用，但在词典中却找不到。
4　比如 *abrea*，指"动物"，源自同样通用的 *aberea*；*andria*（比斯开方言）源自 *anderia*，完整的说法是 *ech-anderia*，指"家庭妇女"。

不知道还有没有听上去不是明显外来语发音的地名也含有这一字母。由于罗马战争大多数西班牙地名为人所知，这一字母的发音尽管不符合希腊语，但罗马人却非常熟悉，因而西班牙地名中缺少这个字母就显得非常奇怪，因为这并不是由于罗马人无法发出这个音而造成的。当然，西班牙还有腓尼基人（Phönicier），但在这一点上，恐怕也不是腓尼基语的缘故。

10.
以 r 为首字母的地名

虽然有一些以 r 开头的地名，但总体而言还是偏少。Rarapia（*Itin. Ant. ed. Wessel. p.*426.）因为读法不一，所以也会被写成 Sarapia，还有 Rauda（*Ib.p.*441.），这两个地名都位于北方沿海，图尔代丹人（Turdetaner）的 Rhegina（Ptol.II.4.*p.*40.），英迪盖特人（Indigeter）的 Rhoda（Ptol.II.6.*p.*43.），卡尔佩坦人（Carpetaner）的 Rigusa，[1] 位于贝蒂卡地区（Baetica）（Plin.I.138.*p.*5.）的 Ripepora（可能由 *Ebor*a 和 *ripa* 派生而来，因为按照赖夏德地图，它位于 Tader 河畔），卢西坦宁人（Lusitaner）的 Rusticana（Ptol.II.5.*p.*41.），还有 Rubricatus，即没有发生多少改变的今天的 Llobregat。但是，除了 Rauda 之外，所有这些地名显然都源于外来词，很有可能遗失了词首的元音。[2] 瓦列里乌斯·马克西姆斯（Valerius Maximus）（V.1.*p.*5.）认为，凯尔特伊比利亚人（Celtiberer）[3] 才会叫 Rethogenes 这种男性名字。

---

[1] 仅出现在托勒密的拉丁语翻译中。II.6.*p.*46.
[2] 我不清楚毕兴（Büsching）（Erdbeschreibung.B.3.S.334.）从哪里获知，认为 Navarra 在希腊和罗马时期叫做 Ruzonia。
[3] 除了这个名字，以及可能是非伊比利亚人的 Rhyndacus（*Sil. Ital.*III.338.），我不知道其他以 r 开头的伊比利亚男性名字，以 f 开头的也很少。

11.
以 *st* 开头，或包含"不发音字母＋流音[1]字母"组合的地名

st 开头的单词只出现在康提斯坦人（Contestaner）的河流 Tereps 中，但读法并不确定，普林尼称之为 Tader（I.141.*p*.1.），但也可以写成 Staber（Ptol.II.6.*p*.43.Mannert.I.*p*.423.）。不发音字母与 *l* 组合，正如我们上面所看到的，斯特拉波在讲到非常原始的、亦即非罗马语的地名时恰好例举了 Pleutauri，这一点比较奇怪。如果这个词不是伪造的，它似乎应该属于西班牙非巴斯克语的一个民族。除此之外，这类名字我也就知道下面这些：Bletisa，出现在卢西塔宁人的一个碑文上；Aglaminori（Plin.I.137.*p*.17.），位于贝蒂斯河（Baetis）和大西洋海岸之间；坎塔布里亚人的 Blendium（Plin.I.227.*p*.5.）；巴斯特尔人（Bastuler）的 Caviclum，人们也将其读作 Cavidum（*Itin. Ant*.405.）；阿雷瓦克人（Arevake）的 Clunia（Plin.I.144.*p*.5.），位于凯尔特伊比利亚（Celtiberien），与雷艾蒂安（Rhaetien）的一个城市同名；图尔杜勒人（Turduler）(*Itin. Anton*.*p*.408.) 的 Mergablum，但也可读作 Mercallum。埃罗自称在硬币上发现了 Clunia，但在两个辅音字母之间有一个 *e*。而拜图伦人（Baetuler）的 Blanda 和卡拉伊肯人（Callaiker）的 Glandomerum（Pto1.II.6.*p*.43.）都源自罗马语，就像 Planesia（Strabo.III.4.*p*.159.）源自希腊语一样。另外，西利乌斯·伊塔利库斯（Silius Italicus)(XVI. 562.) 提到过一个战士叫 Glagus。

还有更多的名字，是 *r* 紧跟在一个不发音的字母之后。下面将对此进行讨论。

---

[1] 音位学中指 *l* 和 *r* 的发音，因其发音的流畅性而称此。（译者注）

12.
对伊比利亚地名的总体印象

前几节所探讨的已经足以说明，总体而言古伊比利亚地名的构成遵循了巴斯克语的语音系统。只要对巴斯克语稍微有所了解，在浏览这类地名时，也包括意大利、希腊乃至相邻国家如高卢的地名，都会注意到古伊比利亚地名中巴斯克语的发音占有主导地位。无论是这些地名给人的总体印象，还是对它们进行具体分析，结果都让人对这一点深信不疑。当然，人们可能担心这一评判有先入为主之嫌，并由此来攻击这一类佐证。因此，我们有必要对各个地名进行具体讨论。下面，我将首先探讨那些在整体结构上与巴斯克语单词相似的名字，然后再考察只出现巴斯克语元素的地名，并且根据词尾和词首音节进行分类讨论。

13.
源于 *asta* 的地名

Acha、*aitza* 意为"山崖"，*asta* 是根据语言变化规则[1]形成的异形词，这可以通过一系列类比例证来说明。然而，后一种形式并不经常用来表示"山崖"，只是出现在很多含有这一词干音节的词中，例如 astuna，表示"重力""重量"；还会出现在一些地名中，表示那些地点的地理位置。今天在比斯开湾地区还存在这种类型的地名，下面举例说明：Asta、Asteguieta、Astigarraga、Astobiza、Astorga、Astulez、Asturien 等。很久以来，这些都来自图尔代丹人的 Asta（Plin.I.139.*p*.1.）。

Astigi 在贝蒂卡地区出现过三次，分别是：Astigitana Colonia，也被

---

[1] Meine Zusätze zum Mithridates.S.35-40.

称作 Augusta firma（这也许证实了巴斯克语的词源）；以及 Astigi 加上别名 Julienses；还有 Astigi vetus（Plin.I.137.*p*.16.I.139.*p*.3.7.）。

此外，同样也是位于贝蒂卡地区的 Astapa（Liviu.XXVIII.22.）。在今天的比斯开湾地区，山崖脚下的住宅还叫这个名字（结尾的 *pa* 就隐含了"脚下"的意思），我本人在杜兰戈（Durango）和毕尔巴鄂（Bilbao）之间见到过处于这种地理位置的一个炼铁厂，它就叫这个名字。

最后是 Astures 和 Asturica，以及河流 Astura（Florus.IV.12.*p*.54），即"山崖之水"的意思，源自 *asta* 和 *ura*，表示"水"的意思。

阿斯塔洛亚也推测（*Apol.p*.233.），认为伊卡特人（Iaccetaner）的 Ascerris(Ptol.II.6.*p*.48.)源自 *erria*（意为"土地""陆地"）和 *acha*（意为"山崖"）。尽管他对此没有做进一步的解释，但不应认为 *ascha* 包含在 *asc* 之中，因为在从前留下来的地名中，*c* 的发音和 *k* 相同。这个名字可以分割成 As-c-erris。只有 *as*（*asta*）属于词干音节，表示"山崖"。*c*（*co*），也可写作 *go*，表示"高度"，整个合在一起意思是：位于山崖高处的一个地方。因此，正如阿斯塔罗亚所言，As-co-itia 和 As-pe-itia 这两个比斯卡亚村庄名字的由来是，前者位于高处，而后者则位于山脚。卡尔佩坦人（Carpetanisch）的 Ascua（Livius.XXIII.27.）也如此派生：As-co-a，在今天的比斯开方言（Vizcayischen Dialect）中还读作 Ascua。但是，阿斯塔洛亚认为 Acci（Plin.I.143.*p*.4.Ptol.II.6.*p*.47.）这个城市名字是从 *acha* 派生而来，就毫无道理了，因为它读作 Akki。

14.
源于 *iria* 的地名

更加明显显示为巴斯克语的是源自 *iria* 的名字。*iria* 意为"城市"，根据手书词典的解释，也表示"地方""地区"。这个词还可以写为

uria，根据巴斯克语所特有的现象，经常把 *r* 转换为 *l*，因而这个词也会被写作 *ilia* 和 *uria*（Astarloa.*Apol.p.*238.247.），这个主干音节出现在以下城市名字之中：

- 卢肯塞人（Lucenser）的 Iria Flavia（Ptol.II.6.*p.*44.）。
- 图尔杜勒人的 Urium[1]。

位于贝蒂卡地区的 Ulia（Dio Cassius.XLIII.31.）有两种读法，即 Ulla 和 Ullia。这里的词源是正确的。但是 Ullia 肯定是错的。正如在钱币上发现的那样（*Wess. ad Itin. Ant.p.*412.），Ulia[2] 是一座城市。Ulla（其实是 Ula）源自 *ura*，表示"水"，是卡拉伊肯人的一条河流，这在梅拉（Mela）手稿（III.2.*p.*8）中可以看到，所以文字遗迹和词源在这里得以相互印证。Ulia 位于一座高山上（Hirtius）(*de bello Alex.p.*61.)。时至今日，在圣塞巴斯蒂安（St.Sebastian）还有一座山被称为 Ulia；如果不认为 *l* 是从 *r* 转变而来，那么该词的意思是"苍蝇"，并且在巴斯孔人（Vasconen）那儿有一个叫 Muscaria 的地方（Ptol.II.6.*p.*48.），该名字即便不是从这座山名、也可能是从另一个相同地名翻译而来。这种情况只有在发音和地理位置相同的情况下才有可能出现。

Ilia，由铭文证实是 Ilipa 的别名（Plin.I.138.*p.*8.*ibique interpr.*）。

因此，巴斯克语词根的所有变化都体现在以前的地名之中。在和

---

[1] 普林尼，*Oppidum Onoba, Aestuarium cognominatum: Interfluentes, Luxia et Urium*。在这篇文章的注释中，哈耳因将 Luxia 和 Urium 视为两条河流，称之为"河流流过的地方"，同时这也确实出现在其索引上。但我觉得这似乎很值得怀疑。作为形容词表示"从中流过的"，这里使用这个单词并不合适。另外，托勒密的 Ούϱιον 显然也是一座城市。因而，Luxia 和 Interfluentes 难道不应该都是城市吗？后者一方面可以与 Interamnium 和 Intercatia 进行比较，另一方面可以与 Confluentes 进行比较。曼纳特没有提到这些名字。如果 Urium 是一条河，它可能源自巴斯克语的 *ura*。赖夏德（Reichard）在他的地图上也将 Urium 作为河流的名称进行标注。(G.c.)

[2] 已经有人注意到了，好像斯特拉波把这个城市写成了 Julia（III.2,141.）。

其他词组成同一个名字时，*uria*[1] 出现在词尾，*ilia* 出现在词首，这与现在的名字有所不同，因为在西班牙的姓氏中有很多的 Iriarte、Uriarte、Urizarre 和 Uriona。但是，在以前的城市名字中也有这种类型出现，如 Irripo，只是从钱币上得知而已（Florez.*Medallas*.II.474.）。

前一种类型的有：巴斯孔人的 Graccuris（Plin.I.142.*p*.13.），是 Gracchus 家族建造的城市（*Livii Epit.l*.XLI.）。按照费斯图斯·庞培乌斯（Festus Pompejus）的说法，它之前叫做 Ilurcis（*de verb. signif. v.* Gracchuris），因此 Gracchus 可能仅对其进行了更新和扩建。Ilurci（源自 *ilia* 和 *ura*）是水城，按照阿斯塔洛亚（*Apol.p*.238.）的说法，*ci*（源自 *cia*，即"尖的""薄的"）的意思可能是随了罗马语的 *ki*，意为"水城"。

Calaguris 对应了两个地名：巴斯克人的 Fibularensis 和伊乐盖腾人（Ilergeten）的 Nassica（Plin.I.142.*p*.11.15.）。拉丁语的别名来自于当地人所从事的生产[2] 和工作。而后者可能与巴斯克语的地名有关。*Calamua* 虽然原本的意思是"麻"，但是根据手书词典，也可以叫做 *roseau*，指"灯心草""芦苇"，这非常适合制作捕鱼笼（*nassae*）。*Fibulae* 可以有多种含义，很难说这里的意思是哪一种。从 Cato *de re Rusta*（c.31.）可以看出，这个名字称谓了篮子的一个部分，因为编织篮子需要使用 vimina，但是否为此使用了芦苇，以及此处所指是否真的是篮子编织，尚需考证。

位于卡尔佩坦地区的 Ilarcuris（Ptol.II.6.*p*.46.），按照阿斯塔洛亚的说法（*Apol.p*.238.）源自 *Ilarra*，是"豌豆"或"野豌豆"的意思，表示"豌

---

[1] 但是手稿也用 *l* 代替 *r*（*VV.DD.ad Itin.Anton.p*.450.），另一个例外似乎是埃德塔尼恩地区的 Tiariulia（Ptol.II.6.*p*.47.）。但是这个名字非常值得怀疑，并且由于普林尼（I.142,7.）说的是 Teari, qui Julienses, 所以托勒密所说的名字的结尾不是 *ulia*，而是 *julia*。

[2] 据我所知，不用怀疑 Fibularensis 的意思。但塞斯蒂尼也认为，Nassica 也表示类似的意思，它不是源自 Scipio Nasica，而是源自 nassa（*Descr.delle.Medaglie Ispane nel Museo Hedervariano.p*.119.）。

豆之城"。巴斯克人现在还有姓 Illaraza 和 Iraraga 的。

奥莱塔人（Oretaner）的 Lacuris，其词首音节反复出现在位于卢西塔宁地区（Lusitanien）（*Mela*.III.1.*p*.6.）和瓦卡耶人（Vaccaeer）（Plin.I.144.*p*.2.）的 Lacobriga 中，还有贝蒂卡地区（Plin.I.139.*p*.17.）凯尔特人（Celtiker）的 Laconimurgi[1]，维托人（Vettonen）的 Laconimurgum，上述两个词中有附加音节 *mur*（源自 *murua*，意为"丘陵"），它们还含有词尾 *gi* 和 *gum*，对此将在后面章节做进一步解释。另外，还可以例举比利牛斯山区（Pyrenaeen）的 Lacetanern（Plin.I.141.*p*.12.），贝蒂卡地区的 Lacibi 和 Lacippo（Plin.I.140.*p*.6.7.），奥莱塔地区（Oretanien）的 Lacipea，然而，Lacipea 是否派生自巴斯克语，尚不确定，阿斯塔洛亚[2]对此摇摆不定也证明了这一点。*laco* 在我看来好像是拉丁语的 *lacus*。费斯图斯（Festus）（该动词显然源自 Lacobriga）明确指出了这一点，而在 Flaviobriga 和 Glando-merum 中，我们可以看到本地语和外来语的名字组合。*laco* 可能是一个被罗马人修改了的巴斯克语词。我认为 *langotua* 也是这种情况，这个词指的是"静止之水"。杜里乌斯（Durius）（*Itin.Anton.p*.421.）附近的 Langobrica 和凯尔特人的 Lancobriga 就包含了这个意思（Ptol.II.5.*p*.41.）。在说到兰戈布特斯人（Langobriten）时，普鲁塔克（Plutarch）（*Sertorius*.c.13.）明确提到了多种水域，尽管这些水流曾经可能是流动的并可饮用，但也可能存在其他水流，或者该名字只是表示广义的水流。韦瑟灵（Wesseling）（*ad Anton.Itin.p*.421.）将这个名字转化为 Langobricas，认为这个地方与米拉（Mila）提到的 Lacobriga 是同一个地方，并由此假设了 *Laco* 和 *Lango* 具有相同的含义。但是从普鲁塔克的描述中，人们只能看到这个地方位于卢西塔宁，从山的一侧可以

---

1 在某些手稿中被称为 Lacimurgae，而在其他西班牙地名中也是类似叫法。
2 他把这个名字翻译为"逗留之城""感动之城"或"严厉之城"，据我所知，没有其他哪个地方出现过这样的说法。*Apol.p*.241.

到达。[1] 阿拉瓦（Alava）的一个村庄便叫做 Langarica。

对于 Ilduri 将在下面章节讨论。

Esuris（*Itin.Anton.p.*425.431.*Reichards Karte*.G.c.）源于 *esi*（意为"城墙"）和 *uris*（意为"城墙围着的城市"）。

Il 或 *Ili* 作为词首音节的城市名字如下。而 Iligor 已在上面（第 3 节）提到过。

另外，好些名字中都会同时出现词根音节 *ur*，表示"水"，对此我会酌情合并介绍。

位于贝蒂卡地区的 Ilipula magna 和 minor（Plin.I.137.*p*.16.139.*p*.8.）按照阿斯塔洛亚的说法（*Apol.p.*240.）源自 *ilia* 和 *pulua*，他将其解释为"高峰"，而按照手书词典的解释，这是"积堆"的意思，即 *amas*。这两个词都可以指高山，而前一个城市就位于高山脚下。可能 *ula* 也只是 Ilipa 这个名字的另一种词尾，正如 Deobrigula 源自 Deobriga，Obulcula 源自 Obulcum，Saetabicula（Ptol.II.6.*p*.47.）源自 Saetabis，Turbula 源自 Turba（Liv.XXXIII.44.）一样。

同样位于贝蒂卡地区的 Iliberi（Plin.I.137.*p*.15.），意为"新城"，源自 *berri*，即"新"的意思。它的别名 Liberini 似乎只是简化了巴斯克语发音，但还带有一定的巴斯克语原本的意思。而其他别名则是一种翻译。然而，普林尼提到的那些名字中有很大一部分都与原始名字完全不同，属于另外一种情况，就像 Colonia Accitana 被当时驻扎的罗马军团叫做 Gemella 一样（Halfduin.*emend. ad Plin.Libr.*III.*nr*.XIII.）。所有

---

[1] 哈杜因真的认为普鲁塔克的城市 Langobrites 就是 Lacobriga。楚克（Tzschukke）在 *ad Melam* 第二卷第 3 页、第 22 页中否认了这一点，而在我看来它也未经证实。但是他说："哈杜因告知道"（*quod huc refert Harduinus cet.*），这也是不正确的，因为哈杜因在这里讲的是法卡伊（Vaccaeischen）的 Lacobriga，而梅拉在这里谈论的是位于神圣的高山余脉脚下的 Lacobriga。曼纳特（I.344.）在没有进一步讨论的情况下，把塔霍斯河畔的 Lankobriga 描述为梅特鲁斯（Metellus）所围攻的城市。难道不应该在介绍河流时提一下吗？赖夏德的地图上完全没有标注凯尔特人的 Lancobriga。

这些别名似乎都可以分成这三种类别。

此外，还有伊乐盖腾人[1]Ileosca（Strabo.III.4.*p*.161.），在费雷求斯·帕特库勒斯（Vellejus Paterculus）（II.30.）将其读音改成 Osca 之前，叫做 Etosca。

Elibyrge（*e* 和 *i* 作为词首音节经常混淆），按照赫克特斯（Hecataeus）（Steph.Byz.*h.v.*）的说法，是位于塔特索斯（Tartessus）的一个城市，这可能是最早的相关记载。其词尾似乎是从希腊语 πυργος 变化而来的。

我没有提到 Ilerda 和 Ilegeten，因为无法足够明确地断定其来源。

15.
源于 *ura* 的地名

源自 *ura* 的地名包含"水"的意思。在第 13 节，我们讨论过在 Astures 和 Asturica 中 Ulla（正确写法应为 Ula）的意思。

Ilurci 在第 14 节中讨论过。

巴斯特坦人（Bastetaner）的 Urce（Ptol.II.6.*p*.43.），也称作 Urgis[2]，因为普林尼提到过 *Urgitanus Jims*（I.136.*p*.1.）。

---

[1] 在斯塔拉博（I.470.nr.5.）的巴黎译本中对该名字的正确性提出了质疑。只有彼得·德·马卡（Petrus de Marca）所认为的，Ileosca 和 Etosca 是同一个地方、但与 Osca 不是一回事，是完全可信的。这里我不禁要说，由于在其他地方不存在而去改变以前作者所提到的地名，显得太过粗暴。我认为，葛拉雷努斯（Lorit Glareanus）针对 Livius（XVIII.21.）所说的就非常正确："虽然我不知道有否改动过书写的方式"（quanquam ego haud scio, liceatne ad eum modum emendare libros）。西班牙的名字往往会遇到这种改动。在任何情况下，无论是出于事物本身，还是相较于其他作者的报道，对文章的任何修改都应该极为谨慎，否则就不再是对原作者例证的抄录、而是修改。因此，我无法认同斯特拉博上述看法，我不认为可以把ἐτελεύτα、δὲ νόσῳ 转换为 ἑ. ὒ. ἐν Ὀσκη。

[2] 比较楚克版（Tzschuckische Ausgabe）对 Mela（II.6.*p*.7.）的注释可以发现，沃修斯将 Urgis、Urce 或 Urci 也称为 Murgis。就当前的研究而言，这个问题无关紧要，因为该书也提供了足够的源自 *ura* 或 *murua* 的城市名称的示例。

位于凯尔特伊比利亚的 Urcesa（Ptol.II.6.*p*.46.）。

位于贝蒂卡地区的 Urgia（Plin.I.140.*p*.5.）和 Urgao（Plin.I.137.*p*.15.）。词尾 *ga* 和 *gui* 在巴斯克语中表示否定的意思，所以阿斯塔洛亚（*Apol*. *p*.249.）将这些城市的名字解释为"无水的"。

还有同样位于贝蒂卡地区的 Urso（Plin.I.139.*p*.6.*Strabo*.III.2.*p*.141.），也称为 Ursaon（*Auct. inc. de bello Hisp*.*p*.41.），只有阿皮安（Appian）（VI.16.）称之为 Orson。这个词的词尾就是现在所用的 *za*，表示"丰富""大量"[1]。由于这个城市周边严重缺水，所以人们就放弃了围困城市的想法。但是，正如大家所清楚看到的，这个城市的居民却没有这么缺水。他们那时有足够的水量来抵御围困。该城市相较于其缺水的周边地区水量较为丰富，可能这就是这个城市名字的来历。但是我必须指出，我并不能为这种描述提供足够的证据。因为一方面来说，没有什么地方是没有小溪、小山之类，所以这种情形不能决定一个名字的由来；但是另一方面，提供名字的小河、小山或其他事物总是比较重要，所以才能以此命名，虽然就其本身而言微不足道，不会引起历史学家和地理学家的注意，因而我们不能因为他们没有提及而怀疑这一点。只要能够根据发音来断定该地名来自某一词语，而且这一词语还可以在某种程度上表达地名的含义，这就足够了。根据巴斯克语的派生规则，凯撒（Caesar）的版本（*ed. Oberl*.*p*.763.）从其他方面对 Versaon 和 Ursaon 的变化进行了正确的解释。

西班牙境内的 Urbiaca（*Itin.Anton.p*.447.）和 Urbicua（Livius.XL.16.）这两个名字是纯粹的巴斯克语，我们今天还是这么发音。在这两个名字中含有 *ura* 和 *bi*（意为"二"），第一个词还有本地音节 *aga*，后面一个有形容词词尾 *coa*，在比斯开方言（Vizcayischen Dialect）中

1　阿斯塔洛亚的《巴斯克语的辩护》第 246 页。

读作 cua，指事物的属性。这两个词表示"有双重水域的地方"，它们今天还会出现在一些地名中，例如 Urbina 和 Urbieta 等。就像韦瑟灵所认为的那样，也许这两个地名在同一个地方。

图尔代丹语（Turdetanisch）的 Urbona（Ptol.II.4.*p*.40.）对应的巴斯克语是 ona，即"好"的意思，这一点不会有错。*b* 是否像阿斯塔洛亚（Apol.*p*.247.）声称的那样只是谐音，还是属于另一种词根音节，或者是罗马人所说的本土词，因为意义相同，变成了拉丁语的 bona，这一点就不再进行探讨了。

科尔多瓦（Corduba）附近的 Ucubis（*Auct. inc. de bello Hispan.p*.7.），我认为词首的 u 就是 ura，c 是谐音，ubis 源自拉丁语的后缀 ubera，意为"河中的浅滩"，所以这个地名就是指"可以涉水的地方"。一个与之相似的合成词是今天的地名和姓氏 U-g-arte，意为"水域之间"。所以普林尼（Plin.I.141.*p*.6.）所提到的河流 Uduba 也是这个意思。

含有 ilia（意为"城市"）的复合词中，有普林尼（Plin.I.141.*p*.13.）提到的位于高瑟塔尼亚（Cosetanien）附近的 Iluro，这是公认的正确写法，不过托勒密所谓的 Diluron 不是抄写的错误，而是语言发生了有规则的发音变化。

图尔杜勒人的 Ilurgis（Ptol.II.4.*p*.39.），贝蒂卡地区的 Illurco（Plin.I.138.），这两个词的复合方式和我们上面所说的相同。至于 Ilocum（Plin.I.137.g.）是否是元音发生变化了的另一个名字，对此我表示怀疑，因为 o 在今天的 Lorca 中保持不变。

位于卡尔佩坦地区的 Ilurbida（Ptol.II.6.*p*.46.）源自 ilia、ura 和 bidea（意为"道路"），这个名字表示"水路边的城市"。Iturbida，意为"泉水之路"，我知道这是一个巴斯克家族姓氏。

普林尼将 Illurgavonenses（Caesar.*de bello civili*.I.60.）看作与 Ilergaones 相同，认为可能是因为前者听上去太过原始野蛮，所以对此进行了缩写

（I.141.*p*.6.）。这一说法是正确的，所以这个名字也属于这一类别，和上面所说的 Urgao 相似。其中插入的 *v* 我认为是罗马语。

位于卢西塔宁人的 Verurium（Ptol.II.5.*p*.41.），正如阿斯塔洛亚（*Apol. p*.234.）根据他所熟知的巴斯克语而指出的那样，表示"两个水域之间的地方"，因为 bi（"二"）在词首就变成了 ber，beroguei 就是"四十"的意思，也就是两个二十，bereun 是"两百"的意思，现在有个地方名叫 Beroija，就表示"两个山丘之间的地方"。真的希望阿斯塔洛亚对 Bituris（Ptol.II.6.*p*.48.）也进行了解释。如果不考虑他上述的说明，我认为这个词源自于 bi，以及带有谐音 t 的 ura 或者意为"泉水"的 iturria（第 16 节）。Bi 并不总是、也许在辅音之前不会转换成 ber，下面这些词就证明了这一点：bitan ambat（"再次这么多"）、biderbia（"双倍的"）和 bidertatu（"重复"）。

Solorius mons（Plin.I.136.*p*.8.）根据伊西多（Isidorus）（*Orig*.XIV.8.）[1] 的说法就是 Solurius。今天称为 *Sierra de los Verlientes* 的地方，意为"溪流中的山脉"，就是后面一种写法，源自 ura 和 soloa（意为"草地"），所以这个名字就可能是"湿地中的山"的意思。

通过硬币才为人所知的城市 Ostur（Florez.*Medallas*.III.112.）也可能就是这么来的。Ost- 这个词缀可以通过多种方式派生，最自然的可能是派生自 ostean，意为"在水的后面"[2]，但是这个介词在复合词中习惯于出现在名词的后面，就像 escuostean，意为"在手的后面"，但这种词不多。瓦伦西亚王国（Valencia）现在还有个地区叫 Ostur，它盛产野

---

1 伊斯朵卢斯从它的独特性推导出了这一地名，因为它要高于西班牙半岛上所有其他的山脉，或者说是因为在它上面看到日出的霞光要早于太阳本身（*a singularitate quod omnibus Hispaniae montibus solus altior videatur, sive quod orienti sole ante radius ejus in eo quam ipse cernatur*）。

2 词根音节 atz- 和 ost- 意为"在后面"，这两个语音差异贯穿于该词的所有派生词：atzean、ostean、atzera、ostera、atzitic、ostitic、atzeratu、osteratu、escuatzean、escuostean 等。这与 aitza 和 asta 之间的类比关系相同（第 13 节）。

猪，该地区的硬币也铸有这一动物。巴斯克语将野猪称为 *basa-urdea*，*basa* 源自 *basoa*，意为"森林"，暗示了这一动物。这个城市名字的词尾也可能来自 *urdea*，词首可能源自 *ostoa*，有"叶子""树叶"的意思。

16.
源于 *iturria* 的地名

源自 *iturria* 的地名包含有"泉水"的意思。巴斯孔人的 Iturissa，托勒密写为 Iturisa，但这个名字只有在他那里才完整地保存了下来。词尾 sa（现在写作 za）表示数量（Astarloa.*Apol.p*.246.）。今天在同一地区还有一个名叫 Ituren 的地方（Mannert.I.*p*.377.）。在 *Itin.Anton.* 这本书中，Iturissa 这个地名没有词首元音（*p*.455.），写为 Turissa，这证明了下面这些地名都是从同一个词干派生而来的。普林尼（I.139.*p*.5.）也认为 Tucci 和 Itucci 的区别只在于有否词首字母 i（*Itin.Anton.* 一书第 402 页提到的 Acatucci 也属这一类）。

高卢的（Gallisch）河流 Aturis（今天称之为 Adour）是否属于这种情况，或者它是否是 Durius 的一个干音节，对此将在下面章节进行讨论。

埃德塔尼恩地区（Edetanien）的河流 Turas，也叫 Turias（Mela.II.6.*p*.6.Plin.I.141.*p*.4.Ptol.II.6.*p*.43.Mannert.I.*p*.427.）（作为河流的名字，写作 Turulis"泉水之城"是错误的，因为无法提供正确的推导）。

位于凯尔特伊比利亚南部的 Turiaso（*Itin.Anton.p*.442.），它的词尾 so 含有"美好""纯净"的意思，正如从 osoa"全部的""明亮的""健康的"，以及词尾 suna"卓越"中可以看到的那样（Meine Zusätze zum Mithridates.42.）。[1] 普林尼显然确认了这一派生词，他说，这个地

---

[1] 这个词尾完整的形式是 *tasuna*，但是单独使用时为 *suna*，意思相同。因此手书词典有 *ossasuna* 和 *ossotasuan*，意为"健康"。显而易见，这与 σοoς、σως 有亲缘关系。

方因其水质能增加铁的硬度而闻名。由于铁的质量最主要归因于可使其硬化的水（Just.XLIV.3.），所以这个名字似乎不可能取自一个并不重要的事物。在阿拉瓦有一个名叫 Turiso 的村庄，因而去掉词首元音的地名现在也还是有。

凯尔特人居住的贝图利（Baeturien）有个地名叫做 Turiga，意为"无泉之地（Plin.I.139.*p*.17.）。它的凯尔特语名字是 Ucultuniacum。[1] 普林尼补充说："现在这里是 Turiga（*quae et Turiga nunc est*）。"凯尔特人在移民过程中，随着时间的推移和民族的混合，除了他们语言的那些名字也使用了伊比利亚语的名字。这也是很自然的。

在这里还可以找到以下名字：Turoca（根据其他的手稿又叫 Turrige（*Itin.Anton.p*.430.），位于北海岸的 Turodi（Ptol.II.6.*p*.44.），图尔代丹凯尔特人（Turdetanische Celtiker）的 Turobrica（Plin.I.140.*p*.1.），与坎塔布里亚人居住地区相邻的 Turmodigi（Plin.I.143.*p*.13.），还有 Turdetaner 和 Turduler。但这样的类比过于含糊和笼统。

奥埃纳特（Oihenart）（*not. utriusquc Vasconiae.p*.24.）的 Nementurissa 似乎是一个含有 Iturissa 复合词，但是我不认识，尤其是两个地方都位于瓦斯科尼亚（Vasconia）。但是有一个地方叫 Nemanturista（Ptol.II.6.*p*.48.），只是相似度很低。后者的发音与从硬币上获知的贝蒂卡地区的城市 Nema 相一致（Florez.*Medallas*.III.100.）。

相反，我会毫不犹豫地认为贝蒂卡地区的 Iliturgis（Livius.XXVIII.19.）从 *iturria* 派生而来，并将之翻译为"无泉之城"。但是，根据阿斯塔洛亚（*Apol.p*.239.）的判断，*t* 在这里只是谐音，这个

---

[1] 我得出这个结论，主要是由于 Turiga 显然是一个巴斯克名字，但也借鉴了普林尼对这两个名字的解释。他引证一个城市的原始名字和拉丁语名字时，总是以原始名字为主。由于罗马人较为熟悉的伊比利亚语音在西班牙比凯尔特语音更为常见，所以可以猜想，一个城市中当两个名字都是原始名字时，普林尼会优先考虑他比较陌生的名字，比如 Ucultuniacum。

名字与 Ilurgis（第 15 节）是完全一样的。因此，如果斯蒂芬·比赞廷（*v.Ιλούργεια*）将 Polybius 看作是城市 *Ιλούργειαν*，而阿皮安（VI.32.）稍微改变发音，称作 *Ιλυργίαν*，或者说托勒密之前提到的 Ilurgis 是同一座城市，那么名字的这种改变就是正确的。

但是，在发音相似的情况下要确定有些名字派生自 *nria*、*ura* 还是 *iturria*，往往让人摇摆不定。所以我不敢确定 Baeturia 到底是什么情况。阿斯塔洛亚（*Apol.p*.235.）解释说，它是从带有插入了字母 *t* 的 *be* 派生而来，表示"低地之城"，或者更确切地说，表示"地区"。

17.
从不同的根词衍生出的多个地名

在上文中，我列出了一些可以通过一系列推论得出的地名。其他的名字则比较个性化，无法用巴斯克语的根词加以充分的解释。我将从中挑选以下几种进行探讨。

位于凯尔特伊比利亚（Ptol.II.6.*p*.46.）的 Alaba，其居民称为 Alabanenses（Plin.I.143.*p*.8.），按照阿斯塔洛亚（Astarlos.*Apol.p*.228.）的说法，源自 *ara*、*aria*，意为"平地"，音节 *ba* 表示"低的""宽广的平地"。现在的阿拉瓦省据说当地人称之为 Araba。在伊比利亚地名中有叫 Alba 的，有时似乎是拉丁语词，就像在别名 Urgao（Plin.I.137.*p*.15.）中一样，但有时是 Alaba 的缩合形式。也许瓦杜尔语（Vardulischen）中的 Alba（Plin.I.143.*p*.12.）就是如此，它位于目前的阿拉巴省（Alaba）。在其他名字中，类似的发音可能来自 *alboa*，意为"侧面""紧连的山侧"，类似于德语中的 Halbe（"一半"）。所以按照阿斯塔洛亚（*Apol.p*.229.）的推论，处于西班牙腹地的 Albonica（*Itin.Anton.p*.447.），如果忽略字母 *n*，那就源自 *ica*，表示"陡峭"，整个词的意思就是"处于陡峭山坡的地方"。瓦卡耶人的 Albocella（Ptol.II.6.*p*.45.）无疑具有相同的起源，在 *Itin.Anton.*（*p*.434.）一书中，这个地方读作 Albucella，因为在比斯开方言（Vizcayischen Dialect）中，*albua* 会说成 *alboa*。而这种字母变化在今天的方言中仍然非常常见。后缀 *cellum*（实际上是 *kellum*）[1] 或 *ocellum* 出现在维托人的 Ocellum（Ptol.II.5.*p*.41.）、卢肯塞卡拉伊肯人（Lucensische Callaiker）的 Ocelum（Ptol.II.6.*p*.43.），在 *Itin. Anton.*（*p*.434.）一书中提到的 Ocelloduri，以及阿皮安（VI.47.）举例的稍作改动的 Ocilis 之中。同样，在格拉也阿尔卑斯山区（Grajische Alpen）还有 Garo- 或 Grajoceli（第 26 节），并且在同一地区，但在高卢的测特里奥（citerior），还有 Ocelum（Caes. *de bello Gall*.I.10.）。我不敢贸然判断这个词的来源，因为在不列颠地区也有一个岬角叫做 Ocelum，但这可能是一个凯尔特人的名字。

此外，位于塔霍斯河（Tagus）上的特拉杨桥（Trajanische Brücke）有铭文提到了 Aravi 这个名字（Cellarius.I.58.），它源自 *ara*，意为"平地"。卢西塔宁人有 Arabriga（Ptol.II.5.*p*.41.），因为在从前的西班牙，拉丁语和本地语的词语经常合成名字，所以 *ara* 在这里应该是拉丁语。另外，还有坎塔布里亚人的 Aracillum（Florez. *Medallas*.IV.12.*p*.49.）。在 Aranditaner（Plin.I.229.*p*.12.）这个名字中，*ara* 与 *andia*（意为"大的"）组合在了一起，表示"处于大平原的地方、民族"。按照阿斯塔洛亚（*Apol.p*.230.）的说法，好几个比斯卡亚家族都使用了这个名字。位于安特奎拉（Antequera）和马拉加（Malaga）之间的 Aratispi，其中 *ispi* 非常明显是一个巴斯克语音。[2] 在以 *ar* 为词

---

1 在整篇文章中我按照拉丁语用 *c* 来替代 *k*。其原因主要是，如果使用 *k*，那就要不顾习惯将所有广为人知的拉丁语名字也写成 *k*，如 Kaesar augusta。这显然违反常规。
2 卡特（Caeter）的《从直布罗陀到马拉加的旅程》（*Journey from Gibraltar to Malaga*）（II.147.），尽管卡特的旅途仅包含了西班牙的一小部分，但他的贡献是仔细考察了这些地区所有城市的位置环境，并提供了一些原本仅从硬币和铭文中获得的、但并不知晓的城市名字。我只在他文章中见过的地名有：Aratispi、Cartama、Nescania、Sabora。

首的名字中，例如贝蒂卡地区凯尔特人的 Arunda，Arunci（Plin.I.139.*p*.18.），这样的推论便值得怀疑，因为它们也可能源自 *arria*（意为"石头"）或其他词汇。

巴斯孔人的 Alavona（Ptol.II.6.*p*.48.）表示"好的牧场"，*ona* 表示"好的"，*ala-lecua*（拉伯特方言中为 *alhagoa*），*pacage* 表示"牧场"，*Lecua* 表示"地方"。[1] 如果 *Itin.Anton.*（*p*.444.）提到的 Allobon 是正确的写法，那就含有巴斯克语的根词 *alhor*，即"原野"（奥埃纳特的谚语）。Alone（Mela.II.6.*p*.6.）看起来似乎是同一个名字，但比较一下对梅拉的注释，就可以发现这很可能源自希腊语。但是 Alontigiceli、也许还有 Alostigi（Plin.I.139.*p*.10.），可能是带有地点词缀 *tegui* 的同一个名字。

位于卢西塔宁的 Aritium（Itinp.Anton.*p*.418.），源于 *aria*，意为"羊肉"，这个词便表示"有许多羊群的地方"（Astarloa.*Apol.p*.230.）。

卡尔佩坦地区的 Arriaca（*Itinp.Anton.p*.436.）带有地点后缀 *aga*，源自 *arria*，意为"石头"。如果托勒密（II.6.*p*.46.）提到的 Caracca 是同一个城市，那肯定是对另一种写法 Attiaca 的曲解。这一词尾在今天的巴斯克语名字中非常普遍，也出现在巴斯孔语（Vasconisch）的 Tarraga 中，但其词首音节我无法破解。

根据阿斯塔洛亚（*Apol.p*.232.），位于比图里（Beaturien）的 Arsa（Ptol.II.4.*p*.40.）（按照今天的写法是 Arza）源自 *arria*，表示"丰富"，所以该地名意为"大量石头"。

阿斯塔洛亚（*Apol.p*.232.）同样还解释了 Artigi，[2] 认为其词尾音节应该是地点词缀 *tegui*。但他自己又说，这个词也可以认为源自 *artca*，

---

[1] 我只在复合词中见过的根词 *ala*，在拉丁语中是 *alere*，比如 *lecua locus*。
[2] 对这个名字的解读是有争议的，托勒密提到的 Artigi（II.4.*p*.39.）应该是 Astigis（Mannert. I.*p*.317.）。但是在 *Itin.Anton.*（*p*.416.）中有另一种解读。如果对它们进行比较，就会把 Artigi 看作一个真正的名字，而不是误写。（Reichards Karte.F.e.）

意为"冬青栎"（比斯开方言中是 *artuia*），以及 *egui*，意为"山侧""山角""事物的边缘"，整个词就可以解释为"位于长有许多冬青栎的山坡上的地方"。无论如何，这肯定是巴斯克语的名字。[1]

城市名字 Aspis（*Itin.Ant.p*.401.）也同样毫无疑问是巴斯克语。它的意思好像是"处于深处"。因为在比斯开方言（Vizcayischen Dialect）中，形容词 *aspi-j-a* 和 *aspt-cn-a* 源自 *aspi*，按照阿斯塔洛亚的说法，表示"低的""位于低处的"，而拉拉门迪则改变了写法，将其当作介词 *aspian*。[2] 相关的名字有 Aspavia（*Auct.inc.de bello Hispan.p*.24.）和 Aspaiuca（*Itin.Anton.p*.453.），韦瑟灵认为后者的词缀是拉丁语的 *litcus*。但是，这看起来似乎更像是巴斯克语的 *lecua*，它经常用来构成复合词。

凯尔特伊比利亚人的 Attacum（Ptol.II.6.*p*.46.）、贝蒂卡地区的 Attubi（Plin.I.139.*p*.6.）和 Attegua（Dio Cassius.XLIII.*p*.33.）能联想到 *afca*，指"门"，以及 *atarbea*，指"屋顶"，我觉得这里似乎还有词根音节 *at*。

图尔杜勒人的 Balda（Ptol.II.4.*p*.39.），我不知道词源是什么，但是现在有好几个地方应该都使用这个名字（Astarloa.*Apol.p*.234.）。

---

[1] 在拉拉门迪的文章中找不到 *egui* 一词，但在手书词典中却找到了 *heguia*、*bord*、*montagne* 等词。更经常发生的情况是，用拉伯特方言（Labortanischer Dialect）写的这本词典列出了阿斯塔洛亚用维兹凯语（Vizcayisch）表达的单词，但在拉拉门迪用吉普斯夸恩方言写的词典中却没有出现，这表明，正如我在当地经常听到的那样，相距较远地区的方言在使用个别不常见的词时，相比距离较近地区的方言更为相似，因为相邻地区的方言出于嫉妒而互相排斥。同时，这也表明，受人尊敬的阿斯塔洛亚没有发表他所收集的材料，而这对于全面了解巴斯克语是多么大的损失啊！

[2] 阿斯塔洛亚（*Apol.p*.34.）对 *be* 和 *aspi* 进行了区分。据说前者意为"平坦而宽广的低地"（*baxo superficial*），后者表示"深度"，指一个人被另一个人压住时，身体所处的低位。但这种微妙的差异在语言使用中并没有处处被顾及，因为拉拉门迪说 *cerupean* 就是 *ceruaren azpian*，表示"天空之下"。但是，*Aspi* 和 *azpian* 本身就是 *pi* 组成的（*pi* 与 *pe* 和 *be* 同义）。拉拉门迪的例子证明，*pe-an* 或 *pi-an* 是不可分割的词缀，而 *azpian* 是支配第二格的独立介词。据此，*azpian* 似乎是词缀 *pi* 和名词的复合，构成了一个新的介词。因此在这个名词中有 *as* 和 *az*，也就是还有一个次要概念，似乎表示"压力""填充"，不过这需要对其他词汇进行类比分析，这里就不再赘述了。

贝蒂卡地区的 Balsa（Plin.I.229.*p*.3.）和巴斯孔人的 Balsio（*Itin. Anton.p*.443.）都源自 *balsatu*。这个动词意为"统一"，和 *bildu* 有亲缘关系，常用于主动态和中性态。这个词和地名之间所连接的意思可能是"城市联盟"。然而，同一个动词也可以表达"水"的意思，指水汇合成"沼泽""池塘"（即 *balsa*）（大概西班牙语的 *rebalsa* 就起源于此），因此这些地方可能是根据其位置来命名的。

卡尔佩坦人的 Barnacis（Ptol.II.6.*p*.46.）源自 *barnacoya*，意为"深的"，可能是因为其位于群山之间的深处。*Barna*、*barrena* 表示"在……之内""内部的"，因此它在派生词中有"深处"和"侵入"的意思。

卡拉伊肯人的城名 Barum（Reichards Karte.A.b.）和贝蒂卡地区的 Barca（Plin.I.140.*p*.29.）似乎源自上述根词的另一种形式，即 *barruan*，意为"在……之内"。拉拉门迪将 Barrzimbea 称为 *techo*。这里不应将其理解为真正的屋顶，而是"庇护所"，因为完整的巴斯克俗语是 *echa barrumbea eman*，即"房屋庇护所"。还有 *barruquca*，这个词只有第一个音节属于这种情况，它在巴黎手书词典中虽然解释为"奶牛棚顶"（*toit à vaches*），但也可解释为"安放此物的院子"（*parc à mettre cet*）。但是不容忽视的是，含有一个和两个 *r* 的单词其发音差异很大。按照托勒密的说法只有 Barea 有一个变体叫做 Barria（II.4.*p*.39.）。

其他以 *Bar-* 开头的名字，例如 Barcino、Bardo 等，是否具有相同的来源，暂时不予讨论。确定这些词的派生情况更为困难，因为这些名字中可能还包含了 *barria*（意为"新的"）。

阿斯图里亚语（Asturisch）的 Bedunesier（Ptol.II.6.*p*.44.）由 *be*（意为"低的"）和 *une*、*unia*（意为"地区"）[1] 派生而来（Astarloa. *Apol.p*.235.）。

凯尔特伊比利亚人的 Bilbilis（*Itin.Anton.p*.437.），以及今天的

---

[1] 拉拉门迪认为这个词也没有这个意思。它在手书词典中有这个意思，但是加上了词首字母 *g*，变成了 *gunea*。

Bilbao，毫无疑问都源自词根音节 *pil*、*bil*。从前者可以派生出 *pillatu*，从后者派生出 *bildu*，两者都有"堆积"的意思，但从 *bildu* 中可以引申出"收集""收成""联合""集合""结伴"等意思。这一词源意义最适合用于作为"聚集地"的城市。然而，这两个名称中的第二个 *b*（现在写作 *ba*）是表示"在……下面"的介词，*pilla*，意为"堆积"，在这里可以理解为"山"，因而该名字可以表明该地点所处的位置。而 Bilbao 的确位于山脚。但是也有一个 *bildu* 的派生词叫 *biribillatu*，也有同样的意思，这只是一种对上述名字的强化形式，因为在 *biri* 中仅添加了"转动"和"使圆满"（使之聚成一个球，一个环）的意思。*r* 和 *l* 这两个字母经常可以混用。

韦西塔尼亚人（*Itin.Anton.p*.451.）的 Bortinae 可能是源自 *borda*，即"承租庄园"的意思。但是因为这个词又被写作 Burtina，所以这个名字也可能像卢西塔宁地区的 Burdua（Ptol.II.5.*p*.41.）一样，源自 *burdina*，即"铁"的意思。

在卡拉伊肯人的 Burum（Ptol.II.6.*p*.43.）和 Buresca（这是 Virovesca 较为简单的、听上去像巴斯克语的发音形式）（Ptol.II.6.*p*.45.*Itin.Anton.p*.394.）中，可能包含了 *burua*，意为"首领"，这是隐喻的用法。Buresca 还和 Esken 这个民族的名字有关（第 18 节），而 Eken 是巴斯克人的行政中心。即便不太重要的城市，在不同时期也会以一些小型部落（他们也会使用一些普遍性的名字）的名字命名。

在凯尔特伊比利亚人的 Carabis（Appian.VI.43.）这个名字中，能看出来巴斯克语的 *gara*，意为"高度""山峰"。其词尾是否来自 *bi*，暂不讨论。这个词尾经常出现，例如 Telobis（Ptol.II.6.*p*.48.）。

Caviclum，巴斯克语为 Cavidum（第 11 节），源自 *cabia*，意为"巢穴"。和 *abia*、*habia* 和 *cabia* 一样，这个词中有强化的送气音，但它没有和鸟类有关的附属意思，而只是纯粹表示"接受""包含"，因此类

似于 *χάπτω*、*capio*、*happen* 等。在派生词中，它也用来表示"蜂箱"。

普林尼（Plin.I.136.*p*.16.）提到的 Corensisches Ufer（科伦塞海岸），在其他手稿中称为 Curensisch，我认为这是一个本土地名，它包含了一个同时是巴斯克语和拉丁语的根词。[1] 普林尼提到了这个海岸的弯曲形状，其中 *gur* 和 *cur* 是词干音节，在巴斯克语中（和拉丁语中的 *curvus* 一样）表示"弯曲的"。*in-guru-an*（意为"围成一圈"）和 *ma-curra*（意为"弯曲的"），以及其他几个派生词中，这一点都显而易见。[2] Curgonier，另一种写法是 Gurgonier（Florez.*Medallas*.IV.12.*p*.47.），巴斯孔尼亚地区（Vasconien）的 Curnonium（Ptol.II.6.*p*.48.），还有位于贝蒂卡地区凯尔特人的 Curgia[3]（Ptol.II.4.*p*.40.），这些词都表明了这一词干音节反复出现在伊比利亚地名中。

Conier 这个民族，根据巴斯克语的词源写成 Kyneten 和 Cuneus 似乎更为正确。Cunier（第3节）可能源自 *gun*、*guena*（意为"最后一个"）（Astarloa.*Apol*.*p*.278.），因为他们确实居住在该国的最边缘处。我在词典中找不到该词的这种形式。但是，按照拉拉门迪的说法，Cunier 也叫 *az-quena*，其尾音节好像就是阿斯塔洛亚所说的 *guena*。关于这个名字的

---

[1] 通过比较两种语言可以追溯其共同的根源，这种情况并不罕见。这些词可以分为两类，一类是与希腊语同源，例如 *curvus*、*κυρτος*，一类是希腊语所没有的，例如 *urbs*、*uria*。为了考察来自拉丁语的词源，很有必要研究那些必须从希腊语推断出来的词。对此可与莱茨（Lanzi）在他的《伊特鲁里亚语论文》（*Saggio di lingua Etrusca*）第一章第440页第31节的内容进行比较。只要通读了福斯（Vossisch）《词源学》（*Etymologicum*）就可以发现，人们很快就可以意识到仅仅对这位博学的福斯进行诠释并不能取得进步。在希腊语（这方面的词源研究只能局限于寻找内部类比，以便找到那些难以证明的词）、拉丁语以及拉丁语的衍生语言中进行不同难度的词源考察是研究这些语言历史的一项很重要的前期工作。在当前情况下，可以容易看出 *gur*、*curvus* 和 *uria*、*urbs* 词干相同，正如人们所注意到的，*urbs* 和 *orbis* 之间存在一定的联系。

[2] 请参阅我对《米特拉达梯》的补充词目，其中提到 *gurtu*、*agurea*。在一些硬币中能看到一个不认识的城市 Coere 或 Coero，所以塞蒂尼（*Descriz delle med Isp. Museo Hedervariano*,*p*.5）认为，这座城市留下了名字 *litus Corense*。但是这一假设无法进一步加以证实。

[3] 这个名字是值得怀疑的，因为在有些版本中（Harduin.*ad* Plin.I.139.*nt*.26.）有 Turiga 这个名字。

复合词有Cunistorgis、Cunbaria（可能是为了和另一个名字Baria区分开来，表示"最边上的"）以及Conimbrica等，具体参见第19节。

巴斯孔（Vasconisch）的山脉Edulius（Ptol.II.6.*p*.43.Mannert.I.*p*.375.）可能是由*edurra*（意为"雪"）和地点音节*ola*组合派生而来。按照拉拉门迪的解释，雪是*elurra*，但是阿斯塔洛亚的手稿中，我还看到了其他的表达形式如*euraa*、*erurra*和*edurra*。

卡斯特拉人（Castellaner）的Egosa（Ptol.II.6.*p*.43.）这个名字中，好像有*ego-itza*，意为"逗留之地"，这个词源自*egon*，表示"站着""停留"。按照相同的词源，卡拉伊肯人的Ego-carri（Plin.I.227.*p*.7.）就是"新的逗留之地"的意思。但是，如果河流Ego（Reichards Karte. A.c.）这个名字不是来自这个城市，就不符合这一派生规则。

阿斯图里亚人（Asturer）人的一个分支叫Egurrer（Ptol.II.6.*p*.44.），这个名字会让人想到*egurra*，巴斯克语的意思是"木材"。但是，由于这个词不是用来表达挺立着的、有生命的树木，而是用来指已被砍伐、可供使用的木材，因而对于这一名字是否可以如此推论我心存顾虑。

Esuris的词尾在上文（第14节）已经从词源学角度做了分析。其词首音节我觉得可能与贝蒂卡地区的Escua（Plin.I.138.*p*.1.）[1]和阿皮安（VI.68.）提到的Escadia（*Eἰσκαδία*）相同，当然，前提是这两个名字不是指同一个地方（Mannert.I.*p*.317.）。*Esi-tu*的意思是"包括一个开放的地方"，其中包含了名词*esi-a*、*vallado*，意为"围墙"。如果表示房屋，也必须使用这个名词。尽管没有一本词典这么说，但这表明了*ichi*可以与*esi-tu*类比，而*ichea*、*echea*（意为"房子"）以及*es-*

---

[1] 在我看来，塞斯蒂尼（*descr.delle med.Isp. nel Mus. Hederv.p*.27.）表达了一个模糊的假设，即这座城市可能被称为阿斯库亚（Ascua），而硬币上的Ascui可能是指该城市。他在全文中都没有提到利维乌斯（XXIII.27.）所提及的Ascua这个卡尔佩坦的城市，大概是因为这些硬币是迦太基硬币，而且不太可能在那儿铸造。

caratza（表示"位于房子和火堆前面"）、*es-cortea*（表示"院子"）都源自该词。因为 *caraza* 表示"做某事的机会"，只有和表示"房子"的词合在一起才能获得那种特定的含义。*Cortea* 或 *gortca*（也许是从西班牙语借用的）的意思是"院子""庭院"。因此，相应的派生词就表达了"城市所特有的""房屋内的、围墙而成的空地"这些意思。*Es-cu-a* 的词尾是形容词音节 *co*，在比斯开方言中，该音节与冠词相连成为了 *cua*。*Es-ca-di-a* 中，地点音节是 *di*、*ca* 挂在名词后面，用以表示"和他们一起以及通过他们发生了某些事情"。

位于塔拉科西班牙省（Tarraconensis）南海岸边的 Ildum（*Itin. Anton.p*.399.）源自 *hildoa*，意为"沟壑"。如果相信塞斯蒂尼（Sestini）对所谓的凯尔特伊比利亚文字的破译（*descriz.delle med.Isp.nel Mus. Hederv.p*.157.），那么这座写在硬币上的城市就被称为 Ild-uri，意为"有沟壑城市""农田城市"。

巴斯特坦人的 Illunum（Ptol.II.6.*p*.47.）源自 *illuna*，表示"深色的""黑色的"，也用来表示"多云的天空"。

凯尔特伊比利亚的 Istonium（Ptol.II.6.*p*.46.）源自 *istiha*，意为"小湖""沼泽"（西班牙语是 *charca*）。词尾是 *ona*，或者更确切地说是 *unium*，源自 *unea*，表示"地区""遍布小湖的地方"。

埃斯图林地区（Asturien）的 Laberris（Ptol.II.6.*p*.44.），这个名字我之所以提到，是因为其词尾在上面分析 Ascerris 时（第 13 节）已经介绍。按照阿斯塔洛亚（*Apol.p*.241.）的词源分析，其词首音节源自 *labea*，意为"炉子"，即这个地方遍布炉子，这种说法不太可信。埃罗（*Alfab. p*.282.）说他在一枚铸有不知名文字的钱币上发现了 Otzerri 这个名字，这是真正的巴斯克语，可能指"寒冷的地方"。

Lambriaca、Flavia Lambris（第 24 节）源自 *lamboa*、*lambroa*，意为"细雨""正在升起的雾"（西班牙语是 *bruma*，法语是 *brouée*），

在巴黎手书词典中也被译作 obscurité、nuage。这个名字符合其处于北方山区的地理位置。

卡拉伊肯人的高山余脉 Lapatia（Ptol.II.6.p.42.）由 lapa（意为"岩石上挂着的贝类"）和表示"充盈"的词尾音节 tza 派生而来的（Astarloa.Apol.p.241.）。

拉莱塔尼人（Laletaner）居住的 Larnenses 有条河流叫 Larnum（Plin.I.142.p.1.I.143.p.2.），它和凯尔特伊比利亚的城市 Larna（Reichards Karte.B.g.）都源自 larrea，意为"牧场""草原"，可能这些地区有这样的地方。Larrca 本身源自 larri-tu，表示"生长"，因而表示"秋天"的这个词 lar-azquene 也源于此，指生长的最后一个季节。

贝蒂卡地区的 Lastigi（Plin.I.140.p.1.），虽然我对其词源并不完全确定，但认为它会让人想到 lasta，表示"用于船压舱的沙砾"，或者会让人想到 lastoa，意为"可用于建筑的稻草"，因为 last-ola 指"稻草屋"。其词尾是地点后缀 teguia。

位于卢西塔宁地区的 Lavara（Ptol.II.6.p.41.）源自 lauba，意为"平坦的"，副词 laubrao 就是由此构成的。

Leo-ni-ca 的词尾音节将在第 20 节讨论。词首音节可能是源自 leorra（意为"干燥的""干枯的"）和 lorpea（西班牙语是 tinada）（意为"为牧群在露天建造的庇护所"），或者是源自 leuna，意为"平滑的"。我个人偏向于后者，最为简单，表示"缓坡（ica）上的城市"。

杰斯坦人（Jaccetaner）的 Lissa（Ptol.II.6.p.48.）源自 liz-arra（拉伯特方言是 leiz-arra），意为"茴鱼"。如果不是在伊比利亚还有其他两个叫做 Fraxinus 的地方，一个在卢西塔宁地区，一个在巴斯特坦人居住区（Itin.Anton.p.420.404.），我可能会对这一词源有所顾虑，认为它有点武断。

凯尔特伊比利亚附近的 Lobetum（Ptol.II.6.p.47.）和阿雷巴克人

（Arevaker）的 Lubia（Plin.I.143.*p*.2.）可能源自 *lobioa*，按照巴黎手书词典的解释，其意为"牲口栏"，但也可能源自 *lubeta*，指"堆积的土坝"，或者 *lurra*，指"泥土"。前者对我来说可能性更大一些，因为在最早的时候，城市只是为了保护人和牧群而建造的封闭场所。

Lucentum（Plin.I.141.*p*.2.）如果确实是本地名字的话，可能源自 *lucca*，意为"长的""远的"。而卡拉伊肯人的 Lucenses（Plin.I.144.*p*.10.）是否是本地名字则值得怀疑，因为他们的行政中心被称为 Lucus Augusti。

阿雷巴克斯人的 Malia（Appian.VI.77.*p*.86.），阿斯图里亚人的 Maliaca（Ptol.II.6.*p*.44.）和贝蒂卡地区的 Malaca（*Itin.Anton.p*.405.）都是纯粹的巴斯克语，源自 *mal-carra*，意为"山侧"，其中后两个名字都带有地点词尾 aca。此外，其词干音节分别源自 *malda*（根据巴黎手书词典意为"山丘"）、*malia*（意为"台阶"）以及形容词 *mal-corra*（意为"粗糙的""陡峭的"），指明了这几个名字原本所包含的意思。卢西塔宁地区的 Malceca（*Itin.Anton.p*.417.）可能也属于这一类，但我不知道其词尾是什么意思。

卡拉伊肯人位于西北海岸的河流 Mearus（Mela.III.1.*p*.9.），托勒密（II.6.*p*.42. 参照赖夏德地图标注 *A.b.*）所提到的 Metarus，都源自 *mea*，所以梅拉对其词源的解释应该更为可信。*Mea*（拉伯特方言是 *mehea*）意为"狭窄的""松弛的""空心的"，是"宽广"和"紧密"的反义词，因而表示"精细的""稀薄的"（西班牙语是 *ralo*、*claro*、*angosto*，法语是 *mince*、*menu*）。因为这个词可以包含"空心"和"狭窄"的意思，所以它可以用来表达"矿脉"这个概念，*me-atzca* 就是"矿场"的意思。与此相仿，*mea* 还可以用来表达"一条小河狭窄的河床"。因为在比斯开方言中，*mea* 读作 *mia*，所以卡尔佩坦地区的 Miacum（*Itin.Anton.p*.435.）我认为属于同一个词干，那里可能有丰富的矿场。对于河流 Minius，我想说明，根据发音可能来源相同，mihia 是"舌头"的意思，属于同一个根词，因其形状才如此命名，这个词也可称为 mina, mintza 便来源于此。阿斯塔洛亚（Astarloa.*Apol.p.*254.）对 Minius 这个名字进行了同样的推导，唯一的区别是，他说他在第二个音节上发现了缩小词尾 ño。对于从 me 到 mi 的变化，他提到了今天还在用的几个名字。

Moron[1] 和 Morosgi（Plin.I.227.*p*.2.）来自 *morutu*（是 murua 的元音发生了变化）。由此构成的名词 *mortua* 用来表示"山峰"，而且是"最高峰"。巴黎手书词典把这个词翻译为：Monts Pyrénées（法语：比利牛斯山脉），同时还加上了形容词：*mortuco chirripac, les sources d'eau ès hautes montagnes*（法语：高山上的水源）。如果拉拉门迪认为 *mortua* 是"荒野"的意思，那么这就是一个引申的意义。因此，这些名字源于其所在山区的位置。Morosgi 的词尾音节 *gi* 很常见，如果要对 *s* 进行单独解释的话，那么 *s* 可能是 *z* 的第二格。

位于贝蒂卡地区的 Munda（Plin.I.139.*p*.7.），以及位于卢西塔宁地区与其同名的河流（I.c.228.*p*.18.），还有 Mundobriga，都源自 *munoa*，意为"山丘"。在拉伯特方言中，这个词称为 *monhoa*、*monhua* 或 *montoa*，所以如果将其写为 Monda 也是对的。[2]

卡尔佩坦地区的 Murus（*Itin.Anton.p*.446.）很容易被认为是拉丁语词，Mansion（豪宅）这个词就由此而来。但是在其他明显本地名字（第

---

1 这个只在斯特拉波（III.3.*p*.152.）文章中出现过的城市，人们对其所处的位置颇有争议。曼纳特和斯特拉波的巴黎译者根据斯特拉波的上下文，认为该城位于塔霍河边，只是曼纳特指出了斯特拉波的两个版本（a.Aufl.I.328.*n*.Aufl.I.346.）将其置于不同的地方。在赖夏德的地图上（F.c.）该城市位于阿纳斯（Anas）河畔。可能他认为，正如斯特拉波所说的那样，这个城市只能位于罗马政治家布鲁图斯（Brutus，公元前 85—公元前 42 年）战胜卢西塔宁人的地方，而不是卢西塔宁人的居住地塔霍河畔。但奇怪的是，斯特拉波的说法很不明确。

2 巴斯克语表示"山"的词形式繁多，仅和 m 结合的词干音节就有 *mal*、*mul*、*men*、*mon*、*mun* 等。考虑到源自希腊语的拉丁语词源 *mons* 很不确定，人们也非常倾向于认为这是巴斯克语。

14节）中也出现了 *mur* 这个音节，阿斯塔洛亚（*Apol.p*.242.243.）[1]认为其源自巴斯克语的 *murua*，意为"山丘""山峰""土堆"。他从他所在的省份引用的很多地名和姓名都带有这个词干音节，便更让人对此深信不疑。Murgis（Plin.I.137.*p*.1.）也属于古伊比利亚的名字，它位于贝蒂卡地区的东端，按照阿斯塔洛亚（*Apol.p*.242.）的说法，这个名字的意思是"无山之地"。而 Murboger 则表示"坎塔布里亚人的邻居"（Ptol. II.6.*p*.45.）。

与上面提到的 Flavionavia（第5节）相关的是卢肯塞人的河流 Navilubio（Plin.I.227.*p*.7.）。如果其词尾音节的拼写方式是正确的，这个词就会让人联想到巴斯克语的 *lubeta*，意为"堤坝"。简化词根还出现在位于同一地区的河流 Nabius 这个名字中（Ptol.II.6.*p*.42.）。

在西班牙有好些名称由罗马语和本地语共同组成，坎塔布里地区（Cantabrien）的 Octaviolca（Ptol.II.6.*p*.45.）是其中之一。词尾 *ol* 是巴斯克语的地点词尾（Astarloa.*Apol.p*.79.），表示 Octavius 这个地方。在卢西塔宁地区的城市 Tribola（App.VI.62.*p*.67.）这个名字中，词尾 *ola* 完全没有发生变化，我不知道为什么曼纳特把它写成了 Tribala。同样，这个词缀可能还构成了贝蒂卡腹地的城市 Obucula 的词尾（*Itin.Anton. p*.413.），阿皮安（VI.68.）将其称为 Oβόλκoλα。阿斯塔洛亚（*Apol.p*.243.）勉强地认为其词首音节源自 o（表示"高度"的词干字母）和 *be*（意为"低矮的"），*beecua* 就是由此派生而来，表示"低矮的东西""位于高地和低地之间的城市"，这样一来，就好像这个城市不叫 Obucul，而叫 Obecula。而今天的城市名 Obecola、Obecuri 说明不了什么，因为这些

---

[1] 他在这里提到，拉丁语的 *murus* 来自于巴斯克语。事实上，*murua* 不仅仅表示"山丘"的意思，按照拉拉门迪（*v.teso*）的说法，它还有"大量"（*moles*）的意思，按照手书词典则表示"成堆"（*monceau*、*tas*、*pile*）。但是，认为其源自希腊语的 *murus* 是不正确的，因此巴斯克语和拉丁语的词汇很可能具有共同的词干。同时，认为这是在巴斯克语中的拉丁语单词也不太可能，因为许多巴斯克语名字和其他一些词都有音节 *mur*，所以不能认为它是外来词的音节。

名字的主要元音发生了变化。伊比利亚名字中常见的词尾 *ulo*、*ula*、*uli*（最后这个并不源自 *uria*）完全可能就是 *ola*，因为即便在今天的方言中，*o* 和 *u* 也经常被混淆。例如 Baecula、Baetulo、Barbesula、Bastuler（人）、Bergula（Ptol.II.6.*p*.47.）、Calucula（Plin.I.139.*p*.8.）、Carbula（Plin.I.138.*p*.7.）、Castulo（河流）、Singulis、Turbula（Ptol.II.6.*p*.47.）、Turduler（人）[1] 和 Varduler（人）等。的确，用这种方式解释这些名字中的任何一个都需要格外谨慎，因为有些名字的词尾也可能源自拉丁语，可能是缩小词尾（参见第 14 节 Deobrigula 等词）。只有在名字的其他部分是巴斯克语的情况下，才能明确认为这个名字是本土的，例如巴斯特坦人的 Abula（Ptol.II.6.*p*.47.）这个名字就源自 *abe*、*abia*，按照阿斯塔洛亚（*Apol.p*.73.228.）的解释，表示"森林""灌木丛"（*bosque*），所以这个名字就是"森林之地"的意思。阿斯塔洛亚没有提到 Abula，但是通过将高山余脉 Abarum（Ptol.II.5.*p*.42.）与现在的名字 Abaroas 和 Abaroteguis 进行对比（*21.v.Avarus.*），[2] 他认为（*Apol.p*.228.）这个名字从 *abia*（意为"稀疏的森林"）、*abia* 和 *arua*（意为"分开的""不茂密的"）派生而来。

如果 *pinua*（"云杉"）不是晚期才在当地使用的拉丁语词语的话，那么处于瓦卡耶人地域的 Pintia（Ptol.II.6.*p*.45.*Itin.Anton.p*.40.）可能就源于此，卡拉伊肯人的 Pinetus 也是如此（Ptol.II.6.*p*.44）。

Caesar augusta 古称 Salduba（Plin.I.142.*p*.10.），这个名字可能源自 *saldoa*，意为"绵羊或山羊群"，而词尾可能源自 *ubera*，意为"河

---

[1] 值得注意的是，图尔杜勒人和图尔代丹人的关系就如巴斯特尔人和巴斯特坦人（Mannert.I.*p*.287.418.）的关系。

[2] 拉拉门迪对 *abea*（吉普斯夸恩方言）只是解释为"支柱"。手书词典用 pilier（法语：支柱）来解释 *habea*（拉伯特方言）。再加上阿斯塔洛亚用比斯开语进行的解释，这个词指的可能是一棵高而细的树。该词的意思和其发音一样，让人想到拉丁语的 *abies*，这又是一个很难进行词源分析的词。

中浅滩"（参见第 15 节 Ucubis），因为该城市位于 Iberus 河畔。贝蒂卡地区[1] 还有一条河流和一座城市叫 Salduba（Ptol.II.4.*p*.39.Plin.I.136.*p*.20.Mannert.I.*p*.308.）。如果 Cordula、Calduba 和 Onuba 这种写法更为准确，正如硬币上所显示的那样（Florez.*Medallas*.II.510.III.104.），那么位于图尔代丹地区（Turdetanien）（Ptol.II.4.*p*.39.）的这些地名是否也具有这一词尾，对此我不敢贸然确定。阿斯塔洛亚（*Apol*.*p*.244.）认为 Onuba 源自 *oňa* 和 *ba*，意为"山丘脚下"。

河流 Sanda（Plin.I.227.*p*.3.）源自 *zana*，意为"水流"，与"河床"自然相关。阿斯塔洛亚（*Apol*.*p*.256.）将其看作了 Sanga，因把这个名字错误地解释为"没有水流的河"，他是被 *ga*（意为"没有"）所误导，理解成了"没有支流"。位于坎塔布里（Reichards Karte. A.f.）的河流 Saunium（Mela.III.1.*p*.10.），其名字的前面部分可能也属于这种情况。巴黎手书词典也把 *sauia* 看作是 *zana* 的同义词，所以这也可以用来解释贝勒朵人（Pelendonen）的城市 Savia（Ptol.II.6.*p*.45.），它可能位于一条小溪边。但是，既然该民族经常将 *sauia* 与 *zana* 混用（德语中 Spannader 也源于此），而 *zana*[2] 也有"神经"的意思，我就不敢确定 *saitia* 的意思到底是哪一种。

卡拉伊肯人的河流 Sars（Mela.III.1.*p*.8.），以及 Sarabris，很可能源自 *saroya*，意为"森林"。如果 Sarabris 的词尾源自 *berri* 这种说法是错误的，那么可以认为是从 *sar*（意为"进入"）派生而来，因为同一个动词还有"占有"的意思，所以这个地方被称作"新的定居点"。

位于贝蒂卡地区的 Selambina 似乎表示"位于两个平原之间"，该地

---

[1] 阿斯塔洛亚（*Apol*.*p*.199.）认为这个名字源自 Zaldia，意为"马"，并将其与 Zaldibar 进行比较，后者西班牙人也称之为 Saldua。关于拉丁语词源 Sal 参见第 20 节。

[2] 这里会让人想起德语单词 Sehne（肌腱）和 Zain（枝条）。巴斯克语 *zana* 的另一种形式为 *zaina*。

名源自 *bi* 和 *celaya*，意为"平原"。所有以 *Sel* 开头的地名可能都是源于此。

按照拉拉门迪的说法，*Cerra* 意为"支柱"，巴黎手书词典将其解释为"山丘"。因此，拉拉门迪据此推导出了西班牙语单词 *cerro*，该词同时兼有上述两种含义，并确实无法用拉丁语来进行解释。如果这一说法是正确的，巴斯克语的 *cerra* 更应该算是西班牙语，那么贝蒂卡地区的 Seria、Serippo 和 Serpa 的词源就不言而喻了。

位于奥莱塔地区的 Silpia（Livius.XXVIII.12.）可能源自 *ciloa*，意为"洞穴"，指"位于深谷的地方"。同样情况的还有塞斯蒂尼（*descriz. delle Med. Isp.nel Mus. Hederv.p.*206.）提到过的一个卢西塔宁的城市 Silbis。*Flumen Silicense*（*Hirtius de bello Alexandrino.p.*57.）这个名字无法确定，也可能不是出自巴斯克语。

拉莱塔尼人的 Subur 位于一条河边（Ptol.II.6.*p.*43.），它和位于同一地区的河流 Subis[1] 虽然都会让人想到 *zubia*，意为"桥梁"，但这一类词源一直都难以确定。

Talabriga 和 Talamina 的词尾虽然好像都源自凯尔特语，但这并不影响这些名字的其他部分来自巴斯克语。巴黎手书词典中保留的 *tala*、*excidium* 和 *sylvarum* 都很适合用于表达创建新的定居点。位于卢西塔宁的 Talori（*Cellarii not.orb.ant.*I.58.）这个名字中的音节 *Tal* 可能和 *uria*（意为"城市"）有关，只是其中的 *u* 后来变成了 *o*。我们很多地方的名字都带有"砍伐森林成平地"的意思。

位于贝蒂卡地区的 Tingentera（Mela.II.6.*p.*9.Mannert.I.*p.*302.Reichards Karte.H.e.）这个名字可能来自非洲海岸。否则就很难从中看出巴斯克语的根词 *tinca*（意为"牢固的"）。

---

1 关于这条河的存在、名字及位置都很不确定。赖夏德在地图中（C.n.）提到了两个地名：Subur 和 Subis，还提到一条河流的名字 Subis。可以和曼纳特（a.Ausg.I.399.n.Ausg.I.433.）以及楚克（Tzschuckisch）版对梅拉（II.6.*p.*5.）的注释进行比较。

18.
巴斯克人、比斯卡亚人、西班牙人和伊比利亚人名字的词源

对于当前的研究而言，弄清巴斯克人以前和现在的名字从何而来也非常重要，所以在这里我想就它们的词源单独进行讨论。

Basoa，意为"森林""灌木丛"，是一个根词，Bastitaner 或称 Bastetaner，以及他们位于塔拉科西班牙南海岸（Tarraconensische Südküste）的城市 Basti（*Itin.Anton.p.*401.）就是由此而来的。这个城市的名字可能源自 *Bas-eta* 的缩合词，意为"森林地区"，形容词 Bastitaner 或 Bastetaner 就由此构成。托勒密（II.6.*p.*47.）将其解读为 Basitania，其简化根词出现在卡斯特拉人的城市 Basi（Ptol.II.6.*p.*48.）之中。位于巴斯孔尼亚（Vasconien）的 Bascontum（Ptol. II.6.*p.*48.）源自 *baso-coa*，意为"森林"。Vasconien 和 Vasconen 这两个名字也可以用这种方式推导。[1] 但奇怪的是所有以前的作者都使用 *V* 或者 *Ua* 写这个词，而都不用 *B* 这个字母，就连托勒密也是如此，虽然他提到过 Bascontum 这个词。但是这一词源还无法解释真正的本土名字。因为今天的巴斯克人不是自称 *Basocoac*，而是 *Euscaldunac*，称他们的国家为 *Euscalerria*、*Eusquererria*，称他们的语言为 *Euscara*[2]、*Eusquera*、*Escuara*。在这些词中 *aldunac*（源自 *aldea*，意为"方面""部分"；*duna* 是形容词

---

1 Astarloa.*Apol.p.*200.Meine Zusätze zum Mithridates.S.7.§2.
2 无论如何，在 *Eusc-ara* 这个词中绝不包含"语言"这个含义。语言或方言是 *hiz-cuntza*，源自 *hintza*，意为"词语"；*min-tzoa* 源自 *mihia*、*miña*，意为"舌头"。结尾 *ara* 作为一个独立词并不常见，但可以作为词干音节或词缀构成其他词。这样表达的意思是，某事物以某种顺序与其他事物发生某种关系。所以 *ara-uz* 就是"根据""依据""按照"的意思（西班牙语是 *segun*，拉丁语是 *secundum*），例如 *orren-arauz* 就是"根据这个""因此"的意思，而 *ar-alde-tu* 是"追随"（参考上文提到的 *aldea*）、"根据某一方行动"的意思，还有 *ara-ua*，意为"规则""关系"。因此从字面上看，*Euscara* 意为"根据巴斯克语""按照巴斯克语的规则"，*Er-d-ara*（下文即将讨论）意为"根据这个国家""按照这个国家的特点"。*Era* 只是一种不改变意义的发音变化形式。

词尾，c 是复数标记，整个词表示"属于某一方面""某个部分")、erria、ara 和 era 只是辅助音节。这些词的词根是 Eusc 或 Esc。在现在的语言中该民族的本土名字叫做 Eusken 或 Esken，[1] 因而没有理由可以认为他们在古典时期没有使用同样的名字。至于现在那些外语作者是否将其写成 Vasconen，或者源自 basoa 的 Esken 是否只是表示巴斯克人的一个部落，这些现在都很难确定。我们无法想象 Eusc 和 Esc 这两个音节来源于 basoa。相反，与这一词根有关的是 Vesci（Plin.I.137.*p*.16.）和 Vescelia（Liv.XXXV.22）这两个城市名字，以及 Vescitanien 这个地区名（Plin.I.142.*p*.12.）。因为 Osca 这个城市位于这一地区，这个州可能就以此命名，所以 Osca 似乎和巴斯克人名字中的根音节 Eusc 和 Esc 相同。Osca 在西班牙地名中非常重要。除了刚才提到的，还出现在两个地方，一个在图尔杜勒人（Tulduler）的居住区（Plin.I.138.*p*.1.），另一个位于贝图利地区（Ptol.II.4.*p*.39.）。此外，该名字可以与其他音节组合构词：Ileosca、Etosca（第 14 节）和 Menosca（Plin.I.227.*p*.2.），其中 Menosca 源自 *mendia*，意为"山"，指名为 Osca 的山，位于瓦尔杜人（Varduler）居住区[2]。另外，作为姓氏，奥特里贡人（Autrigonen）的 Virovesca（Buruesca）（Plin.I.144.*p*.3.）也并不陌生。最后，在比利牛斯山脉另一侧，在伊比利亚的阿基坦地区（Aquitanien），Auscii 是那里的一个主要民族。梅拉（Mela.III.2.*p*.4；*ibique interpr*）所提到的它的首府 Elimberrum 也证明了这一来源。它和西班牙的 Illiberis 一样，表

---

[1] 为保持一致，在德语中也应该将 Eusken 民族称为 Vasken 民族，这两个名字区别很小，Vasken 这个称呼听起来更顺耳，自斯罗彻（Schlözer）在德语中使用该名字以来，它听起来也不显得那么陌生了。关于这个国家不同地区居民的名字，可参见我对《米特拉达梯》的补充，第 8 页。

[2] 利维乌斯（XXII.20）将其读作 Honosca。所以这个名字在各个手稿中都没有被提到要归功于作为编者的利维乌斯。见"Gronovii 的信。利维乌斯改变了其中的地理名字"（*Gronovii epist. in quibus multa T.Livii loca geographica emendantur*）第三卷第 21 页。

示"新城"。¹ 虽然相较于 Elimberrum 人们更倾向于 Climberrum 这种写法²，但从巴斯克的词源和手稿所提供的证据来看，前者似乎更为正确。但对于 Osquidates (Plin.I.226.*p*.6.) 是否也属于这种情况却值得怀疑。阿斯塔洛亚（*Apol.p*.244.）对 Euscara 的根音节完全避而不谈，但很不幸，他认为 Osca 从 *otsa*（意为"喧闹""荣耀之城"）派生而来。在此能够揭示 Osca 这个名字与今天巴斯克人的古地名之间可能存在的联系，我已知足。然而，我对那些古地名真正的词源还心存疑虑，这里只是一种尝试，希望其他精通该语言的人能够做出判断。Eusi 是一个动词，意思是"狗叫"。但这个词只有拉拉门迪提到过，且只是在关于一些词的单音节解释的附录中，如 *Eusi*、*ladrar*；*Eusia*、*ladrido*。动物吠叫的特殊意思（顺便说一句，和其他语言一样，西班牙语中也可引申为"大声喊叫"和"吵架"）在这里就不必误导大家了。这个词原本的意思很可能只是"声音""声响"和"喊叫"。这是语言要坚守的意思，而不是个人的一些用法。声音和喊叫很自然要通过送气元音来表达，所以巴斯克语的"叫喊"是 *cia-gora*、*auhen-a*、*oju-a*，而嘴巴，从张开到发出声音，就是 *ao-a*。Eus- 含有"说话"和"语言"的概念，于是巴斯克人就将这一普遍概念应用到了他们自己语言之中，因为他们只会讲母语。所以 Eus-c-ara 的意思是：根据语言的种类，也就是本地语，是带来好运的语言（κατ ἐξοχήν）。人们很自然地以自己特有的语言称呼自己，正如 *cusi* 和 *otsa*（意为"声音""噪音"）词出同源，Eus-c-aldunac 和 Os-ca 这两个名字也有亲缘关系。没有人会质疑阿斯塔洛亚的语言类比知识，他在这里，如上所述，用 *otsa* 来解释 Osca，这对我的推导帮助

---

1 在西班牙的城市名中，以 *Ili* 开头的名字也经常以变体 *Eli* 出现。其中 *m* 是由希腊人或罗马人根据其发音习惯插入的。但是巴巴罗（Barbaro）根据梅拉把 *berris* 混淆成了 *briga*，并将其解释为城市，这是完全不对的。

2 赖夏德在他的高卢地图中也这么认为。

很大，他只是弄错了意思。Osca 这个名字与整个伊比利亚民族都有着广泛的联系，这可以从利维乌斯提到的欧西亚（Oscisch）银币（*argentum Oscense*）上获证。奇怪的是，弗洛雷斯（Florez）在某种程度上也已经感觉到了这一点。事实上，他的说明非常有道理（*Medallas*.II.520.），认为利维乌斯从罗马统帅（XXXIV.10.*p*.46.XL.43）带回罗马的大量银币上不可能都看到带有 Osca 这一标记。他同时指出，在伊乐盖腾人的区域不存在银矿，而只有一个使用该名字的知名城市，但在贝蒂卡地区却有很多银矿，因而在 Osca 这个省发现的钱币并不来自西班牙的这一边，而是另一边。此外，弗洛雷斯还驳斥了罗马人带来的银币是在 Osca 铸造的说法，这一观点在他之后获得了更多的佐证，塞斯蒂尼（*Descriz. delle med.Isp.nel Mus.Hederv.p*.78.175.）就指出，真正来自 Osca 的钱币只存在于罗马皇帝时代[1]，所以无法知道之前是否就有铸有 Osca 字样的钱币。根据弗洛雷斯的说法，罗马人将 *argentum Oscense* 视为所有国内的、以及带有本国文字的伊比利亚钱币，而 *bigati* 才是外国钱币。的确，这种推论很有可能，有人可能会以此为证据而认为西班牙的罗马人会将这种文字称为 Euscische、Oscische（巴斯克语的）文字。对于 Osca 这个城市而言，不管它有多好，都不可能成为所有来自西班牙钱币的集散地。因而任何据此而推断这种银币名字的尝试都是一种牵强附会。弗洛雷斯认为古伊比利亚字母与意大利欧西亚（Oscisch）字母十分相似。这可能是这一问题的根源。但他可能没有注意到，Osci 这个名字的形容词不是 *Oscensis*，而是 *Oscus*。[2]

我还必须指出，*Eusc-al-dun-ac* 一词也与 "语言" 有着非常密切的

---

1 指公元前 27 年至公元 284 年的古典文化的经典时期。（译者注）
2 由于同样提到了意大利的 Osci，或者更多的是对这两个名字完全不恰当的混淆，导致了安东尼奥·奥古斯丁（D. Antonio Augustin）用 "古老" 来解释 Osca 这个城市名字，而不像弗洛雷斯所说的那样，只要指出词源就可以了。

联系，而表示这一概念的另一个词是 *Er-d-al-dun-ac*。前面一个指"讲巴斯克语的人"，后面一个是"讲外语的人"。然而，从拉拉门迪的文章《外语与浪漫》（*lengua estrangera und Romance*）所作的比较中可以清楚地看出，这里指的并不是任意一种外国语言，而是巴斯克人最为熟悉的外语，也就是所谓的罗曼语族的一种语言，西班牙比斯开湾人称它为卡斯特语（Castellanisch），法国的巴斯克人称之为法语。因而，*erdara* 一词原本根本没有"陌生的"这个意思，这个词由之前提到的 *ara* 和 *erria*（意为"大地""土地"）和居间插入的谐音 *d* 组成。最初它的意思是"一个国家的语言"，就像手书词典将其翻译为 *langue du pais* 一样，因为 *Romance*（罗曼语族）确实是西班牙和法国使用的语言。只是比斯开湾人和巴斯克人用自己特有的民族语言来反对这一国家通用语言，才出现了上述相对立的词。因此，拉拉门迪将该词有时候解释为 *lingua peregrina*（朝圣者语言），有时候又解释为 *lingua Hispaniae vernacula*（西班牙母语）。所以无法从这种互相对立的词汇中推导出 *Euscara* 的原本含义。

根据发音，今天的地名 Biscay 或者 Vizcaya，对应的是位于伊洛高尼亚（Ilergaonien）的 Biscargis（Ptol.II.6.*p*.47.）或者 Bisgargis（Plin.I.142.*p*.5.）。按照阿斯塔洛亚的说法（*Apol.p*.236.），今天还有类似的地名存在，他认为 Biscargis 源自 bizcarra，意为"山丘"。[1] 在这个词中，*arra* 是词尾，根音节是 *biz*，与 *caya*（意为"事物"）一起形成了 Vizcaya 的词源，所以这个名字的意思就是"山丘之地""山区"，这一分析比我在阿斯塔洛亚那里逗留期间从他论文上读到的词源解释要好得多，阿斯塔洛亚认为这个地名源自 *bitsa*（意为"泡沫"）和 *caya*（意为"海湾"），从而将这个名字解释为"有很多泡沫的海湾"。

---

1 拉拉门迪没有提到该词，而手书词典仅给出了其引申含义，即"脊柱""背脊"。

在我看来 Hispania 这个名字的由来似乎还不清楚。按照阿斯塔洛亚的看法（Apol.p.194-197.），西班牙语的写法 España 是原始形式，源自 Ezpaña，巴斯克语的意思是"嘴唇""贴边""事物的最外层"，因其位于海边、为于欧洲尽头而得名。但这种说法不太可能，因为其西班牙语的形式只是对早期拉丁语的一种改变。我也不知道还有什么可靠的解释，只是想说明，巴斯克语中有些单词是以 isp 为词首的，而在比斯卡亚语中还有一些这样的地名，如 Ispaster，这让人想起普林尼提到的（Plin.I.138.p.3.）位于贝蒂卡地区的 Ipasturgi，同时，普鲁塔克（Sertorius.c.11.）也提到过一个名叫 Spanus 的卢西塔宁人。词首音节 His- 在伊比利亚地名中只有 Hispalis，按照伊西多（Orig.XV.8.）的说法，之所以叫这个名字，是因为其出于沼泽地，并建在木桩之上[1]。这一词源解释和上面提到的 Solurius mons 一样，说明不了什么问题。在翁布里亚（Umbrien）还有一个名叫 Hispellum（Plin.I.171.p.7.）的地方。

Iberien 这个名字通常认为来自河流 Iberus。不管人们是否想到了伊比利亚人的迁徙或者他们的居住地，但如果说伊比利亚人及其领土恰恰是根据这条河流命名的，这样的可能性却微乎其微。这个名字要么源自这个民族，要么有一个与这块土地的名字所不同的词源。在伊比利亚西北端的河流 Ibia（Mela.III.1.p.9.）和仅由[2]利维乌斯（XXVIII.21.）提到过的城市 Ibis 中出现了简化根音节。该城市的位置虽未标明，但根据文章的上下文推断，可能位于新迦太基（Neu Carthago）附近。此外，属于这种情况的还有斯蒂芬·比赞廷提到的 Ibylla。可能追溯到词源的巴斯克语词是 *ibilli*，意为"去""远足"；*ibeni*，意为"放置""增加"；

---

1 a situ cognominata est, eo quod in solo palustri suffixis profundo palis locata sit, ne lubrico atque instabili fundamento caderet.
2 塞斯蒂尼（descr.delle med.Isp.nel Mus.Hederv.p.156.）自认为也在一枚硬币上发现过这个名字。但这一名字书写使用的是所谓的凯尔特伊比利亚字母，而且读法不一样。

ibarra，意为"山谷"；*ibaya*，意为"河流"。阿斯塔洛亚认为（*Apol. p.*253-254.），河流 Iberus 这个名字就是源自最后一个词，以及 *eroa*、*erua*，意为"泡沫多的""激烈的"。同样不明朗的还有 Iberer 这个名字与上文所探讨的 Eusken、Vasken 之间的关系，因为讲巴斯克语的人现在使用 Vasken 这个词时，表达的是该词的普遍意义。但是，仅凭这一点还不可能证明所有伊比利亚民族都称自己为伊比利亚人。事实上这也是不太可能的，更能为人接受的是，很久以前某一部落的名字在外族人那里成为了一个具有普遍性的名称。

19.
古伊比利亚地名的词尾

到目前为止，我们讨论的名字其组成元素都是我们所熟悉的，只是有时添加了一些其他成分。现在，我将逐个探讨那些仅仅是词尾或词首音节显示其巴斯克语起源的名字，并将其归类为巴斯克语地名。

伊比利亚名字中常见的结尾是 *uris*（已在第 14 节进行了探讨）、*briga*（下面会具体讨论）、*ba* 和 *pa*、*tani* 和 *tania*、*gis*、*ula*（第 17 节）和 *ippo*。

如前面讲到的 Astapa（第 13 节）和 Alaba（第 17 节）所示，词尾 *ba* 和 *pa* 表示"处在低处的"，或者"处于某物脚下"。但是，有时候 *ba* 也可以另外组词，例如 Salduba（第 17 节）。除此之外，以 *ba* 作为词尾的地名还有以下这些：Adeba（*Ptol.*II.6.*p.*47.）、Alaba、Astapa、Ilipa、Nolipa（Liv.XXXV.22.）、Norba、Serpa（*Itin.Anton.p.*426.）、Menoba。在最后这个地名中，*ba* 前面有元音 *o*，表示"高度"。现在还有叫 Oba 的地方。

阿斯塔洛亚认为，*tani*、*tania* 这两个词尾完全可能源自地名后缀 *eta*，所以总是读作 *etani*、*etania*。总体而言，这种说法在某种程度上是错误的。不仅他所谓的音节 nus 和 nia，而且 tanus 和 tania 也都可能属于外来词尾，并且确实经常如此。从 Toletum 变成了 Toletanus，就像从 Beneventum 变成了 Beneventanus。根本想不到是 eta，这个形容词词尾也可以出现在一些名字中，罗马人用 is（Bilbilis、Bilbilitanus、Arandis、Aranditani）、ia（Belia、Βέλεια、Belitani）或者 i [Astigi、Astigitanus（Plin.I.139.p.3.）、Acci、Accitani] 构成这些名字。[1] 在根词不含 t 的情况下，词尾 tanus 就源自来希腊语形容词 ίτης（Priscianus[2]. I.2.Ed. Putsch.p.593.）。然而比较确定的一点是，与其他国家相比，西班牙以 tani 和 tania 结尾的民族名字和地名要多得多，只能这样解释：这些名字的结尾中加入了 t，而这正好是一种本地词尾。埃德坦人（Edetaner）的 Hedeta（Ptol.II.6.p.47.）这个名字中，eta 毫无疑问是词根音。根据阿斯塔洛亚的词源分析，我认为很有可能的这一类名字有：Ausetani、Authetani（带有咝擦音 ϫ），源自 autsa，意为"灰尘"，因而表示"尘土之地""干燥之地"（Apol.p.207.234.）；Bastetani（第18节）、Bergistani、Carpetani，则源自 gara（意为"高的"）和 be（意为"在脚下"），因而指"位于山脚下的地区"（Apol.p.208.）；Cerretani、Characitani、Contestani、Cosetani、Edetani 或 Sedetani、Exitani、Lacetani 或 Jaccetani、[3]Laletani、Lacetani（这个名字可能是前面一个的错写，Mannert.I.p.434.）、Lusitani，这些词源自 lucea，意为"长的""延伸的""大的"（Apol.p.212.）；Oretani 源自 o（表示"高地"），谐音 r 和 eta，就像现在的地名 Oregui 一样，源自 o 和 egui，即"山角"的意思（Apol.p.211.）；另外还有 Suessetani（Livius.XXXIV.20.）和 Turdetani。在这里我没有列出那些明显是罗马语构成的城市名，例

---

[1] 这些以 i 结尾的地名在西班牙城市名中很常见，详见施耐德的《拉丁语形式学》第143-145页。
[2] 普里西安是公元6世纪的古罗马拉丁语语法学家。（译者注）
[3] 阿斯塔洛亚（Apol.p.210.）没有考虑发音，认为两者都派生自 Jatza 和 Latza。

如 Accitani、Ossigitani、Toletani 等。

词尾 *gis* 的词源已经在上文探讨。这一词尾音节要么源自 *teguia*，其中地点词尾 *egui* 表示"角落""偏僻之地"（第 17 节），要么源自剥离词缀（privative Affixe）[1] *ga* 或者 *gui*（第 15 节）。在上面的已经提到的以 *gis* 结尾的名字中，我还要补充 Oringis，并且由于构成的相似性，还有 Conistorgis（Appian.VI.57.），包括位于西班牙西南端的 Anitorigis 或 Anistorgis（Livius.XXV.32.）。这些词的词尾显然是 *urgis*，意为"无水"，原因可能是尽管离河流很近，但是会缺乏水源。曼纳特（I.343.）对音节 *Coni-* 与地名 Conier（第 3 节）或者 Cuneer（Appian.I.c.）[2] 进行了比较，他认为 *Ani-* 源自 Anas。在斯特拉波（I.402.*nt*.3.）的最新巴黎译本中，他怀疑这两个名字都是指同一个城市。Coni-mbrica 也让人想到 Conier。

对于词尾 *ippo*，我不知道巴斯克语有什么可能的词源。在西班牙有两个名叫 Hippo 的城市，一个位于贝蒂卡地区（Plin.I.138.*p*.1.），一个位于卡尔佩坦地区（Livius.XXXIX.30.）。还有另外两个位于非洲，其区别只在于词性，他们的名字不像伊比利亚名字那样是阴性的（feminina），而是阳性的（masculina）。无论是西班牙还是非洲的这一名字都可能源自希腊语，并可能与此相关：即许多西班牙和非洲城市的硬币图案中都有一匹马，而在巴斯克语名字中我找不到明确包含"马"（zamaria、zaldia）的名字。但有的以 *sal* 开头的名字（第 17、20 节）可能源于此。[3] 以 *ippo* 为词尾的词有：Acinippo、Belippo（*Itin.Anton.*

---

1 指那些表示"没有""缺少"，也就是否定意义的词缀，德语中如 de-、ent-、un-、miss-、-los、-leer、-frei。（译者注）
2 塞斯蒂尼也表达了相同的观点（*descr.delle med Isp.nel Mus.Hederv.p.*24.），他从库纳人（Cuneer）向乌尔吉斯（Urgis）的迁徙推论出了城市名字的由来。同样，他解释了硬币上的名字 Cun-bar-ia。但是，由于维托人也有一个城市具有同样的词尾，即 Sibaria（Reichards Karte.C.d.），因此这种观点几乎没什么可信度。
3 后面将会讲到，阿斯塔洛亚在 Celtiberia 这个词中寻找词首 *sal*。

p.410.）、Baesippo、Basillipo（*Itin.Anton.p*.410.）、Collippo（Plin.I.228.*p*.6.）、Irippo、Ventippo（Florez.*Medallas*.II.474.*p*.617. 这两个名字只出现在钱币和铭文中）、Lacippo、Orippo（Plin.I.138.*p*.10.）、Ostippo（*Itin.Anton.p*.411.ibique interpretes）、Serippo（Plin.I.140.*p*.1.）、Ulysippo。值得注意的是，这些地名中，大多数位于贝蒂卡地区的和少数位于卢西塔宁地区的城市都靠近大海，也就是都位于外族人的主要定居地区。只有卡尔佩坦人的城市 Hippo 是个例外。

20.
按照词首音节对古伊比利亚地名的划分

下面，我将不再费心考虑伊比利亚地名中每一个词首音节的词源，而只是对那些多个地名所共有的词首音节逐个进行考察，因为它们可能就是能和其他单词相结合的词干音节。这样的总结对于今后的研究应该是有所裨益的。

Ar- 和 *Al-* 源自 *ara*（意为"地面"）、*arria*（意为"石头"）、*artea*（意为"沙洲"）、*aria*（意为"羊肉"）等。这样的名字有：Alaba、Alavona、Alone、Alontigiceli、Alostigi、Arabriga、Aratispi、Aravi（第 17 节）、Arcilacis（Ptol.II.4.*p*.39.）、Arcobriga（可能是源自拉丁语的 *arcus*）、Areva 和 Arevaci（Plin.I.40.*p*.28.）、Uxama Argellae、Arialdunum（Plin.I.137,17. 这个词的词尾在后面的章节会谈到）、Ariorum montes（*Itin.Anton.p*.432.ibique interpretes；原为"牧群"的意思，后来可能形变为 Mariorum 和 Mariani）、Aritium（第 17 节）、Arocelitani（Plin.I.142.*p*.15.）、Arriaca、Arsa、Artigi（第 17 节）、Aruci（Ptol.II.4.*p*.40.）、Arucci（*Itin.Anton.p*.427.）、Arunci、Arunda。

As- 这个音节和 *ats-*、*atz-* 以及 *az-* 一样,属于巴斯克语中常见的词首音节,构成了大量的词汇。例如在第 13 节介绍过的:Ascerris、Asido(Plin. I.139.*p*.2.)、Asindum(Ptol.II.4.*p*.39.)、Aspavia、Aspis、Asseconia(*Itin.Anton.p*.430.)、Asso(Ptol.II.6.*p*.47.)、Asta、Astapa、Astigi、Astures。

Bae- 或 *Be-*,这两种写法在手稿和铭文中通常都能见到。*Be-* 和经常提到的 *ba* 意义相同,是一个巴斯克语词汇中常见的词首音节。阿斯塔洛亚(*Apol.p*.250.)将其解释为"深的""低的",并认为河流 Baetis 就由此派生而来。由此可能会想到缺少了一个 *i* 的 *Ibaya*,意为"河流"。但是,以此对以 *Bae* 开头的其他名字进行解释还为时过早,因为首先必须确定 Baetis 是否真正属于本土名字。其他的河流名字还有:Tartessus、Perces、Certis 等,而后面两个都是本地名字(第 3 节)。Certis 这个名字好像是凯尔特伊比利亚语,因为凯尔特伊比利亚人有个名叫 Certima 的城市。但是西班牙的凯尔特人部落中也有纯粹的伊比利亚名字,因此,Baetis 是否不同于凯尔特语的 Certis,而是伊比利亚人的名字,尚值得怀疑。而 Certis 可能来自贝图利的凯尔特人居住区,也可能是外来名字或者来自布匿语(Punisch)。对于这种说法,有人可能会说,普林尼就曾说过(Plin.II.621.*p*.26.),在他生活的时代,在西班牙还有汉尼拔(Hannibal)[1] 开采的银矿,并由发现者命名,例如 Bebelo。与此相一致,几乎所有带有词首音节 *Bae* 的名字都位于南海岸或其附近的地区,这也是腓尼基人和埃德坦人最常到访的地区。只有托勒密(II.6.*p*.44.)提到的属于卡拉伊肯人的 Baedyi,以及位

---

1 Hannibal Barkas(公元前 247—前 183 年)是卡特格(karthagisch)的战略家和将领,属于古典文化时期最伟大的统帅之一。在第二次普尼希战争中(公元前 218—前 201 年)曾多次大败罗马帝国,并在公元前 216 年的卡内战役(Schlacht von Cannae)中几乎导致其走向灭亡。(译者注)

于与贝蒂卡地区相交界的奥莱塔的 Baecula（*VV.dd.ad Polyd*.X.38.*p*.7.）是例外。与此类似，如果写法无误，我还得提一下 Baenis，斯特拉波（III.3.*p*.153.）认为这是 Minius 的别名（Neueste Pariser Uebers.I.443.*nt*.2.Schweighäuser zu Appian.VI.71.*p*.58.）。但是可以猜想，这些含有 *bae* 或 *be* 的地名中，有些是本土名字，但也有一些源自外来语。除了上面已经列出的，这类地名还有：Baebro（Plin.I.137.*p*.17.）、Baecor、Baelo，这个名字在钱币上写作 Bailo（Florez.*Medallas*.II.635.）、Baesippo、Belippo（Plin.I.140.*p*.6.）、Besaro（I.*c*.）、Baetulo、Baeturien。

Bar- 是一个常见的巴斯克语的词首音节，如 Barbesula、Barcino、Varduli、Bardo（Liv.XXXIII.21）、Bardyetae（第 3 节）、Βαρεία（参见第 160 页脚注 2 和 Ptol.II.4.*p*.39.），因为这个名字几乎不可能是希腊语。而 Bargiacis（Ptol.II.6.*p*.45.）、Bargusii、Barnacis（Ptol.II.6.*p*.46.）这些名字可能的词源是：*barria*（表示 *berria*，意为"新的"）、*barrutia*（意为"范围"）、*brarena*、*barna*（这两个词意为"在……之内"）、*baratu*（意为"停止""停下""停留"）。

Ber- 为 *bi* 的变音，是 *berria*[1] 的词干，意为"新的"，已经在上文（第 15 节）探讨过。以此为词首音节的地名有：Vergentum（Plin.I.138.*p*.10.）、Bergidum、Vergilia、Bergium、Bergula[2]、Bernama（Ptol.II.6.*p*.47.）、Berurium。这里我再补充一些以 *bi* 作为词首音节的名字：Biatia（Ptol.II.6.*p*.46. 其中 *atia* 是"门"的意思）、Bibali、Bigerra（这里会让人想

1　*ber*（"两个"）、*bercea*（"另一个"）和 *berria*（"新的"）显然是密切相关的词。
2　和这些名字非常相似的是今天位于比斯开湾的 Bergara。

到今天的 Bigorre，意为"有两个高地的地区"[1]、Bituris（第 15 节）。在第 23 节讲到 Medobriga 时，也会与 *Ber-* 开头的名字进行比较。以 *Bel-* 开头的地名，只要是巴斯克语，就可能是源自 *belaüa*，意为"山谷"。

Cal-、*Gal-*，这两个音节构成了很多真正巴斯克语的单词，尽管这些单词的词源在我看来并非确凿可信。这样的词有：Calduba、Cala、Calenda、Callaici、Callet（Plin.I.140.*p*.6.）、Calpe；其中最后一个名字以及这种类型的其他一些名字，由于地处高山余脉的危险地带，可能源自 *galdu*（意为"毁坏"）和 *caltea*（意为"损害"）。

Car- 和 *Gar-* 是常见的词首音节，在许多情况下表示"高度"（第 19 节）。这一类词有：Caracca（Ptol.II.6.*p*.46.）、Carabis、Caranicum（*Itin.Anton.p*.424.），因为词尾的关系，这些词可以和 Albonica（第 17 节）、Leonica（Plin.I.142.*p*.14.）和 Caecilionicum（*Itin.Anton.p*.434.）[2] 进行比较。还有 Carbula、Carca（Ptol.II.6.*p*.47.）、Carcubium（*Itin.Anton.p*.445）、Cares（Plin.I.143.*p*.1.）、Carissa（Ptol.II.4.*p*.39. 其词尾表示"充溢"，现在一般写作 *za*）、Caristier（如果用巴斯克语词尾 *eta*，就写成了 Crieter；Plin.I.143.*p*.14.）、Carmona、Caronium（Ptol.II.6.*p*.43.）、Carpesii（Mannert.I.*p*.385.）、Carpetani、Carteja。属于同一类

---

1 在 *Bigerricae pallae*（粗糙的围巾；*Menage v. Bigerrique*）一词中，Bigerricae 源自 Bigorre，即其产地，这里元音出现了混乱。埃罗（*Alfab.prim.p*.206.）碰巧提到过来自 Gili 这座城市的硬币，吉普斯夸恩语的 *ili* 一词（意为"城市"），在拉伯特方言中通过送气音变成 *gili*。他还补充道：白天有人将 *erri*，表示"人"，说成了他们的 *gerri*，表示"所有者"（*asi como en el dia para decir erri, pueblo, pronuncian sus poseedores gerri*）。按照这种方式，阿基坦地区的 Bigerriones，甚至贝蒂卡地区的 Bigerra，由于不知道古方言的分布，可能都源自 *erria*。但是词首音节 *bi* 不符合此意。此外，要特别注意 *g* 在拉波特方言中的优先顺序。在我的参考资料中，我没有发现 *ilia* 和 *erria* 中出现过这个字母，在当地，我也只听到过 *hiria* 和 *herria* 这样的读音。但是 *unea* 这个词（意为"地区""国家"）在巴黎手书词典中被解释为 *gunea*；据说在舍勒（Soule）这个小地方，这一写法很常见。上面提到的城市 Gili，塞斯蒂尼（*descriz delle med. Isp.nel Mus.Hederv.p*.150.）也写作 Cili，他认为这个地方是卡拉伊肯人的分支策林人（Ciliner）的行政中心。

2 这些名称的词尾音节 *nica* 和 *nicum* 可以认为是拉丁语词尾，当然并不完全确定。同时，*n* 是在巴斯克语中经常插入的谐音。

词族并表示同样意思的还有 *gara*，又写作 *gora*。由此我推测还有：Corbio（Livius.XXXIX.42）、Corduba、Coru（高山余脉）。

Men-，又写作 *Maen*，与 *Be-* 和 *Bae-* 情况相同，*Men* 是很多巴斯克语词汇的词首音节，主要含义为"权力""武力""高度""山"，巴斯克语的完整表达是 *mendia*。而其中表示"山"的这个意思更适合用来做地名。这样的名字有：Mendiculea（Ptol.II.5.*p*.41.）、Mellaria 或 Menlaria、Menoba、Menosca、Menlascus（河流）、Mentesa 或 Mentisa。阿斯塔洛亚（*Apol. p*.242.）认为凯尔特伊比利亚人的 Mediolum（Ptol.II.6.*p*.46.）源自 *mendia*，也就是说，和今天的很多地名一样，这个名字也可以叫做 Mendiola。但他并没有说明省略 *n* 是出于什么原因。

Ner- 在巴斯克语中是一个少见的词首音节，在地名中却有所出现。这种类型的名字有 Nertobriga，这个名字出现过两次；Nerium 和 Nerier，以及 Nerva（河流）。除了最后一个名字，其他都属于凯尔特人和凯尔特伊比利亚人的地名。

Or- 可以算作巴斯克语中最常见的词首音节，而词首元音 *o* 源自 *oña*（意为"山丘"），也是 *gora* 和 *goia*（意为"高的"）的主要词根音，因而在与谐音 *r* 结合时，其本身也经常用来表达"高度"这个意思。现在还有很多带有 *o* 的地名，例如 Oiz、Oienguren、Oienarte、Oion、Oizate、Oinaz、Oba、Oca、Oña、Oñate、Orio、Oguenau 等。如果将以下古地名与这些名字进行比较，那么我们就会看到语言的相似性：Obila（Ptol.II.5.*p*.41.）、Oeaso（高山余脉）、Orcelis（Ptol.II.6.*p*.47.）、Oretani、Orippo、Ortospeda（山脉；Ptol.II.6.*p*.43.）或者最好写成 Orospeda（*Strabo*.III.4.*p*.162.），这个名字的词尾可以和山脉 Idubeda 的词尾进行比较，这两者都完全是巴斯克语，*o* 表示"高的"，*r* 是谐音，*os* 是真正的巴斯克语音节，可能源自 *otza*（意为"冷的"）或者 *otsa*（意为"声音"），*iduna* 表示"脖颈"，是一个和山脉相

关的隐喻，*be* 是词尾。另外还有 Oria、Oringis、Orgenomesci（*Hard. ad.*Plin.I.227.*p.*5.），这些名字的前面部分和今天的 *O-guen-a* 一样，指"最后的高地"，例如 Orniaci。曼纳特（I.419.）还提到了一个叫 Orisser 的民族，同时以西西里岛一个叫狄奥多罗斯（Diodorus）的一个地方作为证据（XXV.ecl.*p.*2.）。但是，正如现在所读到的那样，那里并不是有一个民族叫这个名字，而是有一位叫 Orisson 的国王。当然，就目前的研究而言，这两者的意义是一样的。无论是一个民族的名字、还是国王的名字，都表示"居住于群山之中"。而后一种情况证明了，即使在古典时期，也和现在的比斯开湾一样，专有名字出自住所。这是一种习俗，当一个民族已经放弃了游牧生活，但仍然分散居住、还没有汇聚在城市中时，这一习俗就会普遍存在。[1] 我们通过希腊人和罗马人所认识的西班牙的那个时代，尽管分散居住和共同居住这两种形式并存，但是分散居住在西班牙内陆地区以及那些未与耕作民族（Pflanzvölker）混杂的原住民居民中占有主导地位。在伊比利亚专有名字中也有一些基于个人特征的名称。例如 Indortes（Diod.I.*c.*）毫无疑问源自 *indarra*，意为"强大的"。

由于希腊人和罗马人，尤其是后者，除了 *s* 之外几乎没有其他字母可以表达一些最为特殊和最为困难的巴斯克语语音，因此 *ch*（*tsch*）、*ts*、*s*、*tz* 可能都写作 *s*。为避免词源解释太过宽泛，下面我只对巴斯克

---

[1] 法特在他最新的书作《古老的普鲁士语言》中，根据文献整理了古普鲁士名字，对此可以做同样的说明。其中很多名字都来自住所，甚至可以认为是居住的房子将其名字转嫁给了居住的人（S.147）。另外，揭示一种几乎不为人知的语言是一件非常快乐的事情。任何研究过日耳曼—斯拉夫语系有关语言的人都会惊喜地发现，编写关于古普鲁士语言的语法和词典所遭遇的困难都能由此迎刃而解。我曾经很认真地研究过立陶宛语，这一经历促使我相信，通过研究日耳曼—斯拉夫语言，我们也可以更好地认识到斯拉夫语言与希腊语以及那些由希腊语衍生而来的语言之间的联系。日耳曼—斯拉夫语言似乎更加忠实地保留了它们共同的源始语言所具有的特征，我不认为它们是后来才产生的斯拉夫语和德语的混合物。从这方面来看，法特的书作对于语言学而言意义重大。

语中的 s 和 z 进行探讨，而将其他工作留给西班牙本地人，他们具有更为深厚的语言知识，也就更适合去做进一步的研究。以 sal 和 zal 作为词首音节的巴斯克语单词 *saldu*（意为"卖"，因为城市是自然而成的市场）、*saldoa*（意为"牧群"）和 *zaldia*（意为"马"）可以作为地名的词源。下面提到的这些地名并不一定具有上述词源，但它们读音相近。那我就列出以 sal 为词首的名字：Sala（Ptol.II.4.*p*.39.）、Salacia、Salaniana（也写为 Salmana、Salamana；*Itin.Anton.p.*427.）、Salaria、Salduba、Saleni（Mela.III.1.*p*.10.）、Salia（河流；ib.）、Salica（Ptol.II.6.*p*.46.）、Salionca（Ptol.II.6.*p*.45. 该名字词尾听上去也非常像巴斯克语，其中 ona 表示"好的"）、Salmantica（另一种写法就是上面的 Salmana），此外还有 Nemanturista（Ptol.II.6.*p*.48.）、Septimanca（*Itin.Anton.p.*435.）、Almantica（Reichards Karte.F.i.）、Termantia 以及 Numantia[1] 可以用来比较，再有河流 Salo（Martialis.X.103.*p*.2.）和 Salsus（*Auct.inc.de bello Hisp.c.p.*7.）、Saltiga（Ptol.II.6.*p*.47. 其词尾也是典型的巴斯克语）。不仅是河流 Salsus，而且还有这里提到的其他一些名字，可能全部或者部分地源自罗马语，表示"盐泉"。同一个名字在一个地方可能是这个意思，在另一个地方却是另外一个意思。因而很有可能，地中海边的 Salduba（Plin.I.136.*p*.20.）这个名字，按照卡特（Carter）的说法（I.256.）是由于那里到处都是盐泉。与此相反，认为位于西班牙腹地的凯撒劳古斯塔（Caesaraugusta）那里的古地名具有相同的词源，却是值得怀疑的。

---

[1] 此处目的仅在于为以后的研究列出读音相近的地名。埃罗（*Alfab.p.*174.）认为 N-umantia 源自 n（他认为表示"高度"）和 *umantia*（意为"沼泽""湖泊"），所以这个地名就表示"水边位于高处的城市"。但是，只要与非常相近的地名 Termantia 相比较，就可以发现上述词源不太可能。所有上述地方（Almantica 和构词不太一样的 Nemanturista 除外）都位于凯尔特地名（第 23 节）所在地区，或许它们本身就是凯尔特语的地名。在西班牙之外，只有匈牙利的 Celmantia 听上去差不多，这引起了我的注意。

Se- 是一个非常常见的古西班牙地名的词首音节。在巴斯克语中，如果加上了 *ce*（如 *celaya*，意为"平地"），这个音节也经常出现。然而，带有这一音节的名字却很难找到词源，即便是阿斯塔罗亚也没有对此提供词源例证，也没有对此说明原因。我觉得特别陌生的是以 *Sege-* 和 *Segi-* 为词首的地名。我不知道这样的巴斯克语词汇。Sebendunum（Ptol. II.6.*p.*48.）、Secerrae（*Itin.Anton.p.*395.）、Segeda（似乎和 Segida、Segestica 和 Segobriga 是同一个词；Mannert.I.*p.*403.）、Segisa（Ptol. II.6.*p.*47.）、Segisama、Segisamum、Segisamunclo、Segobriga、Segovia（在 Ptolemaeus.II.6.*p.*46. 中为 Segubia），最后这个词可能会让人想到巴斯克语中的 *gubia*（意为"曲线"）和位于现在的 Segovia 附近的水道。但是，这一地名在罗马人建造水道之前已经存在，而托勒密所提到的 Segubia 并不是现在这个地方，而是指出现在 *Itin.Anton.* 一书中所提到的地名（Mannert.I.*p.*398.）。此外，还有 Segonitia、Seguntia、Selambina（Plin.I.137.*p.*1.）、Selensis、Selia（Ptol.II.4.*p.*39.）、Sepelaci（*Itin. Anton.p.*400.）、Sepontia（Ptol.II.6.*p.*45.）、Seria（Plin.I.139.*p.*15.）、Serippo、Setabis、Setelsis（Ptol.II.6.*p.*48.）、Setia（Ptol.II.4.*p.*39.*c.*6.*p.*48.）、Setida（Ptol.II.4.*p.*39.）、Setisacum（Ptol.II.6.*p.*45.）、Setortialacta（Ptol.II.6.*p.*46.）。

Tar- 和 *Ter-* 是巴斯克语中极少出现的词首音节。可举例的名字有：Tarraco、Tarraga、Tartessus、Termantia、Termessus。

21.
个人的名字

　　巴斯克语的一些其他遗迹可以在人名和姓氏中找到。当然，这一类名字要少得多。这样的名字有的明显源于巴斯克语，而有的则完全或部分地和地名相一致。特别是和高卢名字相比，它们的发音在整体上是巴斯克语的。这些名字常见的词尾有 -*marus*（Civismarus、Induciomarus）、-*rix*（Ambiorix、Cingetorix）、-*dunus*（Conetodunus）、-*vicus*（Litavicus），它们对现在的西班牙而言完全是陌生的。要确定凯尔特伊比利亚人名字的特征，只对少量现有的词进行比较是不够的。由于所有这些伊比利亚名字都散布在不同作者的文章中，所以我在这里按字母顺序对其进行了排列，但有待进一步增补。我还从西利乌斯·伊塔利库斯那里选取了不同于那些明显是外来语起源的名字（如 Phorcys、Aconteus）。正如人们从 Mandonius、Indibilius 等名字中所看到的，他经常选择使用历史名字。而他本人是否具有西班牙血统，以及他是否会当地语言，这些都令人高度怀疑。但不可否认的是，他为一个比赛选取了 Burrus 这个非常合适的名字，这个名字源自 *burruca*，意为"比赛"。

　　Abilyx 是萨贡特人（Saguntiner）（Ptol.III.98.）。*Abia*，巴斯克语中表示"灌木丛"。与此相关的城市名字是 Abula（第 17 节）。

　　Alco 也是萨贡特人（Liv.XXI.12.），这个名字可能源自希腊语。利维乌斯通过对比也表明了这一点：Saguntinum 的 Alconem 在西班牙语中称为 Alorcum（*Alconem Saguntinum et Alorcum Hispanum*）。此外，还有一个凯尔特伊比利亚的城市 Alce（Liv.XL.48.），其中 *al* 在巴斯克语中是根音节，意为"强大""勇气""果敢"，因而 *al*、*ahal*（意为"能够"）、*ahala*（拉伯特方言，意为"力量"），以及吉普斯夸恩语（Guipuzcoanisch）中表示相同意思的 *alaidea*，这些词的前缀都含有这个意思。凯尔特伊比利亚的这个城市名可能也是由此而来。

Aletes 是银矿的发现者，因此受到了神圣般的崇拜。新迦太基附近的一座小山以他的名字命名（Ptol.X.10.），毫无疑问，这是一个外来名字。

Allucius 是凯尔特伊比利亚人（Dio Cass.*Ed.Reim*.Vol.I.*p*.26.*fr*.58.*nr*.2.），与此相关的城市名字是 Lucentum、Ilucia（Liv.XXXV.7.）。

Alorcus 是萨贡特的西班牙人（Liv.XXI.12.）使用这个名字的城市与此相关的城市名字是 Ilorcum（第 15 节）。

Amusitus 是奥泽塔纳人（Ausetaner）（Liv.XXI.61.）。

Andobaless 是因第比利斯家族（Indibilis）的名字。

Ambo 是凯尔特伊比利亚人（App.VI.46.）。如果人们将 Ambiorix 以及 Ambiani、Ambivareti、Ambarri 这三个部落名字与高卢语中的 *Ambacti* 相比较，会发现 Ambo 源自高卢。据此推断，从硬币上发现的城市 Amba（*Sestini descriz.delle med.Isp.nel Mus. Hederv.p*.22.）可能是一个凯尔特名字。

Arauricus 来自科尔多瓦地区（*Sil.Ital*.III.403.）。

Arganthonius 是塔特索斯的国王（Herodotus.I.163.）。该名字可能已经历多次更改。

Attanes 是图尔代丹人（Liv.XXVIII.15.）。

Avarus 是努曼特人（Numantiner）（App.VI.95.），这是一个彻彻底底的巴斯克语名字。该词的词源在上面讨论 Abarum 时已经涉及（第 17 节关于 Octaviolca）。

Audax 是卢西塔宁人（App.VI.74.）认为这完全是罗曼语发音的说法非常值得怀疑。

Ballarus 是维托人（*Sil. Ital*.III.378.）。

Besasis 这个名字出现在巴斯特塔尼（Bastetanisch）的图跛城（Turba）被围期间（Liv.XXXIII.44.），这个名字可能与 *besoa*（意为"胳膊"）

有关。*bes-cona*（意为"武器"）就源于此，表示"就近使用武器""用手臂进行搏斗"。

Bilistages 是伊乐盖腾人（Liv.XXXIV.11.）。

Budar 也被称为 Besasis。

Burru 是卢西塔宁人（*Sil. Ital.*XVI.560.）。见上文所述。

Caesaras 是卢西塔宁人（App.VI.56.）。这个名字可能是外来词。

Caraunius 是努曼特人 Rhetogenes 的别名（App.VI.94.）。*Cara* 意为"高度"。Rhetogenes 这个听起来不像巴斯克语的名字（第 10 节）可能就是他的凯尔特语名字，除此之外，他还有一个伊比利亚语名字叫 Caraunius，由 *gara*（意为"高的"）和 *unea*（意为"地区""土地"）组成，表示"高地"。

Carus 是来自塞格达地区（Segeda）的凯尔特伊比利亚人（App.VI.45.）。如果该名字为本土语，则源自 *gara*。

Caucaenus 是卢西塔宁人（App.VI.57.）。这个名字来自 Cauca 这个城市。

Cerdubellus（Liv.XXVIII.20.）和其他的一些西班牙常见名（*Hispani convenae*）都出现在卡斯图洛地区（Castulo）；但这一所在地不能证明其起源。名字的结尾 -*bellus* 似乎是凯尔特语，词首与凯尔特伊比利亚的 Certima（第 3 节）相似。

Colichas（Ptol.XI.20.）根据利维乌斯（XXVIII.13）不同版本的论著和手稿，可以写成 Colchas、Colcas、Culcas 等形式，有时还在前面加一个 s，写成 Scolchas。他曾统治贝蒂卡地区。

Connobas（App.VI.68.）。

Corbis（Liv.XXVIII.21.）这个名字来自苏埃塞塔尼（Suessetaner）的城市 Corbio，源自 *gora*，意为"高的"。

Corribilo，又称 Corbilio，这个名字来自西班牙这一边的城市

Litabrum（Liv.XXXV.22.）。

Ditalcon 是卢西塔宁人（App.VI.74.）。

Edeco（Pol.X.34.），按照巴斯克语的派生规则，利维乌斯（XXVII.17.）将其写成 Edesco 不太对。这两个词的初始音节是 Edetaner（埃德坦人）这一名字的词干音节，词尾是巴斯克语中常见的形容词词尾（第15节）。虽然没有明确说明他是埃德坦人，但是依据上下文中对他的描述却很有可能，因为他似乎曾经统治过与塔罗克（Tarroco）相邻的地区，同时波利比乌斯（Polybius）也这么认为。

Galbus 是卡尔佩坦人（Liv.XXIII.26.），这个名字好像是凯尔特语。Galba 也是一个比利时国王的名字（Caes.*de bello Gall*.II.4.），*galba* 在高卢语中意为"一个非常肥胖的人"（Suet.Galba.*p*.3.）。

Gargoris 是塔特斯人（Tartessier）最古老的一位国王（Just.XLIV.4.）。根据巴黎手书词典的解释，*garia* 表示"薄的""瘦的"，*grele* 指纤细的上半身（grele，*mince de corsage*）。

Glagus（第11节）。

Habis 是经常被遗弃并能奇迹般获得营救的伊比利亚的特立帕图勒姆（Triptolem）[1]（Just.XLIV.4.），因为他在森林中和鹿一起生活，所以他的名字源自 *abea*，意为"灌木"（第17节）。在比斯开方言中这个词叫做 *abia*，在拉伯特（Labortanisch）方言中（尽管意思有所不同）叫做 *habea*，因此完全可以进行语言类比。

Hilermus，另一种读法是 Hilernus（Liv.XXXV.7.），此人在一次与瓦卡耶人、维托宁人（Vettones）以及凯尔特人的战斗中被提到过。*Hiltcea*（拉伯特方言），意为"杀死"；*Ermua* 今天还是比斯开湾的一个地名；*ernatea* 表示"唤醒"。

---

[1] 在希腊神话中，Triptolem 是农耕和文化的传播者。（译者注）

Ilerdes（*Sil. Italicus*.XVI.567.）可能只是由原文作者西里乌斯按照城市 Ilerda 这个名字构成的。

Imilce 来自卡斯图洛地区，是汉尼拔的夫人（*Sil.Ital*.III.106，Liv. XXIV.41.）。这个名字较之伊比利亚语更像是布匿语。西里乌斯（Silius）认为这是希腊名字 Milichus 的形变。

Indibilis 来自伊比卢斯地区（Iberus），在利维乌斯的著述中（XXVIII.24.），有一处被视为路策坦人（Lacetaner），而在另一处被视为伊勒盖腾人（Ilergete）（XXIX.1.但这一解释有问题），还有提到说他曾和苏埃塞塔尼人（Suessetaner）一起与罗马人作战。波利比乌斯（III.76.*p*.7.）称其为 Andobales，也许是源自 *andia*，意为"大的"。与此相关的城市名字是 Intibili。

Indortes 来自贝蒂卡地区（第 20 节）。

Indo（*Auct.inc.de bello Hispan.p*.10.）。好多巴斯克语的单词都以 *ind*- 开头，*indarra* 表示"强大的"，*indea* 表示"疼痛"，等等。

Istolatius 来自贝蒂卡地区（Diod.XXV.*Ed. Bip.p*.355.）。词尾是外来语。在其他音节中，能明显看出 *ola* 是地点音节。词首可能源自 *istilia*，意为"沼泽""一滩液体"，或者源自 *istoa*，意为"箭"。其词源究竟是哪一个，决定于这个名字是取自住所、还是个人的特征。

Lamus（*Sil.Ital*.XVI.476.）。

Larus 是坎塔布里亚人（*Sil.Ital*.XVI.46.47.）。

Leuco 是凯尔特伊比利亚人（App.VI.46.）。

Litenno 是凯尔特伊比利亚人（App.VI.50.）。有可能是一个凯尔特人的名字，在高卢叫做 Litavicus。

Luscinus 来自西班牙的另一边（Liv.XXIII.21.）这个名字听起来特别像罗马语。

Mandonius 和 Indibilis 是同一时代的人，也被看作是路策坦人，而不是像 Indibilis，有时会被看作是伊勒盖腾人（Ilergete）。该名字可能源自 *manatu*，意为"命令"。*Mandiota* 表示"辉煌的大厅""集会大厅"。人们也会想到 *mandoa*（意为"马骡"）。但在高卢也有名叫 Mandubier 和 Mandubratius 的人，所以其派生情况很不明确。

Megara（也可写作 Megaravictus 和 Megaravistus）是努曼特人（Florez.*Medallas*.II.18.*p*.4.）。

Mericus（Liv.XXV.30.）。好几个城市叫做 Meribriga 和 Merobriga（第23节）。

Minurus 是卢西塔宁人（App.VI.74.）。

Norax（第32节）。

Olonicus（*Epit.Liv*.XLIII.）被认为和 Salondicus 是同一个人（*Supplem. Freinshemii*.XLIII.4.），但很不确定。

Orisson（第20节）。

Orsua（Liv.XXVIII.21.）。Urson 这个城市也叫 Orson。

Rhetogenes，见前面的 Caraunius。瓦列里乌斯·马克西穆斯（V.1.*p*.5.）将之写为 Rethogenes。

Rhyndacus 是凯尔特伊比利亚人（*Sil.Ital*.III.384.）。西利乌斯·伊塔利库斯认为萨马堤城墙（Sarmatische Mauern）在乌克萨摩城（Uxama），这可能是基于该城第一批居民是外国移民的传说。因而，解释这个名字的人已经注意到，Ryndacus 可能是外来语，是模仿米斯地区的河流（Mysischer Fluss）Rhyndakos 来构建的名字。

Salondicus 是凯尔特伊比利亚人（Florus.II.17.*p*.14.），见上面提到的 Caraunius。

Spanus（第18节）。

Tanginus（App.VI.77.）。

Tantalus（App.VI.75.）是卢西塔宁人，继任维里阿修斯（Viriathus）

担任统帅。但这个名字可能是错的，狄奥多罗斯（Diodor）（*Fragm.* XXXIII.*Ecl.p*.5.*Ed.Bip.p*.72.）称之为 Tautamos。

Turrus 或 Thurrus 是凯尔特伊比利亚人（Liv.XL.49.）。

Viriathus 是著名的卢西塔宁人领袖。由于这个名字来自本地语，因此尤其会让人联想到——尽管不是绝对的，表示男士珠宝手链的 *viriae Celtibericae* 一词（Plin.II.609.*p*.3.）。这个词应该是从 vir 衍生而来。但是，根据普林尼的说法，此物来自高卢和凯尔特伊比利亚（可能是被凯尔特伊比利亚人从伊比利亚带到了高卢），所以这个名字可能起源于意大利以外。*Biruncatu* 在巴斯克语中的意思是"转弯""转向"，这个词很适合表达紧紧缠绕在手臂上的手镯，它来源于音节 *bir*。由于名字仅对使用它的第一个人、而不是对所有人都有意义，因此，维里阿修斯（Viriathus）认为该名字并非源于珠宝的说法（Diod. *Fragm.* XXXIII.*Ecl*，*p*.5；*Ed. Bip*，*p*.80），并不矛盾。如果这个名字来自凯尔特伊比利亚语，那么就可能会想到 *bir*、*ber*，意为"长矛""长枪"。[1]

22.
伊比利亚地名与巴斯克语言在总体上的一致性

前面我主要研究了大部分源自巴斯克语的古伊比利亚地名，而且这一来源今天还可以进行充分的推断和识别。为此，我首先揭示了巴斯克语和这些地名之间语音系统的对应关系（第 8-11 节），接着搜集了具有相同词根的一系列地名（第 13-16 节），然后针对每一类型、对大量地名逐个进行了全面的巴斯克语词源分析（第 17 节），最后对剩下的

---

[1] 我这里详述的原因并非是因为维里阿修斯对这个名字的看法，而是因为由此提及的一些本地词。拉丁语 vertere 和 veru，尽管说不清楚是否源自希腊语，但是似乎是伊比利亚语和凯尔特语的词根。见有关巴洛讷家族（Barone）著作，第 30 页。

很大一部分名字按词尾和词首音节进行分类列举，虽然没有逐个分析词源，但还是考察了它们与巴斯克语之间在词汇和音节结构极其发音方面的相似性（第 19、20 节）。而如果最后一部分所述与前面几部分没有什么联系的话，那么这部分就不是很重要了。但是，如果大量的名字证明是巴斯克语的，如果各类地名中都存在着和巴斯克语之间的类比关系，如果不同的作者通过一些词汇明确证实了这种类比关系，那么可以很自然、并且合乎逻辑地推断出，即便只是个别元素具有相似性，即便这些相似性主要通过语音来体现，也可以认为这些名字具有同样的类比性。因此，我相信我已经达到了研究目的，证明了这些名字和巴斯克语之间的一致性，从而证实了前文所引述的作者的看法，他们认为巴斯克语早在外族移民定居之前就是当地语言，消除了人们对这一说法的疑虑。但是现在的问题是，巴斯克语是否是当地的通用语，并且是唯一的原始语言？如果不是这种情况，那么它在什么范围内使用？因而，除了现在所揭示的一致性，还必须寻找某些古地名和巴斯克语之间可能存在的差异性。这绝对是一项艰巨的任务。由于所有的概念都相互关联，大多数概念至少可以在象征意义上互有牵涉，并且所有语言的语音数量都大约相同，而这些语音又能够以多种形式互相改变、互相转化，所以要证明一些词与某一语言没有任何亲缘关系就非常困难。这些语言通常具有一种趋同并相互接受的趋势，因此，与发现他们之间的亲缘关系相比，要对它们进行相互隔离则要难得多。尽管我们在前面找到了三类名字（以 *Ner-* 和 *Se-* 开头，以 *-ippo* 结尾），也找到了一些很难说是源自巴斯克语的名字，但这还说明不了问题。这里需要证明的是，这些名字根本不可能源自巴斯克语，但如果要直接证明这一点，那么就要全面了解巴斯克语的所有方言形式。然而必须想到，许多方言的词汇、甚至是整个方言可能都已经失传了。迄今为止的研究都没有取得更大的进展，因为即便勤勉的研究也会忽略发音的细微变化，而正是这种随着时间的流动大多数名字都会产生的变化，尽管有时确实奇特美妙，却需要人们格外留意，以便从中发现一些可以辨识的词根音。虽然有那么多阻碍，但在我看来，古伊比利亚地名中仍然有一个类别，我认为，它不仅违背了巴斯克语的派生规则，而且还有助于间接地提供证明，并由此来帮助解决这个问题：在腓尼基人、希腊人和罗马人到来之前，伊比利亚半岛只有一个部落、还是有使用不同语言的多个部落？在这里，我想到的是由 *briga* 派生而来的地名，对此在上文中我有所忽略。同样没有先入为主的思想，而只是寻求事实真相，除了那些可能写错的名字，下面我将总结所有名字，说明这些名字的来源地区，并补充与词尾音节相关的可能的词首音节。

23.
以 *briga* 结尾的地名

含有 *-briga* 的地名有：

I. 在凯尔特民族中

1. 在贝蒂卡地区居住的凯尔特人

Nertobriga

Turobrica（Plin.I.140.*p*.1. 可参考第 16 节）

2. 在卢西塔宁地区居住的凯尔特人

Caetobrix（Mannert.I.*p*.342.）或者 Cetobriga（*VV.DD.ad.Itin.Anton. p*.417.，与 Catobriga 相比较）。

Lancobrica（第 14 节）

Medobriga，有好几个叫 Meribriga 的地方，以及 Merobriga。Medubriga、Medobriga、Meribriga 和 Merobriga 毫无疑问都是同一个名字（Mannert.I.*p*.344.）。前面已经讲到（第 8 节），在今天的巴斯克语中，

简化的 *r* 其发音接近 *d* 的。[1] 普林尼（I.230.*p*.1.）认为 Medubricenses 有个别名叫 Plumbarii，显然表示"铅坑"。*Beruna* 是巴斯克语"铅"的意思，但是 *b* 和 *m* 本身、同时也在巴斯克语中经常混淆，Merobriga 这个词可能也隐含了 Beruna。

3. 在塔拉科西班牙省西北端的凯尔特人

Adobrica（Mela.III.1.*p*.9.）和 Adobrica（Plin.I.227.*p*.12.），这两个地名可能都属于同一个地方，后面的那个可能是真正的地名。曼纳特（I.359.）认为 Abobrica 和 Brigantium 是同一个城市，但我认为，赖夏德（Reichard）标记在他地图上的更为正确。

4. 凯尔特伊比利亚人，这里我将其作为所有六个民族的总称

Arcobriga

Augustobriga

Centobriga，如果这确实是一个不同的地方，而不只是一个写错了的名字（Mannert.I.*p*.403.）

Nertobriga

Segobriga

II. 伊比利亚民族

1. 居住于阿纳斯河（Anas）和大西洋海岸之间的图尔代丹人

Lacobriga（第 14 节）

Merobrica

此外，贝图利地区还有

---

[1] 孟加拉人也有某种 *d* 的发音听上去像非常混钝的 *r*，见威尔金斯（Wilkin）《梵语语法》第 8 页。但是在那里 *r* 的发音似乎转嫁给了 *d*，并使它变得更为生硬。这两个字母的相似之处可能在于它们的声音均取自嘴巴上部的最深处。因为在孟加拉语中这样发音的 d 恰好是梵语的一个字母，好像来自大脑内部，称为 cerebrale（大脑），是 *Dēva-nāgari* 字母表的第三辅音类的第三个字母。相反，在巴斯克语中，*r* 更像 *d*，*r* 失去了它所特有的嗒嗒声。而巴斯克语的 *d* 至少我听上去和我们的 *d* 没有什么不同。

Mirabriga

2．卢西塔宁人

Arabriga（第 16 节）

Conimbrica（第 19 节）

Ercobriga（Reichards Karte.D.b.）

Ierabrica（*Itin.Anton.p*.419.）

Mundobriga（*Itin.Anton.p*.420.）

Talabriga

3．维托人

Augustobriga

Caesarobriga

Castobrix（Reichards Karte.F.a.）对这一有争议的地名所进行的比较，以及对此的不同解读见 *Anton.Itin.*（*p*.417.）。

Cottaeobriga（Ptol.II.5.*p*.41.）

Deobriga，其中 Dea[1] 可以与高卢的 Vocontiorum 相比较。

4．卡拉伊肯人

Coeliobriga（Ptol.II.6.p.44.）

Tuntobriga（I.*c*.）

5．阿斯图里亚人

Nemetobriga

6．坎塔布里亚人

Juliobrigenses，是维多利亚港沿岸的居民

Juliobriga，位于西班牙内陆（Mannert.I.*p*.370.）

7．穆阿博科人（Murboger）

---

1 韦瑟灵在 *ad Itin.Anton.*（*p*.357.）中也证实了 dea 不是拉丁词。这个名字可能与凯尔特语中的 Divona 一词有关。

Deobrigula（第 14 节）

位于穆阿博科人和瓦卡耶人居住边界的 Dessobrica（*Itin.Anton.p*.449.）

8．奥特里贡人

Deobriga

Flaviobriga

9．瓦卡耶人

Amallobrica（*Itin.Anton.p*.435.）

Lacobrica

10．奥莱塔人

Merobriga（Ptol.II.6.*p*.46.）

在姓拉文纳（Ravenna）的无名氏所记载的地理书中，包含 -brica 的还有以下几个地方：位于因特卡迪亚（Intercatia）附近的 Abulobrica，该地可能是瓦卡耶人的居住区（IV.44.）；位于阿贝特里姆（Abelterium）和阿提姆·帕蕾提姆（Aritium Praetorium）的 Porbriga，这也是卢西塔宁人的居住区（I.*c*.）；位于费罗韦斯卡（Virovesca）和赛格萨满（Segisamum）这两个地区的 Sobobrica 和 Tonobrica，这也是坎塔布里亚人和奥特里贡人的居住区（I.*c*.p.45.）；另外还有奥吕斯珀（Olysippo）附近的 Terebrica 和卢西塔宁地区的 Langobrica（I.*c*.*p*.43.），以及大西洋沿岸的 Tenobrica。我这里特别提到了这些，因为原作者列举的这些地名，无论是地名本身还是其所处的地理位置，都无法让人确信不疑。

如果留心观察这些地名出现在哪些民族之中，就可以画出一条线来标注这些地名出现的区域：从大西洋北岸、靠近奥特里贡人区域的西部边界开始，沿着卡里斯蒂人（Caristier）和瓦尔杜人的东部区域一路南下，到达巴斯孔人和凯尔特伊比利亚人的边界，然后沿着凯尔特伊比利亚人和奥莱塔人的区域、经过贝蒂斯地区（Baetis）最终到达海边。这条贯穿整个西班牙的线路，其北部和西部地区散布了以 -briga 结尾的地名，而在该线沿着比利牛斯山脉和地中海的东部和南部地区，却找不到这样的地名。值得注意的是，在后一个区域中并没有出现凯尔特和凯尔特伊比利亚民族，这一区域包括始于毕尔巴鄂（Bilbao）沿海的比斯开湾，内陆与东半部，还有整个纳瓦拉（Navarre）地区，那些现在说巴斯克语的西班牙主要省份，以及整个地中海沿岸地区。而在地名带有后缀 -briga 的区域，居住着坎塔布里亚人，他们生活在大西洋海岸至贝蒂斯地区，属于凯尔特人和凯尔特伊比利亚人的部落，以及一些靠近西部的地中海地区的民族。该区域占西班牙的最大部分，即便是沿着比利牛斯山脉的那个部分也有着一定的宽度，仅在靠近海岸时变得狭窄。可能有人会争辩说，这些从 -briga 衍生出来的名字可能散布在整个西班牙，但是我们只在那些提到的部落中找到了保存至今的例证。当然，这本身就充满了偶然性。而可以将整个半岛划分为两个相关区域，有的地方通过河流，即伊比卢斯河（Iberus）和贝蒂斯河，有的地方通过伊杜比达山脉（Idubeda）进行划分，这非常显而易见，但令人惊讶的是，到目前为止还没有人注意到这一点。

24.
r 紧跟不发音辅音字母的地名

在 -briga 这个词尾中，br 听起来很不像巴斯克语。但是，r 与前面不发音字母的组合要比 l 更为常见。这里我想对在第 11 节提到过的这种类型的地名进行补充。

贝蒂卡地区：Abra（Sestini.*descr.delle nied.Isp.nel Mus. Hedervari*ano. *p.*19.）、Baebro、Brana（Plin.I.140.*p.*7.）、Brutobria（Steph.Byz. *h.v.*）、Episibrium（Plin.I.137.*p.*17.）、Merucra（Plin.I.139.*p.*8.）、

Nebrissa、Sucrana（Plin.I.139.*p*.8.）、Trite（Steph.Byz.*h.v.*）、Ipagrum 或 Egabrum（*Itin.Anton.p.*412.）。

卢西塔宁地区凯尔特人的居住区：Bretolaeum（Ptol.II.5.*p*.41.）、Catraleucus（I.*c*.）。

卢西塔宁人的居住区：Chretina（I.*c*.）、Eburobritium（Plin.I.228.*p*.7.）、Londobris（岛屿）、Landobris（Ptol.II.5.*p*.41.）或 Lanucris（Marcianus Heracleota.*Huds.geogr.min.*Vol.I.*p*.43.）、Oxthracae、Tribala。

卡拉伊肯人的居住区：卡拉伊肯地区（Callaici）的 Bracarii、Brevae、Brigantium、Flavia lambris（Ptol.II.6.*p*.44.），还有 Lambriaca（Mela.III.1.*p*.8.）、Gravii 或 Grovii、Pria（*Itin.Anton.p.*430.）、Trigundum（*Itin.Anton.p.*424.）、Volobria（Ptol.II.6.*p*.44.）。

塔拉科西班牙省西北端的凯尔特人居住区：Praesamarcae。

阿斯图里亚人的居住区：Brigaecium，其中的 *aecium* 源自希腊语，或者在希腊语中改变成为 οἰκέω，而 *Brig* 可能是本地语。还有 Trigaecini，如果这个名字不是一个书写错误的话（Mannert.I.*p*.367.）。

坎塔布里亚人居住区：Bravon（Ptol.II.6.*p*.45.）。

Autrigones（奥特里贡人），还有他们附近的 Lucronium（Reichards Karte.B.h.）、Tritium。

瓦尔杜人的居住区：Tritium、Tuboricum。

巴斯孔人的居住区：河流 Magrada。

瓦卡耶人的居住区：Sarabris（Ptol.II.6.*p*.45.）。

卡尔佩坦人的居住区：Brutobria（Reichards Karte.D.g.）、Consabrum（*Itin.Anton.p.*446.）、Contrebia。

奥莱塔人的居住区：Trogilium（Reichards Karte.E.e.）。

凯尔特伊比利亚各民族的居住区：Tritium Matallum、Tucris。

康提斯坦人的居住区：Eliocroca（*Itin.Anton.p.*401.）、Sucro、

Strongyle（岛屿；*Avieni ora marit.v.*453.）。

伊勒加内斯人（Ilergaonier）的居住区：Tenebrium、Traete。

拉莱塔尼人的居住区：河流 Rubricatus。

英迪盖特人（Indigeten）的居住区：河流 Sambroca。

位于西班牙这一边，但具体位置不详：Litabrum（Liv.XXXV.22.）。

Cantabria、Cantabri 和 Artabri 这几个地名我省略了，因为这几个词虽然包含了我们所讨论的词尾语音，但这几个地名是希腊人和罗马人所命名的。

如果这类地名真的散布在整个西班牙，那么就没有必要逐个列举了。我之所以这么做，是因为对以 -*briga* 结尾的地名进行比较可以更清楚地表明，这些地名分布在西班牙的一个封闭区域，一定有一个特殊的原因。当然，这里所收集的名字之间也存在着区别。在词首音节或词尾音节中出现 *bri*、*brig*、*brum*、*bret*、*britium* 的地名，它们出现的地区不同于带有 *briga* 地名的地区，尽管这两种词缀有着一定的亲缘关系。甚至连斯蒂芬所提到的 Brutobria[1] 都位于贝蒂斯附近，尽管这一点本身令人怀疑。当然，在其余的民族中，尤其是在贝蒂卡地区以及整个地中海沿岸地区，有许多地名是由希腊人和罗马人[2]命名的，例如

---

1 按照斯蒂芬·比赞廷的说法，此地位于贝蒂斯河和 Tyritaner 的居住区之间，该名字后来改成了 Turdetaner（图尔代丹人；因为 Tyritaner 这个词没有任何意义）。如果这种变化是正确的（而格罗诺维斯（Gronovius）建议，认为该名字的意思是 "Tritaner 人之间"，也就是 "城市 Trite"，似乎并不可取），那么这里的图尔代丹人应该指那些生活在阿纳斯河（Anas）那一边的，其城市则位于两条河流之间。因为用这种方式凯尔特人居于其间，那么才可以说：生活在贝蒂斯河和图尔代丹人居住区之间，而在阿纳斯河的这一边面向直布罗陀海峡，就毫无意义了，因为那里从阿纳斯河开始只生活着图尔代丹人。

2 然而，以前作者列举的关于该地区的地名，其希腊语词源并非都是正确的。比如说 Nebrissa 源自 νεβοίς（*Sil.Ital.*III.393.）显然就是胡说八道，而依照弗洛雷斯（Florez）的说法（*Medallas.* III.98.），该名字来源于硬币，上面可以看到一只公牛，而不是鹿。尽管只从一枚硬币来推断这座城市，佐证太过薄弱，但是 Nabrissa 这样的写法似乎更为正确。详见希本克（Siebenkees）版关于 Strabo（III.3.*p.*143.）的注释，以及 *Sestini descriz. Delle mde. Isp. Nel Mus. Hedervariano*（*p.*70.）

Strongyle，或者是由他们误写的，例如 Episibrium、Tenebrium 等。正如西利乌斯·伊塔利库斯在提到 Grovier 和 Castuler 这两个地名时所认为的（III.107.*p*.366.），希腊语的名字在那些未开化的人的口中走了样，但更为常见的是，希腊人和罗马人将那些当地名字用自己的语言来发音。像 Scombraria、Contributa、Transducta、Evandria，明显是拉丁语或希腊语的名字，我自然就没有提及。

25.
尝试从巴斯克语中派生出词尾 *briga*

如果要问，*briga* 这一词尾是巴斯克语、还是混在那些地名中的外来元素？拉拉门迪（Lex.*v.briga*.）和阿斯塔洛亚（*Apol.p*.215-223.）认为是前者。他们两人都认为该词尾源自 *uria*（意为"城市"），只是一个认为是该词源加了地点音节 *aga*，另一个认为是加了表示剥离动词的词缀 *ga*。阿斯塔洛亚确信在 *aga* 中 *a* 是不能缺失的，然而，他自己的词源解释却非常牵强附会。*Bri-ga* 应该表示"没有城市的"，即"没有开发的""荒漠之地"的意思。在建立市民机制之前，各民族不按一定的规则秩序聚集在这些地区，于是就产生了这个名字。随着时间的推移，这些聚集变得有序而稳定，演变成为了固定的聚居点，亦即为城市。因此，该词尾包含了与它词源正好相反的意思。但要驳斥那些观点是徒劳的。如果说 *briga* 是巴斯克语，最自然的解释是认为它由 *uria* 在方言中发生了变化而形成，再加上外来民族对这一词尾的曲解。拉拉门迪和阿斯塔洛亚也声称，*u* 在这里变成了 *b*，并根据比斯开方言（Vizcayischen Dialect）的习惯，在词尾元音 *ia* 的中间插入了一个辅音。尽管如此，我还是认为这个词本身不是巴斯克语，也不是从巴斯克语变化而成。没有一种巴斯克方言，会出现 *b* 和 *u* 相混淆的情况。拉拉门迪和阿斯塔洛亚的分析也只是依据其他语言而已，而在比斯开语 *Uri-j-a* 的词尾元音之间插入的辅音只是一个咝擦音（柔和的 *tsch*），它很容易出现在两个元音之间，以阻止其连接在一起。此外，在巴斯克语中是不允许将 *b* 与 *r* 连在一起的，尽管巴斯克方言多种多样，但语音系统相同、都遵循这一规则。在我看来，关键是对词尾 *itris* 与 *briga* 之间，以及 *briga* 与与之同义的巴斯克语 *iria* 和 *uria* 之间的比较。下面两个名字没有人会混淆：Lac-uris 和 Laco-briga 是两个完全不同的名字，不是方言中的变化或形变。这两个名字出现在同一个民族中，例如在卡拉伊肯人地区的 Iria Flavia 和 Coeliobriga 以及其他一些以 *briga* 结尾的地名。此外，还有纯粹的、真正的巴斯克语名字 Calaguris、Graccuris 和 Lacuris，据我所知，除伊比利亚半岛之外，没有其他地方出现过这样的名字，尽管会有少量地名其词尾似乎与 *iria* 和 *uria* 是一致的。与此相反，正如阿斯塔洛亚所声称的那样，*briga* 不只出现在 Samarobriva 和 Artobriga，而且还出现在高卢、不列颠和多瑙河南部。如果认为 *bria* 也是同一个词，那么这样的名字在色雷斯（Thracien）也能看到。然而，在伊比利亚半岛上，*briga* 只存在于一个特定的地区。因此，我绝对不认为这是当地伊比利亚语的语音。唯一比较正确的说法是，从空间分布而言，带有该词尾的名字在西班牙比在其他地方要多得多。下文会提到，这一点也可以用其他方式来进行解释。看来考察那些以 *briga* 为词尾的名字无法得出一定的结论，因为正如罗马人的名字和单词可以与之结合生成，其他外来民族也经常会将已有的巴斯克语名字与自己原有的相结合而形成新的地名。

26.
阿基坦地区（Aquitanien）的地名

在研究其他语言中 *briga* 的派生词之前，有必要首先考察一下伊比利亚半岛以外的一些地名，从相邻的到相距较远的国家，将它们与西班牙地名进行比较。同样，我在考察这些地区的地名时，主要介绍与巴斯克语相同的、或十分相似的语音，而不考虑以前的作者关于民族迁徙的例证或新近这方面观点，因为就新近的相关研究而言，我更期待能够提供关于这一地区新的事实证据。我从阿基坦地区开始。名字的比较也证实了，高卢的这部分地区只是伊比利亚居住地的进一步延伸。这一说法证实如下。

希罗尼穆斯（Hieronymus）附近的 Calagorris（*Itin.Ant.p.*457.），与西班牙地名相一致。

Vasates（瓦萨特人）和 Basabocates，源自 *basoa*，意为"森林"。
Iluro 和科塞坦人（Cosetaner）的城市同名（第 15 节）。

Bigorra，源自 *bi*（意为"二"）和 *gora*（意为"高的"）；Garites（加里特斯人）[1]，源自 *gara*，也是"高的"意思；Auscii（奥斯茨人）和他们的城市 Elimberrum；以及 Osquidates（奥斯库戴特人；第 18 节），这些都毫无争议是巴斯克语名字。

高山余脉 Curianum，旁边是弯弯曲曲深入陆地的阿卡雄盆地（das Bassin d'Arcachon），而这一弯曲在整个沿海地区都十分醒目。该地名可以与 Corens 海滩（第 17 节）相提并论，源自词干音节 *gur*，意为"弯曲的"，而 Bercorcates 也源自这一词干音节，它和 Bigorra（第 20 节）

---

[1] Garoceli 是从同一词根衍生而来，在凯撒《高卢战记》（*de bello Gall*.I.10.）中提到过这一名字。由于该民族居住在 Grajisch 一带的阿尔卑斯山，因而这个名字就变成了 Grajoceli。但是，赖夏德（Reichard）在他的高卢地图上标注的也是 Grajoceli。

以及 Bigerriones，都与伊比利亚语的 Bigerra 相同，这些词都很有可能从巴斯克语派生而来。

与此相反，在真正的阿基坦人部落中，没有出现过凯尔特人所特有的名字，没有以 -dunum、-magtis 或 -viccs 为词尾的名字，以 -briga 结尾的也很少。鲁滕人（Rutener）的首府被称为 Segodunum，有些人已经将其归入纳博洛尼亚省（Narbonensische Provinz），因而没有真正属于阿基坦地区（Mannert.Th.2.H.I.p.133.）。Lugdunum 虽然位于这里，但属于科尔返纳人（Coirvenae）居住区，即原来塞多留斯（Sertorius）[1] 军队中多个民族的混合。一个奇怪的现象是，唯一真正生活在阿基坦地区的民族，据斯特拉波的说法是凯尔特人，因而不属于阿基坦民族联盟（IV.2.I.p.190.）。这一民族称为比图里赫斯人（Bituriges），除了词尾稍有不同，该名字完全是巴斯克语，西班牙的巴斯孔人也有同样的名字。这可以与 Bituris 进行比较（第 15 节）。我们会看到，源自 Bituris（巴斯克语和凯尔特语表示"水"）的那些名字，与出现在高卢和西班牙的有所不同，那里的那些名字增加了一个字母 d，虽然出现的比较少，但也许也像河流 Aturis（Ptol.II.7.p.49.）的名字一样，转换成了 t。[2] 因此，该词可以看作是一个普通的凯尔特部族的名字，但不可否认的是，该词整个构成都具有巴斯克语的特点。这个地方应该在有外来移民之前就已经如此命名了，因此外来名字的可能性不大。居于高卢和意大利之间阿尔卑斯高山的凯尔特人部落 Caturiges，也含有词尾音节 riges，该地区也曾被伊比利亚人所占据。

---

1 罗马共和国后期的一位著名将领。（译者注）
2 曼纳特说（Th.2.H.I.p.116.）Ausonius 可以写成 Adurus。但是在我查找的版本中并没有这一说，由此认为可能是因音节过多写成了 Aturrus（Parent.IV.p.11.*Mosella*.468.）。

27.
高卢南海岸的地名

根据一些作者的记载，在高卢的纳博洛尼亚省（Narbonensischen Gallien）沿海地区，尚有伊比利亚人的遗迹，他们曾在那里与利古里亚人（Ligurer）混合居住。但是，具有明显伊比利亚语音的名字，我只能发现了 Bebrycer（贝布里斯人）的 Illiberis 和沃康蒂人（Vocontier）的 Vasio。我在前面（第 23 节）提到过，如果 Deobriga 中真的是沃康蒂人（Vcontier）的 Dea，这么这是一个西班牙凯尔特人的名字，而不是高卢的伊比利亚人的名字。曼纳特（Th.2.H.I.*p*.57.）认为，Bebryces 是源自伊比利亚人的一个民族，但在别的地方（*p*.60.）他又说，这只是有可能而已。但是据我所知，以前没有一位作者明确持有这一观点，而且，如果根据语音来判断，更应该相信的是，这一民族只是移民到了伊比利亚人居住的地方。Bebrycer 使人联想到 Briger（布里杰人），与之相关的可能是 Allo-broger 这个名字的后缀（斯蒂芬·比赞廷称之为 Allobryger，但如他所言，最为常见的是希腊作者所称的 Allobriger）。但是，尤维纳利斯（Juvenalis）[1] 作品的笺注者（Scholiast）（*ad sat.p*.8.*v*.234.）则认为，这是一个凯尔特语名字，意为"农田""地区"。

28.
高卢其余地区的地名

如果浏览高卢其余地区的地名，我们就会感觉到所面对的是另一种语言。西班牙很多听起来比较奇特的名字，我们一直很难为其找到可

---

1 Decimus Iunius Juvenalis，公元 1 至 2 世纪罗马的讽刺诗人。（译者注）

能的巴斯克语词源，而高卢其余地区的这些地名则有助于我们对其进行识别，尽管这些地名的词首音节很少与语伊比利亚半岛上的名字相似。例如 Gelduba 的词尾，虽然可以与 Corduba 和 Salduba 相比较，但这一词尾更可能与该城市所属的 Ubier（乌比亚人）这一名字有关。然而这种情况很少见。在罗纳河（Rhone）沿岸，从它的源头一直到日内瓦湖（Genfer See），有 Ardyes，在上日耳曼（Germania superior）[1] 有 Arialbinum，还有 Arverner 和 Arvii（第 19 节），以及和西班牙的 Ilurci（第 14 节）相似的 Cadurci，此外，还有 Caracates、Carasa、Carcaso、Carnutes、Carocotinum、Carpentoracte、Carsici、Corbilo（第 20 节）、Turones（第 16 节）等。但是，如果由此而认为这些名字是巴斯克语，或者认为西班牙的类似名字是凯尔特语，那就是一种完全错误的看法。从语言的本质而言，相同的音节或多或少地会出现在不同语言中，同时也会有不同的含义。真正源自巴斯克语的名字只能在西班牙找到，因为它满足两个前提条件：一是那里至今仍在使用巴斯克语，二是在古伊比利亚地名中，很大的一部分是根据其整体构造、而不是依据某个音节，就可以毫无疑问地确定是从巴斯克语派生而来。如果缺少后面一个条件，除非还有其他的证据，否则仅凭词相似或相同的词首音节根本无法证实这种推断。但是这样的情况很少见，除了阿基坦地区和地中海沿岸，高卢几乎找不到一个真正的巴斯克语名字。一个例外是 Bituriges（比图里赫斯人），这个名字我在上面提到过。

---

[1] 罗马帝国的帝国省，包括今天的瑞士西部，法国汝拉和阿尔萨斯地区，以及德国西南部。（译者注）

29.
凯尔特人居住区的地名及其词尾

凯尔特人居住地所及，其地名的特点体现在后缀 -*briga*、-*dunum*、-*magus* 和 -*vices* 之中。这里不讨论 -*briga* 的来源，我认为 -*briga* 是凯尔特语，因为含有这一词缀的名字还出现在高卢、不列颠、由凯尔特人占据的德国部分地区以及西班牙。Brigantium 和 Brigantes 这两个名字就出现在这些地方。在西班牙卡拉伊肯人居住区有一个叫 Brigantium 的地方，在阿斯图里亚人那里有一个 Brigaecium（第 24 节）。在高卢也有一个叫 Brigaecium 的地方，Brivates 这个港口的名字可能也属于同一词缀。Briganten（不列甘特人）——Isubrigantum 这个城市名就是由此而来，不仅是不列颠最重要的民族，而且在爱尔兰也有相同名字的民族。在博登湖（Bodensee）的东端，即在德国的凯尔特人居住区，有一个叫 Brigantium 的地方，在今天匈牙利的多瑙河畔则有一个 Bregetium。当然，从西班牙的西端到潘诺尼亚（Pannonia）[1] 东部，也许并非所有散布于此的地名都有相同的词源。但是，多瑙河源头城市 Brigobanne 这个名字似乎就是取自河流 Brig，这也是我所知道的唯一一个以 Brig- 为词首的地名。可以想见，如果一个名字到处出现在凯尔特人居住过的地方，那么这个名字也必定是凯尔特人的。若将 *bria* 和 *briva* 计入其中，那么包含 -*briga* 的复合名字在高卢有以下这些。

南海岸的 Segobrigier。

由罗马人并入阿基坦地区的 Nitiobrigier。

Samarobriva，即今天的亚眠（Amiens）。

奥克斯勒（Auxerre）和图落叶（Troyes）之间的 Eburobrica（*Itin.*

---

[1] 大致的范围是今天的匈牙利、罗马尼亚和塞尔维亚、捷克、斯洛伐克及奥地利的部分地区。（译者注）

Anton.p.361.）。

莱茵河和莫泽河（Mosel）地区的 Baudobrica（*Itin.Anton.p*.374.）、Bontobrice 和 *ad* Magetobria，这是凯尔特人和德意志各民族比邻而居的地方。还有瑞士的 Latobriger 或 Latobrogier（Caes.*de bello Gall*.I.28. Orosius.VI.7.）。

不列颠有两个叫 Durobrivae 的地方，还有一个 Durocobrivae。

德国凯尔特人居住区有一个叫 Artobriga 的地方，即现在的雷根斯堡（Regensburg）。

我详细介绍了包含 *briga* 的地名，因为要确定这是凯尔特部落带到伊比利亚的，还是伊比利亚人将这些地名带到了其他国家、或者在曾经的行进过程中所留下的，弄清这一点非常重要。

带有词尾 *dunum*、*durum*、*magus*、*vici* 和 *vices* 的名字有一部分被视为源自凯尔特语，也有一部分则从未被认为是伊比利亚语的。因此，没有必要对此一一列举，重要的是考察它们与伊比利亚古地名之间的关系。总体而言，这些地名出现的地区与那些包含 *briga* 的名字相似，但它们更多地出现在主要由凯尔特人居住的国家，也就是高卢、不列颠和德国南部。

dunum 这个词尾在西班牙并不陌生，在布拉卡里（Bracarisch）的卡拉伊肯人那里有一个地方叫 Caldunum（Ptol.II.6.*p*.44.）、在贝蒂卡地区有 Arialdunum（Plin.I.137.*p*.17.）、在卡斯特拉人（Castellanen）居住区有 Sebendunum[1]（Ptol.II.6.*p*.48.）。但是，由此把所有这些名称、或者只有其中的一部分视为凯尔特语，还为时过早，因为事情还非常的不确定。

---

1 塞拉里乌斯（Cellarius.I.*p*.117.）由此推导出了 Besendunum 或 Beseldunum，并引用托勒密的说法，将这个地名与今天的 Besalu 进行比较。在伯特利（Bertisch）版本中，没提到这种写法。根据塞斯蒂尼的说法（*descr.delle med.Isp.nel Mus.Hederv.p*.164.），硬币上的名字应该是凯尔特伊比利亚的写法 Subendunum。

Dun 加上冠词成为 *dun-a*，这是巴斯克语形容词一个很常见的结尾，表示"丰富"。类似的还有，*ar-dun-a* 表示"遍布虫子"，它源自 *arr-a*，意为"虫子"；*elcar-dun-a* 表示"相互的"，源自 *elcar*，意为"同时"；*erstura-dun-a* 表示"很害怕"，源自 *erstura*，意为"害怕"，等等。民族的名字也是这么构成的，*Eusc-ara* 表示"类别"，指巴斯克语；*Euscal-dun-ac*（其中的 *r* 变成了 *l*）则是巴斯克人（第 18 节）。而随后一个词可以很容易被用来构成地名。Caladunum 在巴斯克语中的意思是"一个长满芦苇的地方"（可与 Calaguris 比较，见第 14 节）。

Durum 既可以作词首音节，也可以作词尾音节。所以在高卢有 Durocasis 和 Divodurum，在不列颠有 Durovernum，在德国有 Bojodurum，在下梅西亚（Nieder-Moesien）[1] 有 Durostorum 等。在西班牙和葡萄牙我只发现了河流 Durius，而 Cotodurum（Ptol.II.6.*p*.45.）和 Ocelloduri（第 17 节），这两个都是瓦卡耶人的城市。路策坦人的 Udura（Ptol.II.6.*p*.48.）或许也属于此。但最后这个名字也可能不属于此类，而前面的名字都在含有 *briga* 的地名所处的区域。在 *tur* 作为主要音节的名字中，我认为大部分都是从 *iturria*（意为"泉水"）派生而来（第 16 节），我不将它们归入此类，因为这些地名中 *durum* 这个词缀似乎并未混淆清浊音。[2] 据我所知，在这么多的此类名字中并未出现清浊音变化，而在伊比利亚半岛的地名中所经常见到的音节 *tur*，在凯尔特人居住的国家相对而言却极少出现。非常奇怪的是，即便在发生变化也不会产生什么影响的情况下，某些字母历经多个世纪仍然保持不变，而这恰好证明了，即使是最小的和看似微不足道的语言因素，它们也与各个民族的发音器官、想象力和思维方式密切相连。Durius（今天仍是 Duero）即便去掉它的词首辅音、或者将其转换为清辅音，并不

---

1 古罗马行政省，位于巴尔干半岛东部。（译者注）
2 这里 Aturis 是否为特例（见第 26 节），仍然令人怀疑。

会影响这个名字的意思（"水量"），尽管如此，其词首的 *d*（可能甚至都不属于词根音[1]），在当地其他构词形式盛行的情况下却还一直保持不变。阿斯塔洛亚（*Apol.p.*250-252.）有理有据地表明了，在许多巴斯克语的名字中，*d* 只是放在元音之前，而不会改变其意义。但是，在我看来，他进一步将 *durum* 解释为巴斯克语（源自 *ura*）是不对的。凯尔特语的 *dwr* 或 *dour*（意为"水"）最初可能不仅与巴斯克语的 *ura* 是同一个词，而且与 ὕδωρ 的词根音也相同。如果不想给语言研究造成混乱，就必须从当前的状况出发一步步进行历史追溯，首先看清即便那些起源相同的语言现在也一定有所差别。因而，巴斯克语的 *ura* 和凯尔特语的 *dwr* 之间存在的差异，并不影响在凯尔特人居住地的伊比利亚语地名（即使接受阿斯塔洛亚的观点，除了少数例外）与在伊比利亚地区的凯尔特语地名的一致性。我不认为 Durius、Ocelloduri 和 Octodurum 是古伊比利亚名字发生的偶然变化，而是由凯尔特移民所带来的凯尔特语名字。

在伊比利亚半岛上没有与 *magits* 相关的名字，同样也没有以 *vici* 和 *vices* 为词尾的地名。Ergavica（Ptol.II.6.*p.*46.）虽然属于凯尔特人的名字，但只有利维乌斯（Livius.XL.50.）提到过 Ergavia。同样，托勒密（*l.c.p.*48.）提到了瓦斯科宁人（Vaskon）也有这样一个地名，只是写法更为简单，即 Erga。这个名字的本土发音可能是 Erga 和 Ergavi，而 *ca* 只是罗马语词尾。

---

[1] 据律德（Lhuyd）（Archaeol.Brit.*p.*288.col.3.）的说法，威尔士的河流名字中仍然存在古老的词根音音节 *uy*。*u* 下方的圆点表示 *u* 是长音，并且在 *y* 之前变成了一个独立的音节。欧文（Lex. h.v.）从 *wr* 派生出了 *dwr*。这里他遵循了上述（第 4 节）方法，从具有普遍意义的原始音节出发进行词源推导。*Wr* 表示处于上方或当前的状态。

30.
在伊比利亚的地名中探寻凯尔特语的名字

前面我们从音节出发探讨了各种类型的名字。下面，我们将用同样的方法去考察在古伊比利亚名字中是否还有其他的外来元素。

我在这里首先要列举的是 Ebora 或 Ebura 一词。这一名字在西班牙多次出现：贝蒂卡的沿海地区（Mela.III.1.*p*.4.）、图尔杜勒人的内陆腹地[1]（Ptol.II.4.*p*.39.）、埃德坦人居住区（Ptol.II.6，*p*.47）、卡尔佩坦人居住区（Livius.XL.30. 和赖夏德地图上，这个名字写为 Aebura），另外还有卢西坦宁人（Plin.I.229.*p*.10.）和凯尔特族群的分支普拉萨马克人（Praesamarker）的居住区（Mela.III.1.*p*.8.）。此外，还有上文提到过的同样位于贝蒂卡的 Ripepora（第 10 节），以及卢西坦宁人的 Eburobritium（第 24 节）。这个名字在西班牙极为常见，因而不限于某一区域。与带有 *-briga* 或 *-dunum* 的名字一样，这一地名除西班牙之外，还出现在所有凯尔特人居住的地区。高卢正对意大利的南海岸有 Eburobrica（*Itin.Anton.p*.361.）和 Eburodunum（*l.c.p*.342.），现在的诺曼底有 Aulerci Eburovices（Plin.I.225.*p*.7.）；不列颠有著名的 Eboracum 或 Eburacum；南德地区则和奥地利一样又有一个 Eburodurum（Mannert.III.*p*.471.）；上匈牙利有 Eburum（*l.c.p*.467.）。Eburones（埃布罗人）虽然也属于德意志民族（Caes.*de belo Gall.* II.4.），但这并不能证明这个名字就是源自凯尔特语。该民族生活在莱茵河的左岸，紧邻着特雷维雷恩人（Trevirern），也就是生活在凯尔特人中间，所以这个名字也许不是自己取的——正如凯撒指出的，为高卢人所命名。但是不管怎样，通过刚才的介绍已经清楚，他们不可能是伊

---

1 根据斯特拉波（Th.I.*p*.396.*nt*.1.）的法文译本，这两座城市很可能是同一座。但在赖夏德的地图上，其中一座位于海边，另一座位于贝蒂斯的图尔杜勒人地区。

比利亚人。卢卡宁（Lucanien）的 Eburini（埃布里尼人）（Plin.I.165.*p*.17.）是否也属于这一类，还有待商榷，因为他们完全超出了我们在历史上所了解的凯尔特人迁徙的途径区域。另外，凯撒在《高卢战记》（*de bello Gall*.VII.38.）中还提到过一个名叫 Eporedirix 的高卢人[1]。

Segobrigier 这个名字，也即后来对高卢南海岸居民（Commoner）的称呼（Ptol.II.10.*p*.55.Mannert.II.Band.1.*p*.81.），是指 Segobriga（第23 节）这座城市的居民。不仅是这个名字的后半部分、而且包括它的前半部分，均可视为凯尔特语，而非伊比利亚语。而这座城市属于凯尔特伊比利亚人。尽管伊比利亚各民族生活在高卢的地中海沿岸，但贾斯汀（Justinus.XLIII.4）显然把塞戈布里耶人（Segobrigier）看作了高卢人。上文（第 20 节）我们已经看到，以 *Se*-、尤其是以 *Seg*- 为词首的名字与巴斯克语似乎关系不大。上面一一列举的所有以 *briga*- 为词尾的名字（第 23 节），大多是凯尔特伊比利亚人自己的。在凯尔特族群中，这些名字很常见：Segodunum（与 Segobriga 完全相同）出现在高卢，虽然靠近、但不属于阿基坦地区，同时还出现在德意志南部的美茵河畔；此外，仅仅将 *o* 变成了 *e*，[2] 不列颠有 Segedunum（Camden.*Britannia*.*p*.858.*Cellarii not.orb.ant*.I.346.Mannert.II.2.*p*.124. 而赖夏德将其误写为 Sagedunum）；不列颠的 Segontia 也出现在西班牙或其他地区，在高

---

[1] 戴维斯（Davies.*Celtic researches*.*p*.207.）将 Ebodurum 一词中前两个音节解释为"泥"，该词的整体含义为"泥泞的地方""沼泽地"。但这个词源无法用来解释 Ebora 一词。我不止一次在卢伊德的书中看到他引证的如 eban、eab 这类爱尔兰语词汇。而出现在硬币上、地理位置不详的城市 Bora（Florez.*Medallas*.III.17.），似乎与 Ebora 一词没有什么关系。

[2] 卡姆登（Camden）认为不是 Seghill，而是 Segedunum（曼纳特（II.Heft.2.*p*.124.126.）指出这是不对的），并补充说 Segedunum 在不列颠和英语的 Seg 一样。但是这个古老的英语单词意为 sedge，是一种水生植物，即灯心草，起源于撒克逊（在下撒克逊叫 Segge），几乎不能作为常见地名的词源。罗舍尔（Löscher.*literator Celta*.*p*.40.）也注意到了，这些地区的名字起源于凯尔特语，但说它来自德语 Sieg 一词却是完全不可能的，因为 Sieg 一词并非凯尔特语，而是日耳曼语。我对威尔士语不够了解，因此不敢贸然对其进行词源分析。但 Seg 在威尔士语种表示"欠缺的"，很适合于那些以防御工事为主要目的的殖民区。

卢也很容易发现这个名字。我只记得潘诺尼亚人（Pannonier）的城市Segestica，而西班牙也有同名的城市。虽然潘诺尼亚人属伊利里亚民族（Illyrisch），但如果比较所有其余相似的名字，就会很自然地认为，潘诺尼亚人到来之前这个地方便如此命名了。因而不能不进行类比，就轻易地认为这一名字不是凯尔特语。

我已在上文中（第 20 节）已对阿斯塔罗亚的说法提出了质疑，他认为凯尔特伊比利亚的城市 Mediolum 一词源自巴斯克语的 mendia（意为"山"）。事实上，几乎不可能看不出这是一个凯尔特名字。高卢地区有两个叫做 Mediolanum 的地方，分别位于桑托宁人（Santonen）和奥勒奇·埃布罗夫利斯人（Aulerci Eburovices）生活的地区。早年便移居意大利的高卢人给他们在那里新建的城市也取了同样的名字（Mannert.Th.2.B.1.*p*.22.）。甚至在不列颠和德意志也有叫 Mediolanum 或 Mediolanium 的地方，但其极有可能起源于高卢（Mannert.III.*p*.454.）。与之词根相同的还有卡拉伊肯人的山脉 Medullius，它让人想到了 Medulli 这个名字，这是位于东南沿海的一个高卢民族。我们可以注意到，这里提到的山和城市所在地区，同时也是以 *-briga* 为词尾的那些地名所在地区。

这些地区还有 Nemetobriga（第 23 节）和 Nemetater（Ptol. II.6.*p*.44.）。这些名字似乎也是凯尔特语，因为高卢也有类似的地名：如现在位于奥弗涅（Auvergne）的 Augustonemetum、Nemetacum 和 Nemetocenna（如果这个词不只是同一地方的不同叫法）。尽管上日耳曼（Germania superior）[1] 的 Nemeter（内梅特人）是一支由德意志迁徙至高卢的民族，但这一名字有可能也与上述名字同源。布雷特（Bullet.I.71.）认为 Augustonemetum 源自 *nemt*，依据他的说法该词源意为"寺庙""神

---

[1] 罗马帝国的帝国省，包括今天的瑞士西部、法国汝拉和阿尔萨斯地区以及德国西南部。（译者注）

圣的地方"，但在爱尔兰语中（Lhuyd.h.v.），*naomhtha* 一词才真正表示"神圣的"。Nismes 古称 Nemausus，与之词源相同。[1]

凯尔特伊比利亚民族的 Beroner（贝洛尼亚人）一词中的 *ber* 与现在在威尔士还非常常见的 *ber*（意为"长矛""矛枪"）有关（Owen），同时 *ber* 在下布列塔尼（NiederBretagne）也较为常见，那里还有一个与之有亲缘关系的 *bîr*（意为"箭"）。因此，对于赫蒂乌斯（Hirtius. de bello Alexandr.p.53.）所提到的 *berones* 这个词，我既不认为是一个民族的名字，也不认为是一种错写，因为根据乌登多普（Oudendorp）的说法，所有书中的写法都是一致的。这个词无疑是凯尔特人用来表达

---

[1] 布雷特将不同语言编纂至同一本词典的伟大行为受到了施勒策尔（Schlözern.Allgem.Welthist. XXXI.340.*nt*.N.）的赞赏。对于施勒策尔而言，布雷特认为高卢语和被他称为吉姆语（kymrisch）的威尔士语之间存在的差异比惯常认为的要大，这种看法更为大胆。相比这本词典的整体布局，布雷特一个更大的错误是他对一些词汇解释的不可靠性，这至少已经在巴斯克语中注意到了。词汇解释自然要追溯词源。比如他认为（I.409.）Astura 一词由凯尔特语的 stur（意为"河流"）衍生而来，因而完全错误地分解了这个词。关于 Stura 一词下文（第 32 节）会讲到。如果说在凯尔特语中真的曾有一条河流叫 stur，那么至少该词与西班牙语的 Astures 毫无关系。在其他情况下他也没有完全表述清楚。比利牛斯山脉一条叫 la Cava 的河流，布雷特解释说：Cav 成为了这条河流的名字（*Cav, nom appellatif de rivière, devenû propre de celle ci*）。由此人们可能会认为，现在的巴斯克语中应该还有 *cav*（意为"河流"）一词，或者至少以前曾经有过。事实却并非如此。事实上是，地处法国的比利牛斯山脉有很多名叫 gave 的小溪，人们只是根据它们流经的地方进行区分。由此可见，该词由种类名词（Appellativum）变成了专有名词（Nomen proprium）。但是，这个种类名词并不一定要表示某一条具体的河流。如果将词根音节 *gav* 与 *cavus*、χοῖλος（意为"空心的"）相比较，就会发现，其原本的意思是"洞穴""缝隙""空缺"。由此类推，也可以解释巴斯克语的 *gabenda*（意为"错误""不完美"），*gabe* 是表示介词"没有"或表示否定的词尾，*gaua* 或 *gaba* 表示"夜晚"。只有用这种方式，才可以将这个表示"洞穴""岩石或地面的缝隙"的音节用于表示"河床"，而且正如以上所言，这只能用于名字，而且是法属的巴斯克地区的名字。只有证据确凿时，我才会引用布雷特加。基于这个原因，他关于以 Vin- 和 Vind- 为词首的一些单词源自苏格兰语 Bin 或 Vin（意为"山丘"）的说法，我在下文中不会提到。

"武装起来的人"这个意思的，同时也是该民族名字的起源。[1]

仅仅依据高卢的 Suessionen 来推断 Suessetaner 是凯尔特人的名字，还远远不够，因为之后在意大利也发现了相同的名字。

关于 Amba 见第 21 节。

如果如曼纳特（III.655.）所言，-*mina* 是凯尔特语的词尾，那这里也必须提一下卡拉伊肯人的城市 Talamina（Ptol.II.6.*p*.44.），该词的两个首音节也出现在另一个卢西坦城市 Talabriga 之中，只是这一名字与 -*briga* 结合在了一起。

从卡拉伊肯人到坎塔布里亚人的区域，也是凯尔特名字的主要所在，横跨着 Vindius 山脉（Ptol.II.6.*p*.43.），或如弗洛雷斯（Florez. *Medallas.* IV.12.*p*.49.）错误地称之为 Vinnius。离该山脉东端不远处是一座城市 Vindeleja（*Itin.Anton.p*.45.），而托勒密则称之为 Vendelia（II.6.*p*.45.）。我不知道在伊比利亚半岛上是否还有类似的第三个名字。相反，在高卢和不列颠有十到十二个以 *Vind-* 为词首的地名，只是词尾不同而已。我认为，这足以说明这些名字是凯尔特语的。我不知道，解释词源的理据、认为 Vindelici 表示"转折"，是否真的如曼纳特（III.526.）所认为的那么重要。类比推断高卢和不列颠那里的地名，再结合这些民族的所在地，应该能够更为清楚地解释这些民族及其名字来自凯尔特语。此外，Breones 或 Briones 是凯尔特人的一个分支，这一名字也带有凯尔特语音，与 Bigantium 和 Briga 均有词源关系。假若真的是其他的一些理据占上风，认为可以将 Vindelici 解释为"转折"，那么，这里从名字本身推断出来

---

1 凯尔特伊比利亚民族的 Arevaci 这个名字可能也是一个凯尔特语，因为我们可以将该词的词尾与高卢的 Bellovaci（Caes.*de bello Gall*.II.4.）一词的词尾相比较，并且想一下，后面一词的词首与另一个凯尔特伊比利亚语的词根 Belli 很像。但是埃罗（Aof.*Prim.p*.194-196.）非常正确地指出，这个名字前面三个音节（*areva* 或 *areba*）源自巴斯克语的 *area* 和 *ba*，表示"深处""低地"，普林尼（Plin.I.140.*p*.28.）也证实了这一推断，并认为，这一民族的名字来自河流 Areva。

的、与之相反的观点也就不足以对其进行完全的批驳。但如果像曼纳特自己认为的那样，那些理据只是用来支撑词源分析，那么就是另外一回事了。Vindobona 或 Vindomina 这个名字看起来完全像凯尔特语，而去掉了字母 d 变成 Vianiomina 或现在的 Wien（维也纳），相比将 Vindius 变成 Vinnius（Mannert.I.*p*.655.），并不引人注目。另外，维也纳城现在这个名字源于一条叫维也纳的小河，在以前的官方文书中将其称为"维也纳河畔的城市"[1]。

Sicor 是高卢的港口，与西班牙的河流 Sicoris 写法类似，对此我略过不谈，因为从某一个单独的名字无法做出确切的推论。

31.
从凯尔特人居住区寻找巴斯克语的名字

上文令人信服地说明了，在西班牙除了腓尼基语（Phoenicisch）、希腊语和罗马语，还有其他非巴斯克语的地名，而另外一些地名，在那些文明开化的民族入侵伊比利亚半岛之前无疑就已经存在了。此外，上文还进一步证实了一些地名源于凯尔特语，但可能还有很多忽略。然而，对这些地名进行更为细致详尽的分类却毫无必要。根据需要举例说明，以便能够经过归纳提供证据，并论证一些重要的观点，这就足够了。下面我将用相同的方式对一些外来地名进行比较，以回答这样一个问题：在这些名字中是否存在确凿无疑的巴斯克语地名？此前（第 28 节）考察高卢的地名所找到的答案是否定的。在不列颠和多瑙河南部地区有一些地名与起源于西班牙伊比利亚的名字相似或相同，对此我将进行非常冷静客观的分析，但不考虑那些只有某一音节相似的名字，因为在这一

---

[1] 罗舍尔（Löscher.*literator Celta.p*.36.）对 Vindobona 这个地名也表达了同样的看法，并对 Vindelici 也有相同的推测，他还补充说，*Vinde* 的意思是"水源丰富的地方"。

方面第 28 节已经做了详细的解释。

不列颠有一条河叫 Ilas（Ptol.II.3.*p*.35.*Ἴλα* 表示第二格），可与 Ula（第 14 节）相比较，可以比较的还有 Isca 与 Osca（第 18 节）、Isurium 与西班牙的 Esuris（第 14 节）——由于词尾相同也可以与 Verurium 和 Solurius（第 15 节），高山余脉 Ocelum 或 Ocellum 与维托人的 Ocellum 以及卡拉伊肯人的 Ocelum，另外还有一些相似的西班牙地名（第 17 节），但它们全部出现在以凯尔特语地名为主的地区。这里之所以提及，是因为这些地名的词首字母 *o* 带有巴斯克语的痕迹。

在多瑙河地区，位于的诺里库姆（Noricum）和潘诺宁（Pannonien）交界处的河流 Astura 完全是巴斯克语，而 Carpi 民族的河流 Carpis（Mannert.III.*p*.510.），对它们的由来一无所知（*l.c.p.*397.），另外还有东部较远处的 Urbate 和河流 Urpanus。

在此还有必要再提一下位于雷艾蒂安地区的 Berunenses。*Beruna* 在巴斯克语中表示"铅"，可与我在上面（第 23 节）提到的 Medobriga 相比较。顺便说一下，当古地名与现在的某个词语完全一致时，我总是最少关注其词源推导。当然，这种一致性很大程度上纯属偶然。比较自然的情况是只是词根音保留了下来。不过，像 *iria*、*ura* 等词一样，如果现在的词语几乎仅由纯粹的词根音构成，那就不在考虑之列了。

这里所列举的名字有些相似性非常引人注目，如河流 Astura。不过我认为，这些地名的相似性还不足以证明巴斯克人占据或经过了该地区。相似的地名也出现在更为遥远的地区。亚述里安（Assyrien）有个地方叫 Bituris，美索不达米亚（Mesopotamien）有条河流叫 Deba，还有其他更多的名字，它们都与西班牙半岛上的地名相一致。我在这里不断地提到名字的相似性，是因为人们往往会对现在这样的研究提出反对意见，认为在很多地区都出现过发音相似的名字，由此根本无法推断出什么，任何的地名比较都是毫无意义和用处的。这样的想法显然是不对的。如果首先仔细考察所有西班牙半岛的地名，找到那些纯粹本土的或者与外来语相混合的地名所处的地理位置，然后再对高卢的地名做同样的研究，那么就会产生一种感觉，好像不同族群的居住地就呈现在了眼前。我在第 13—17 节所分类汇编的地名，其巴斯克语语音是那么的明显，其巴斯克语的词源分析是那么的轻松自然，但无论是在高卢、不列颠人还是多瑙河南岸都找不到这样的地名——这里仅仅提一下这几个地区，以指出伊比利亚和凯尔特地名之间的区别。这在考察位于内陆的阿基坦地区那里的名字时尤其明显。阿基坦虽是高卢的一部分，但却与高卢其他地区截然不同。如果在其他国家也零星地发现与伊比利亚语、也就是巴斯克语相似的名字，那我们也绝不能因此对整体印象产生怀疑。这些地名产生的原因可能各不相同，因此无法从中推断出确切的结论。它们的相似性通常只是表面的：即使是完全相同的名字，比如德意志的 Bergium（现在的 Bamberg），伊乐盖腾人的 Vergium 或 Bergium，它们的词根可以不同，且不同的可能性极大。在彼此相距遥远的语言中可以找到相同的词根音节，如巴斯克语中的 *gora*，波兰语中的 *góra*（音为 *gura*）以及梵语的 *giri*（意为"高山"）。但由此产生的名字的相似性并不能证明这些民族的同一性。即便没有民族的迁徙或民族的混合，但很可能某些特殊的情况或完全偶然的事件，将某一个地名带到了遥远的地方。对于那些历史现象我们有必要区分其成因：这是出于人类的普遍本性、需求和倾向以及普遍的地理环境，还有取决于个人的决心、意志和命运？只有考虑到这双重因素，才能对世界历史条分缕析，探索其中的创造性力量。此外，我们不应该忘记这些名字的特殊本质，特别是那些城市的名字，如果说"城市"听上去太过高雅，那就是那些注定要成为永久性定居点的名字[1]。这些定居点的建立和命名，既非无关紧要、

---

[1] 据称，人们对比了拉特拉波（IV.5.IV.2.*p*.200.）关于不列颠城市的描述。它们是被杂草包围的森林居住地，盖了很多茅草屋和马厩。而高卢和伊比利亚的城市则是另一番景象，且大多都建有城墙。

也非容易之事，它在一定程度上反映了一种文化现象。人们按照类比模仿的方法，在其他地方学会了如何建造房屋、坚固城墙，然后也模仿了那个地方的名字。这样的名字通常包含了一个如表示居住地、城市或类似的普通词，并使用于某一领域，因为人们总是喜欢类比（模仿），在使用方面也一样。即便是现在也总能发现相似的名字成组出现，我们这儿（德意志）比如某一地区有很多以 -heim 结尾的、在另一地区又有很多以 -leben 结尾的词。分散的部族、家族或个人也可能以他们古老遥远的家乡来命名新的居所。因此便可以解释，为什么在遥远的地方还能够找到个别巴斯克语的名字。另一方面我们也可以看到，同样是凯尔特语词尾的 -briga 和 -magus，后者在西班牙几乎已不复存在，而前者则通常、并仅出现在西班牙。尽管可以想见，但根本不必将这些词尾看作是方言间的区别。最后我们必须考虑到，民族的迁徙经历了不同的时代，而每一次都会留下痕迹并在地名中显现，但历史学家往往只能沿着一条清晰明了、时常出现且非完全孤立存在的历史线索展开研究。在那些希腊人和罗马人所发现的古伊比利亚地名源起的时期，伊比利亚人与凯尔特人混居在西班牙；但就在此时或不久之前、而不是之后，伊比利亚人也占据了高卢北部和多瑙河地区、或迁移时路经此地；而这些也都可以从地名中清晰地看出。但这并非说明，伊比利亚人没有经历过更早时期的迁徙，并留下了一些他们存在的痕迹。以类似的方式，人们在不同的地层中发现了生命的踪迹，只是那些可以用来探寻历史的地层并没有出现那么明显的断离。但只要这些特征，正如这里研究的地名，太过零散地存在，那么放弃一些容易出错的解释则是更加明智的选择。

32.
意大利的巴斯克语名字

之前的研究没有提到意大利是因为它需要区别对待。尽管这里也有凯尔特语的名字，如 Mediolanum（第 30 节）、利古里安地区（Ligurien）两条分别注入波河（Po）的河流 Duriae（Plin.I.173.*p*.8.）和 Segesta Tiguliorum（Plin.I.150.*p*.2.）等，但这些名字几乎全部位于那些真正由高卢人占据并使用高卢地名的省份。在这里，即便是那些大家熟悉的凯尔特语词尾 -*briga*、-*dunum* 和 -*vices* 也很难找到。利古里安地区的城市 Industria 曾经称为 Bodincomagum（Plin.I.174.*p*.5.），在这个古地名中可以找到 *Magus* 一词的踪迹。该城地处波河边（拉丁语为 Padus）并由此得名，因为利古里亚人用自己的语言称之为 Bodincus（Polybius. II.16.*p*.12.Βόδεγχος），意为"无底的"。普林尼在这里将利古里亚语和高卢语区分开来。Padusan 这个名字是高卢语，据说该词源于生长在岸边的云杉。Bodincus 这个词会让人联想到德语的 Boden（"土地"）、Bodensee（"博登湖"）以及与这一德语词相关的一些外语单词。Tiefe（"深度"）和 Grund（"土地"）属于相关概念，就像希腊语中的 βυθός 和 πυθμήν 一样，它们所表述的种类名词可以很好地用来命名湖泊和海洋。

因此，应该将意大利与那些盛行凯尔特语名字的地区区别对待。毫无疑问，现有名字中还隐藏着一些真正古老的意大利本土名字，但是我们还无法真正地识别这些名字并认定其来自于意大利这个伟大的民族。相较于伊塔利语（Italisch）[1]，还没有哪一种早期的本地语能够比它更富于活力，而那些伊塔利语留下的文字遗迹，虽已与希腊语和拉丁语相混合，但如若研究便有可能得出地名方面可靠的成果。然而，

---

1 伊塔利语（Italische Sprachen）是古典时期意大利半岛和西西里使用的语言，后被拉丁语替代。（译者注）

希腊和意大利这两个国家在古典时代便拥有最为发达的语言和最为繁荣的文学，同时也分享着相同的命运：与那些未开化的国家相比，这两个国家对于其早期居民的认识更加不明确，而这恰恰是他们拥有发达语言的自然结果。因为那些无法与之融合的东西早已变得黯然失色并已被彻底遗忘。由于意大利在这方面未能提供确切的线索，所以通过考察凯尔特语地名的使用来辨识西班牙半岛上的外来名字，这种方法不能用来研究意大利的地名。因而，我们只能满足于筛选出那些与真正的伊比利亚语或巴斯克语有着明显相似之处的名字。下面我将仅限于介绍这种相似性，而不去考虑由此可能得出的结论，也不会依据一定的假设而对地名进行考察。

滔林人（Tauriner）（Mannert.III.*p.*487.）的 Iria（Plin.I.150.*p.*6.）能够联想到巴斯克语中 Stadt 一词，以及卡拉伊肯人的 Iria Flavia。托勒密将西班牙城市（II.6.*p.*44.）Ἰρια 用伊塔利语（III.1.*p.*71.）写成 Εἴρια，后者的词首元音似乎曾与 e 音混合，这使得早先一些发 ei 的拉丁语音节之后变成了长音 i。因此，这让人对这些词的起源产生怀疑。

据说撒丁岛（Sardinien）上的 Ilienses（伊伦塞斯人）曾是特洛伊人（Trojaner）的一支，其名字源于 Ilium 一词。即便不考虑所有这类讲述所具有的不可靠性，那么也可以肯定，在保萨尼亚（Pausanias）[1]生活的时代（X.17.*p.*4.）这一民族居于山区，他们的衣着和生活方式与保萨尼亚斯称为利比亚人（Libyer）的并无区别。同时，在这些像野蛮人一样生活的伊伦塞斯人中也无法找到其起源于特洛伊民族的线索。很可能只是他们的名字引发了相关的猜想，并由此虚构了这样的神话：他们的祖先由于逆风脱离了埃涅阿斯（Aeneas）其他的追随者，此后先于利比亚人逃入山区（据说该民族那时已经接受了利比亚人的生活方式），

---

[1] 希腊地理学家。（译者注）

并以难以通行的危岩和深谷进行防守。如果说这些伊伦塞斯人在外形上（τάς μορφάς）也与利比亚人相似，那就是一种自相矛盾的说法，因为不能将外形理解为服饰、武器和行为这些外在方面。出于某些原因，有人认为 Ilienses 是 Jolaenses 的形变（VV.DD.ad Melam.II.7.p.19.）。但更有可能的是，本身有一个未开化的、原本就居住于此或者很早就移居于此的山地民族叫这个名字，这样也就更容易解释他们为什么对罗马人会有那种程度的顽强抵抗了，利维乌斯（XL.34.）称其为"前所未见的完全和平的部落"（gentem ne nune quidem omni parte pacatam）。如果他们的名字是巴斯克语，那么他们的栖息地就称为 Iria 或 Ilia，他们本身就是被希腊人和罗马人称为的 Ιλιεῖς 和 Ilienses。保萨尼亚明确指出（l.c.），是伊比利亚人迁徙到了撒丁岛并首先在该岛上建立了城市。只是这座城市的名字 Nora 以及伊比利亚的首领 Norax 无法让我联想到巴斯克语的词根音（Ritter.Vorhalle.p.356.）。

位于普利亚地区（Apulien）的 Uria（Plin.I.167.p.4.）与巴斯克语的以及图尔杜勒人的城市 Urium 相一致（第 14 节）。托勒密虽然提到了 Hyrium，但无法确定它们是否指同一个地方。

可以认为从上述 uria 或从 ura（意为"水"；第 15 节）派生而来的名字有：比森内尔人（Picener）的 Urba Salovia（Ptol.III.1.p.72. 这种看法有问题，关键并不取决于词中的音节）；Urbinum，表示"两个水域之间的地方（第 15 节）；科西嘉岛（Corsica）上的 Urcinium（Ptol.III.2.p.75.），同巴斯特坦人的 Urce 同音；科尔斯加岛和伊特鲁里亚地区（Etrurien）之间的小岛 Urgo（Plin.I.159.p.23.），但是斯蒂芬·拜占庭斯（Steph. Byz.）称之为 Orgo，与贝蒂卡地区的 Urgao 相一致；卢卡宁地区的 Ursentini（Plin.I.166.p.1.）与贝蒂卡地区的 Urso 和 Ursao 相似；也许还有西西里（Sicilien）的 Agurium（Ptol.III.4.p.79.），但在西班牙找不到与之完全相似的名字。而在 Itin.Anton.（p.447.）中所提到的 Agiria 太过不确定，因为它也可读成 Argiria，同时没有其他人还提到过这个地方。

Astura（Plin.I.152.*p*.16.）是位于安蒂姆城（Antium）附近的河流和岛屿。费斯图斯（Festus）称之为 Stura，并进一步补充道：一条称为 Asturam 的河流（flumen quod quidam Asturam vocant）。非常值得商榷的是，其中字母 *a* 是否原本就有，只是随着时间的推移消失了而已，还是由于写法的多样性 *a* 只是装饰音。西班牙许多其他地区、包括现今西班牙的一部分地区和巴斯克地区，那里地名的类比分析以及根据语言结构体系所能得出的词源关系都已经在上文列举（第 13 节）。而在意大利，同一个词可以用另一种方式、由另一种语言构成。事实上，我自己在当地、就也是现在称为 Astura 的塔楼附近时并没有发现山崖的痕迹，从那里一直到内图诺（Nettuno）（亦即 Antium）的整个海岸都是平坦的沙地。

利古里安内陆地区的 Asta（Plin.I.150.*p*.8.）与巴斯克语表示"岩石"的词和图尔代丹人的 Asta 相同。除此之外，在古西班牙的一些地名（第 13 节）和现今西班牙的众多地名中都找不到这一词根。但不可忘记的是，这一名字也可以源自希腊语的 ἄστυ、ἄστυρον（Astura）。在分析意大利地名的词源时，一定不能忘记它们可能起源于发音相似的希腊语单词。

Osci 不能与西班牙语中的 Osca 以及其他同名的城市相提并论，因为它实际上是叫 Opici，而后变成了 Opsci，其中 *s* 不属于词根部分。而 Volsci 就更加与此无关了，这一名字似乎更多的是源自一个完全不同的词根[1]。

---

[1] 我同意《海德堡年鉴》（Jahrg.9.S.851.）中表达的观点。这两个名字的词根明显不同，正如 Ausones 和 Aurunci 有不同的词根。莱茨（III.617.）认为 Volsci、Tusci 以及 Etrusci 之间也存在着很近的亲缘关系，但没有人同意这一观点。尼布尔（*Röm. Gesch*.I.50.）认为，在古语中 Opscus 和 Tuscus 意思恰好相对，不过由于缺乏论据，这一观点难以验证。世人所公认的学者对同一名字的看法也会如此不同。

Ausones 一词可以联想到西班牙语的 Ausa 和 Ausetaner。不过即便这一名字与 Aurunci 有亲缘关系，那么它也一定有其他的词根。

伊斯特拉半岛（Istrien）的河流 Arsia（Plin.I.175.*p*.19.）可以联想到贝图利地区（Baeturien）的 Arsa。

卡拉比利亚地区（Calabrien）的 Basta（Plin.I.166.*p*.14.）与巴斯特坦人的 Basti 相一致（第 18 节）。

Basterbini（巴斯特比尼人；Plin.I.168.*p*.7.）是萨伦蒂纳人（Salentiner）的一个分支。*er-bestatu* 在巴斯克语中有"迁徙""交换土地（*erria*）"之意；由此、并从上面提到的 *basoa*（意为"森林"）似乎能推断出这个名字，将其解释成"来自森林山区的居民"。西西里有 Erbita 这一地名（Diod.XIX.6）。

伊特鲁里亚地区的 Biturgia 几乎与巴斯孔人的 Bituris 发音相同（第 14 节）。

斯蒂芬·拜占廷斯（v.*Κάμπος Etymol.Magn.v.Καμπανοί*.488.*p*.39. ed.Sylb.）认为 Campania 源自城市 Campus，而这个城市名又来源于其创建者 Campanus。但是该词真正的词源应该是 *campus*，意为"田野"。以前的作者也觉察到了这种联系，如《大词源》（*Etymol.Magnum.l.c.*und v.*χαμπή*）就提到了，只是派生的顺序恰好相反，是从地名中来寻找词源。狄俄尼索斯的尤斯特修斯（Eustathius zum Dionysius）也明确提出了这个词源。人们还对比了沃修斯（Vossius）的《词源》（*Etymologicon h.v.*）并发现，拉丁语和希腊语也有 Campania 这样的地名，似乎源于西西里。而赫西丘斯（Hesychius.*v.άμπος*）则证实，那里用该词来称呼"赛道"。但这一命名并不是出于赛跑时身体的弯曲，而是源自"平原"。因而说该词源自西西里让人生疑，其真正的来源似乎是巴斯克语。在巴斯克语中，*campoan* 意为"外面"，是 *barruan*（Larram.Gramm.*p*.324.）（意为"里面"）的反义词，并由此形成了该词的动词词义"取出""出来"，而表示"田野""平原"这样的词义则使用要相对少得多。在巴斯克语中,该词最初表示"户外""空旷""打开"。但是克里特语(Kretisch)的 χαμάν,意为"农田"(Hesychius.h.v.),并非源自 χάμνω,似乎是由巴斯克语或拉丁语中更为简单的词根音节派生而来。很可能与 γάω 和 γαία 有关。我没有找到比较确定的伊比克里特利亚地名。

萨宾人(Sabiner)的 Curenses(Plin.I.169.p.5.)和贝蒂卡地区的 litus Corense 相似,而与撒丁岛的 Gurulis 几乎读音相同(Ptol. III.3.p.77. 第 17 节)。但前者还有另一个更为合理的、更多是伊塔利语的词源解释[1]。

翁布里亚地区的 Hispellum(第 18 节)。

---

[1] 请允许我在此简短地介绍几个单词,它们是如此的相似,以至于不得不相信它们之间具有亲缘关系。根据塞尔维乌斯(Servius)的说法(莫鲁斯·塞尔维乌斯·诺拉图斯,公元4世纪左右的古罗马拉丁语文法学家——译者注),Curia 是古伊塔利语词,不是由 cura 一词衍生而来。但我在此看到了与 urbs 相同的词根,但并不包括字母 c。Urvus 和 curvus 相同,也属此列。Urvus 可理解成"折回来的曲线",urvare(意为"包围")便源于此,所以,urbs 和 urvus 的主要含义是"包括""从普遍中分离出特殊的场地"。Curia 似乎也有相同的含义。我认为,它最初的意思是 Curien 一词所表达的"寺庙",因为根据用来祭祀的建筑去命名从事祭祀的族群,相比反其道而行之更为自然。在 Curie 和 urbs 中,"划定界限"并不是惯常概念,它们更多的是表达"神圣的供奉""神圣与非神圣之地的分离"。用来表示"划出圆周线"的是 aratrum 一词,尤其是 urvum aratri。Arare 一词我认为只表示"开沟""划出直线"。在不规则、不对称的大自然中划出显然是人类艺术作品的直线,这尤其会让那些尚未习惯耕种的人感到惊讶。尤利西斯(Ulyss)以开垦笔直的垄沟而著称。因此在意大利半岛建城之时,伊特鲁里亚人(Etrusker)似乎将实际需要、宗教习俗和其语言的古老词根音节结合在了一起。在希腊语中,同样的类比性也体现在 δρος、άρόω 还有 χνρτός 中了,只是最后一个词少了一个词首辅音。不过,这些词没有用于寺庙、建立城市以及划分民族的那种神圣和政治意义。在德语中,aeren 表示"耕田犁地""弯曲""行列"。在巴斯克语中,ara-tu 有"耕田犁地"的含义。但是,"线条""直线""规则"这一基本概念在 ara 和 era(参见第 153 页脚注 1)中由元音交替表现,就像希腊语中的 άοω 和 έρω;gur 是根音节,表示"弯曲",uria 代表"城市"。Uria 虽然还可写成 iria,但是有一个疑问,在所有这些词中,r(声音尖锐的字母,持续发出嗒嗒声)是否是最重要的语音,如同德语的 Reihe 一词。同样,德语中 Ort 一词也属这一类型,只是若要提供佐证,在这里就会显得过于冗长。这里所做的介绍并没有什么牵强附会,而是对每一点都可以提供大家所熟知的证据。上述介绍可以看出,罗马人最接近巴斯克人,其次为伊特鲁里亚人(Etrusker)。语言的一致性似乎在农耕文化和政治机构中得到了体现。但是我并不是想证明伊特鲁里亚人是伊比利亚人的祖先,反之亦然。

注入波河（Po）的河流 Lambrus（Plin.I.173.*p*.8.）可与卡拉伊肯人的 Lambriaca 和 Flavia lambris 相比较（第 17 节）。

Mugantia 是西库勒人（Siculer）的一座城市（Diodorus Sic. XIV.78.），该地名以多种形式出现在了不同作者的笔下。据斯特拉波的推测（VI.2.*p*.4.），这座城市为一个同名的未开化民族所建。尽管斯特拉波认为这个民族不同于伊比利亚人，但根据埃福鲁斯（Ephorus）的论证，他们甚至更早就来到了西西里。然而这一说法并非完全可信。倘若那里有过一个拥有巴斯克语名字的部族，同时依据传说那里也曾生活过伊比利亚人，那么就可以猜想这的确是一个伊比利亚部族。在西班牙与其同名的地方叫 Murgis，词根是 *murua*（第 17 节）。能够这样来解释该地名的这一起源：Morgetes 和 Morgentina 这样的形式只出现在希腊语中，而这只是未开化民族地名的变化形式，相反罗马人却保留了古伊塔利语的语音[1]，字母 *u* 起着主导作用。

拉蒂姆地区（Latium）和坎帕尼恩地区（Campanien）的 Suessa（Plin.I.154.*p*.10.I.383.*p*.9.）与 Suessetaner 一样，是伊乐盖腾人的一个部落（第 30 节）。而 Suessula（Plin.I.155.*p*.9.）作为地名来自 Suessa，就像 Deobrigula 与 Deobriga 的关系一样，而上文（第 14 节）提到的很多别的西班牙城市名字也是这么产生的。

33.
色雷斯地区（Thracien）的巴斯克语地名

在结束对西欧一部分地区的地名进行简要考察之前，有必要提一下色雷斯语（Thracisch）的一些地名。如果想象很多民族从东向西迁移，

---

1 与巴斯克语同源的这样一个古伊塔利语词，我认为是 murus（参见第 148 页脚注 1）。

那么色雷斯地区则属于行进过程中的一条要道。无可否认的是，凯尔特人到过这一地区，因为从潘诺宁到卢西塔宁都能找到他们行军和栖息的踪迹。特别是有一类带有 -briga 和 -bria 的名字值得研究，这里就要考察一下它们的起源。据称，*Bria* 是色雷斯语中的一座城市名（Stephanus Byz.*v.Μεσημβρία*.Strabo.VII.6.I.*p*.319.）。Mesembria（*Herodotus.* VI.33.）[1]，Selymbria（Strabo.*l.c*.）和 Poltyobria（Nicolaus Dam.*Fragm.l*.5.）这三个城市名都以 -*bria* 结尾，据希腊作者所提供的佐证，这些名字是由建城的种植者的外来名字与本土的种类名字共同构成。古典时期的许多城市、还有一些西班牙城市的名字也是如此而来。但是 Mesembria 或者 Mesambria 的词源还有待商榷，因为在一个完全不同的地方、亦即在爱琴海（Aegaeischen Meer）(Herodotus. VII.108.) 边还有这个地名。色雷斯有座城市叫 Brea，是上述词根的单词形式，只是有一个元音发生了变化，那里雅典人（Athenienser）曾建立殖民（Hesychius.*v.Βρέα*）。而 Briantica 指的并不是一座城市，而是一个地区，那里环绕着莱什河（Fluss Lissus）的整个一带都叫这个名字。但奇怪的是这个名字是新的，之前那里叫 Gallaica。此外，还必须提一下大家所熟知的民族 Bryger，或者更确切地说是 Briger（Ritters Vorhalle Europ.*Völkergesch.p*.25.），我认为它与带有词缀 -bria 和 -briga[2] 的那些名字之间存在什么联系是不太可能的。

关于与巴斯克语极其相似的名字我要做一下说明：Iliga（*Itin. Hierosolym.p*.567.）应该是 Helice 的形变（*Itin.Anton.p*.136.），但 Helice 这个词看起来更像是用希腊语音写成的本土名字。这个地方位于

---

[1] 此处韦瑟灵（Wessling）虽然认可了从 οἴχησαν 到 οἴχισαν 的变化，但是前面的表述显然更为确切，因为这并非是一座新建的城市，而是早就存在了。

[2] 由此赫罗狄安（Herodianus）(Steph.Byz.*v.Βρίγες*) 称这个民族为 Βρίγαντας，但是从地理和历史的角度却无法得出这个结论。这仅是一个语法的补充说明。

一个不毛之地，如果了解一下巴斯克语的词源，就可以发现该名字可能产生于该地区开发之前，表示"没有城市的"。

河流 Arsia 在讲到意大利地名时（第 32 节）已经提到过了。

Oescus Triballorum 是一个古老的本地地名和河流名，同样可以与 Osca 相比较。

即便这些名字很多与巴斯克语有较大的相似之处，我也并不认为需要对其特别关注。在这样一个遥远的地区，没有什么确凿的历史根据来说明这些地名的相似性，因此，即便相同的语音也极有可能源自完全不同的词根。

34.
回顾研究，提出问题

本文旨在通过考察地名来研究古典时期遗留下来的关于巴斯克语的一些踪迹，而地名几乎是在这些地区唯一能够找到的相关遗迹。现在地名考察已经完成，接下来的关键是以此为基础进行一些后续工作。我们要充分利用前人提供的证据，因为如果仅仅依据词源分析，这样的工作并非易事。接下来需要解答的问题如下。

• 今天巴斯克人的祖先真的是古伊比利亚人吗？

• 巴斯克人的祖先是否只有伊比利亚人，还是还有与他们语言相近的或者讲其他语言的部落？

• 是否是这些伊比利亚人，抑或还有其他民族、那么又是哪些民族（已知的古典时期发达民族的移民除外）曾经居住在西班牙半岛？

• 除了西班牙半岛，伊比利亚人还到过哪些地方？

• 各地伊比利亚人的来源是否只能推测臆断？

35.
讲巴斯克语的伊比利亚人的栖息地

在托勒密（II.6.*p*.48.）整理的巴斯孔人的地名中，不仅有一眼便可辨识的巴斯克语语音，而且还有一些可以在西班牙其他地区发现的外来语音。巴斯孔人的居住地现在依然讲巴斯克语，因此我们无法认定，今天他们所讲的语言——随着时间的推移必然也发生了很多变化，是否依然是古伊比利亚人的语言。恰恰这个民族也很少为西班牙其他地区发生的历史事件所波及。除了仅有的一次加拉古里斯（Galaguris）绝望的抵抗，他们并没有卷入与罗马人的战争。即使没有脱离罗马人的统治，他们也能远离罗马人在山区自由地生活。具有同样生活状况的还有靠近地中海的他们的邻邦以及生活在比利牛斯山另一边的一些民族。这些地区的地名（第23、26节）有的极少有外来词，而有的则最能体现巴斯克语的特征。根据古典时期相同的记载，在比利牛斯山区或其两侧居住着伊比利亚人。这些伊比利亚人就是今天巴斯克人的祖先，这一点毫无疑问。阿基坦那里也和巴斯孔人一样无法忍受罗马军队。法国和西班牙作者在讲到古典时期时都将巴斯克人称为坎塔布里亚人，这显然是不对的。因为如果说是奥古斯特（August）组织的迁徙或者是他们自己后来在哥特人时期（Gothen Zeit）的入侵，使坎塔布里亚人来到了今天的比斯开湾，但比斯卡亚不是巴斯孔人生活的地区。然而，即便是这一前提条件本身仍然非常令人怀疑，人们可能仅仅出于民族的虚荣心不愿意将今天的比斯卡亚人看成卡里斯蒂人和瓦尔杜人的后裔，因为他们在历史上鲜为人知且并不善战（Oihenart. *Not.utriusque Vasc.c*.6.*p*.18.）。事实上，不仅是坎塔布里亚人的居住地与巴斯孔人隔离——其间居住以上两个民族以及奥特里贡人，而且坎塔布里亚人和他们东部相邻地区的地名都混杂着依我看并非巴斯克语的语音[1]。就以前的作者对这两个民族个性的描写来看，他们也存在着差异。坎塔布里亚人十分好战，而这成为了他们个性特点的修饰词。据说巴斯孔人同样勇敢，他们甚至鄙视在战斗中用头盔来保护自己，因此被称为"不习惯戴头盔的巴斯孔人"（*Sil.Ital.*III.358.V.197.IX.232.）。这种习俗可能与其轻盈的装备有关（*Sil.Ital.*X.15.）。但战争若是这个民族的家常便饭，那么他们自然就会习惯使用安全的防护武器。从历史上也可看出巴斯孔人具有相对和平的思想，而这很可能是他们享受山中宁静生活的结果。

36.
按照伊比利亚半岛各民族对巴斯克语地名的分类

确凿无疑为巴斯克语的名字遍布于整个西班牙半岛。上文（第13—20节）对地名的考察证实了这一点。由于此前是依据词根讨论这些地名，并未顾及其所处的地理位置，所以在这里我想要按照不同民族对这些地名进行分类。当然，这里只涉及确实证明是巴斯克语的地名，而忽略那些只是发音相似、或者在词源分析上牵强附会的名字，因为重要的并非数量，而是要有确实的证据。

1．贝蒂卡地区

a．伊比利亚各民族，图尔代丹人和图尔杜勒人

Astigi（三次）、Astapa、Asta（第 13 节）、Esuris、Ulia、Ilipa、Ilipula（两次）、Iliberi（第 14 节）、Urbona、Urgia、Urgao、Urso、Ucubis、Illurco、Ilurgis（第 15 节）、Iliturgis（第 16 节）、Aranditani、

---

[1] 尤维纳利斯（*Sat.*XV.V.*p.*93-110.）似乎将 Vasconen 和 Cantabrer 这两个名字当同义词使用。但如果我们仔细观察，便不会认为它们相同。可能只是出于诗行的原因，才用 Vanbaber 替代了 Vasco，但这里的重点不是指这个民族，而是泛指该民族的居住地。

Arsa、Artigi、Balda、Balsa、Litus Corense、Escua、Malaca、Munda、Murgis、Onuba、Salduba、Selambina（第17节）、Vesci、Osca（两次；第18节）、Menoba（第19节）、Carissa（第20节）

b. 凯尔特各民族

Laconimurgi（第14节）、Turiga（第16节）和 Curgia（第17节）可能属于同一个名字

2. 卢西塔宁地区

a. 主要为卢西坦宁人

Langobriga、Langobriten（第14节）、Verurium（第15节）、Aravi、Moron、Munda（河流）、Mundobriga、Talabriga、Talori（第17节）、Mendiculea（第20节）

b. 维托人

Laconimurgum（第14节）

c. 凯尔特各民族

Lancobrica（第14节）

3. 塔拉科西班牙省

a. 北部地区各民族

aa. 卡拉伊肯人，包括当地的凯尔特人

Iria Flavia、Ulla（第14节）、Mearus、Navilubio、Lambriaca、Lapatia、Talamina（第17节）

bb. 阿斯图里斯人（Astures）

这一民族本身的名字，Asturica（第13节）、Bedunesier、Flavionavia、Laberris、Maliaca（第17节）

cc. 坎塔布里亚人（Cantabri）

Aracillum、Murbogi、Octaviolca、河流 Sanda（第17节）

dd. 卡里斯蒂人（Caristii）

这一民族本身的名字：主要写法为 Carietes（第 20 节）

ee. 瓦尔杜利人（Varduli）

Alba、Morosgi（第 17 节）、Menosca（第 18 节）

ff. 巴斯孔人

Graccuris、Calaguris（第 14 节）、Bituris（第 15 节）、Iturissa（第 16 节）、Alavona、Balsio、Curgonii、Edulius mons、Tarraga（第 17 节）、Bascontum（第 18 节）、Menlascus、Oeaso（第 20 节）

b. 中部地区各部族

Solurius mons、Urbiaca（第 15 节）、Albonica（第 17 节）、Orospeda（山脉）、Idubeda（第 20 节）

aa. 瓦卡耶人

Albocella（第 17 节）

bb. 卡尔佩坦人

这一民族本身的名字：主要写法为 Carpesii（第 20 节）、Ilurbida（第 15 节）、Ilarcuris（第 14 节）、Arriaca（第 17 节）

cc. 奥莱塔人（Oretani）

这一民族本身的名字，Oria（第 20 节）、Lacuris（第 14 节）

dd. 伊勒盖特斯人（Ilergetes）

Calaguris（第 14 节）、Ileosca、Vescitania、Osca（第 18 节）

ee. 莱切塔尼人（Lacetani）

Ascerris（第 13 节）

ff. 凯尔特伊比利亚各民族

Urcesa（第 15 节）、Turiaso（第 16 节）、Alaba、Bilbils、Larna、Malia（第 17 节）

gg. 卡斯特拉人

Egosa（第 17 节）、Basi（第 18 节）

c. 南海岸

Ildum（第 17 节）

aa. 巴斯特坦人

这一民族本身的名字，Basti（第 18 节）、Urce（第 15 节）、Abula（第 17 节）

bb. 康特斯坦人

Lucentum（第 17 节）

cc. 埃德坦人

Hedeta（第 19 节）、Uduba（第 15 节）、Leonica、Salduba（第 17 节）

dd. 赫卡翁人（Ilercaoner）

这一民族本身的名字：主要写法为 Illurgavonenses（第 15 节）、Biscargis（第 18 节）

ee. 科塞坦人

Iluro（第 15 节）

ff. 拉莱塔尼人

Larnum（河流；第 17 节）

37.
巴斯克语在整个伊比利亚半岛的分布

如果仔细阅读上述列表，我认为就不得不相信西班牙半岛上任何一个民族居住的地区或地方都存在着一些地名，它们在语音系统、词根、词尾以及复合构词上都与今天的巴斯克语相同。在所有相对较大的部落居住地都能找到这样的地名，如果说奥特里贡人、洛贝坦人（Lobetaner）、奥尔卡德人（Olcader）、塞雷塔尼人（Cerretaner）、奥泽塔纳人以及英迪盖特人那里没有，那只是因为他们是相对较小的族群，他们遗留下来的名字本身就很少。当然,也会经常有一些偶发现象,致使真正的伊比利亚名字没有留在作者笔下。其原因一方面可能是伊比利亚语音会让人产生陌生感,另一方面是使用这些名字的小镇或村庄无足轻重。而那些重要的城市通常是由外来者命名的。不容忽视的是,很多地名有可能就是巴斯克语,只是我们无法确定它们的词源。然而有一点可以肯定,巴斯克语的名字在西班牙半岛上分布并不均衡。根据地理位置,其中大部分名字出现在巴斯孔人居住区,其次是贝蒂卡的图尔代丹人和图尔杜勒人那里。这几个地区的地名中出现了大量纯正、本原的巴斯克语语音,这无疑说明了图尔代丹人的方言与今天的巴斯克语相同,或至少十分相似。[1] 根据地理面积的大小,卢西塔宁地区(Lustanien)的巴斯克语地名显得非常稀少,当然有一些地名确凿无疑是巴斯克语。其中原因可能是卢西塔宁地区很多大一点的城市其名字都以 -briga 为结尾,而恰恰是这些地名为地理学家和历史学家所经常提及。因而我们很少有机会找到真正的本地地名。在前面述及地名的全部地区中,那些出现外来语、非伊比利亚语地名的地方巴斯克语地名也相对较少。如果巴斯克语地名非常分散,如只在贝蒂卡地区就有 Astapa、Iliberis、Urgao,卢西塔宁有 Mendiculea,北海岸有 Iria、Flavionavia,内陆有 Oria、Orospeda 以及 Idubeda,南海岸有 Lucentum 和 Iluro 等,那么这

---

[1] 尼布尔的《罗马史》(I.111.)中所声称的事实恰好与之相反。但即便如书上所言,认为这一研究[也就是由懂巴斯克语的人来研究贝尔格斯阿登人(Bergarde)的词汇]有不同的结果,那么也并没有推翻上述假设,而证明图尔代丹人的语言与巴斯克语方言完全不同,并且现在已经完全消失了。非常遗憾的是,书上这一观点并无佐证。我的研究取得了与之相反的结论。我找不出任何的理由来说明图尔代丹语不同于巴斯克语。而我的地名研究提供了充分的证据,证明这两种语言的一致性,而且我知道我并非妄加猜测,因为除此之外没有任何其他方式能够解释为什么在贝蒂卡地区存在大量真正的巴斯克语名字。这些地名无论在地理上还是语言学上都无法归属该地区的凯尔特人,而这里可以想得到的图尔代丹人,根据斯特拉波(III.1.*p*.139.)的说法,他们和图尔杜勒人关系紧密,无法想象这两个族群会使用两种不同的语言。卡特(Carter)(*Journey from Gibraltar to Malaga*.I.83.)曾经提到,根据普林尼的说法,图尔代丹语是凯尔特伊比利亚语的一种方言,不过我们并不清楚他引用普林尼的具体出处。

些分散的地名表明，讲巴斯克语的伊比利亚人曾经到过那里，或者从那里被驱逐了出去，而要到达这一地区他们也必然要穿越一些中间地带。所以我相信上面已提出的观点，认为以前的伊比利亚人就是巴斯克人，他们与今天的巴斯克人语言相同或相似，这些伊比利亚人曾经分布居住在西班牙的所有地区，而非局限于某一处，这是毋庸置疑的。

现在的巴斯克语具有丰富多样的词汇形式和语法形式，我认为这是它曾经分布广泛的非常重要的证据，对此我曾在一篇文章中有所论述。[1] 如果这些丰富的形式产生于有限的生活空间和一个或少量的部落，那就会显得非常不合理。但如果我们假设，大量分布各地的部落随着时间的推移和出于某些事件而聚集在了为数不多的山谷地带，那么就完全可以理解了。

最后，请允许我在这里提一下巴斯克语中有些概念的相似性，这也许能说明一些问题。*Atzean* 表示"回来""在后面"，*atzea* 意为"外来者"。巴斯克民族最初认为外来者生活在他们身后。这难道不能够说明，这个民族很久以来就居住在比利牛斯山脉和大西洋之间，位于欧洲的尽头，且在很长一段时间里一直没有和其他民族混杂，他们只是传闻，在他们的后面、在祖先曾经穿越过的地方还生活着其他民族？

38.
伊比利亚人是"一个"庞大的民族

所有伊比利亚人究竟是组成了拥有不同方言的一个民族，还是组成了使用不同语言的多个民族？除了伊比利亚人和凯尔特人，在西班牙半岛上是否还有其他原住民？上文有所说明，本文的研究不考虑布匿人[2]、

1　Zusaätze zum Mithridates.S.38.
2　历史上源于迦太基的民族。（译者注）

希腊人和罗马人的殖民点。刚才提出的问题着实不易回答，因为伊比利亚人这个名字不仅是人种学的概念，而且更主要的是一个地理概念。只有在罗纳河（Rhodanus）以西、地中海北岸的居民原本被称作伊比利亚人，而西班牙内陆地区的居民当初并没有一个共同的名字。波利比乌斯（III.37.*p*.10.）明确指出，在他那个时代，西班牙半岛靠近大西洋的那一边还没有提到伊比利亚人这个名字。希罗多德（Herodot）笔下的伊比利亚（I.163.）显然只是指沿海地区，或者可能仅仅指海岸线一带，因为那一带的居民让人联想到了利古里亚人，而伊比利亚人来自高卢，他曾提到过他们在西西里当雇佣军（VII.165.）。直到很久之后，伊比利亚的名字才使用于整片地区，但没有研究证明，被称为伊比利亚人的北部和南部部落是否真的属于同一种族。曼纳特的评判一向都非常谨慎，他说得很有道理，认为（从以前作者的文献中）无法证明北部和西部地区的居民与居住在东南部真正的伊比利亚人有着相同的起源（I.238.）。以前的作者也不想明确指出他们的共同起源，这体现在很多文章中，其中西西里的一位叫狄奥多罗斯的（V.34.）通过瓦卡耶人做出过证实。他将瓦卡耶人看作区别于凯尔特人的民族，但他并没有说，他们因此就是伊比利亚人。按照他的看法，瓦卡耶人自己形成了一个独立的民族，但他认为卢西坦宁人是伊比利亚人。与此相反，阿皮安[1]则明确称瓦卡耶人为凯尔特伊比利亚人的一个部落（VI.51.*p*.43.VI.54.*p*.26.）。由此可见，以前的作者对于这些民族的认识也充满了不确定性。照此推理，曾经在北部和西部生活的一些民族有可能既不是凯尔特人，但也不是伊比利亚人、或者至少是讲不同语言的伊比利亚人。除此之外不大可能还存在其他的情况。曼纳特也认为，除了凯尔特人之外，西班

---

[1] 在他历史书的引言中（c.3.），Ἰβηρία τε πᾶσα – τελευντωντες 一定是分词，根据意义也指 Ἰβηρία。不过通过这些信息还无法获悉凯尔特伊比利亚人有什么较为特别的居住地。书中之所以提到他们，因为整个地区就只有他们和伊比利亚人。

牙的所有居民都来自相同的民族，这一点是无法辩驳的。当然，我们也可以进一步说，如果仅仅局限于这些以前作者的看法，那就没有必要产生其他的观点了。但是，有两个明确且恰当的理由，即凯尔特伊比利亚人这个名字以及对所有地名的研究结果，表明西班牙半岛上只有伊比利亚人和凯尔特人，而再也没有其他的民族了。凯尔特伊比利亚人这个名字显然很早之前就已经存在，由于凯尔特人和伊比利亚人的混居并不发生在沿海地区，而是在北部、或至少在中部地区，所以当时在那里就有伊比利亚人。倘若伊比利亚这个名字来源于外来群体，但却是通过当地居民的讲述而为人熟知，那么这也说明了这些原住民对他们内陆邻居的认识是正确的。然而，我们始终无法确定伊比利亚人向远方一直延伸到何处。此外，地名提供的证据也不能穷尽所有。我们已经看到了巴斯克人毫无例外地遍布了整个西班牙半岛。如果认为北海岸和西部的伊比利亚人，除了和凯尔特人之外还与另一个民族混杂在一起——对此以前的作者和地名都没有给出任何明确的提示，那么这就是一个毫无根据且毫无可能的猜测而已。[1]

39.
伊比利亚人只有"一种"语言

所有伊比利亚人组成了一个种族（γένος），但又划分成不同的部

---

[1] 认为与伊比利亚人混杂的利古里亚人曾经居住在高卢南海岸、同时占据了西班牙的部分地区（Riscos Fortsetzung der *España Sagrada*，T.32，*pp.*7-9），这种观点我认为不值一提。它的根据只是修昔底德（Thucydides；VI.2）关于利古里亚人将西坎人（Sicaner）驱逐出了伊比利亚半岛的说法。曼纳特（I.447；I.448）说得很对，这些西坎人可能有着利古里亚人的习性，但是他们并非来自伊比利亚半岛，而最多来自高卢南海岸的伊比利亚人的栖息地。如果不是这样，那么其他作者也一定会提到西班牙的利古里亚人。里斯克（Rico）提到了阿维努斯（Avienus）的《海岸》（*Ora maritima*；v.129-139）。此处关于利古里亚人的记载并无新的内容，也只是提到他们居住于高卢（Mannert.Th.2.Band.1.*p.*2.）。

落（φϋλα）并有着不同的名字。希罗多德（Herodorus.*Vossius de hist. Graecis*.III.*p*.374.）在涉及斯蒂芬·拜占庭斯（*v.Ιβηρίαι*）第十卷关于大力神 Hercules 的历史时，对此加以了佐证。据我所知，之前没有其他作者如此确定地表达过这一点观点，但也没有人提到过伊比利亚各部落由于语言的不同而存在差异。普林尼明确并一阵见血地指出了伊比利亚半岛上的伊比利亚人和凯尔特人的不同之处，其实伊比利亚人内部差异之大也如出一辙。但这一点普林尼丝毫没有提及。还有人以斯特拉波的著述为依据（III.1.*p*.139.），而粗略一看似乎这样的证据无以反驳。斯特拉波在谈到图尔代丹人古老的文字遗迹和诗歌时说道："其他的伊比利亚人也使用了这种文字，但并非同一种方式，也并不是同一种语言。"[1]那些坚持认为在古西班牙只有巴斯克语占据主导地位的人，通常将这句话解释为斯特拉波只是在谈不同的方言。事实上，希腊人和罗马人都不屑从原始民族的特点出发去仔细了解与之相关的事宜，因此，这种混淆

---

[1] καί οί ϋλλνι δIβηρες χρωνται γραμματικῖ, οὐ μιᾶ ἰδέα ονδε γάρ γλωττι μία。在最新的巴黎译本中，此处为："*Les autres Ibères s'appliquent aussi aux belles lettres; mais leur litérature n'est pas partout la mème, parcequ'ils ne parlent pas tous la mème langue.*"（"其他伊比利亚人也使用文字，只是他们的文学作品都不尽相同，因为语言不尽相同。"）如果要这么理解斯特拉波的意思，那就高估了当初那些民族的教育水平。斯特拉波不太可能要说，文学并不是到处都一样的，因为那时还没有什么文学。对斯特拉波论述的那位概述者（Hudson's Geogr.*Min*.Vol.II.*p*.25.）对语法的表述使用了真正的语言学概念：Αλλά καί άλλοι Ιβηρες ούχ όμόγλωσσοι όιτες, γραμματικαίς χρωνται τέχυαις ἐκαοτοι κατά τήν υδίαν γλωουαν。他可能想要说，他们的语言拥有语法规则，但是最自然的意思是我以上给出的解释，以及哈勃克里申（Harpocration）讲述伍尔夫（Wolf）关于荷马（Homer）的作品的前言部分第 63 页注释 29 时所讲的：V. Αττικοίς σράμμαυι τήν γάρ του εἴκουι τεσσάρωυ στοιχειωυ γραμματικήυ όψέ ποτε παρά τρίς Ιωσιυ εὑρεθῆυαι。非常相似的是拉丁语的表述：literatura, ut antiqui vocabant, die Kunst, per quam pueris elementa traduntur（*Sen.Epist.p*.88.*Ed.Bip.p*.344-345.）。斯特拉波在对介绍图尔代丹人时也直接证实了这个意思。据称图尔代丹人使用文字（ραμπτικῆ），也拥有远古流传下来的不同文字（τά συγγράμματα）。这两句话之间明显互相关联。在巴黎译本中（*p*.435.*nt*.3.），引用沃修斯的那部分也有相同的意义，同时斯蒂芬也写道：γραμματικῆ δέ χρωυτι τῆ του Ιταλων οἱ παρά θλατταυ οἰκοῦυτες του Ιβηρων。这里解释为文学和语法都不合适。如果指的是语法，那么就应该用语言这个词。但真正的意思应该是文字和文字方式，而文字既可以在本地语、也可以在外语中用来书写。弗洛雷兹（Florez）对此处的理解完全正确（*Meallas*.II.522.）。

是可能发生的，正如对世界上其他地区的语言也经常是如此而对。同时，这种混淆也是可以理解的，因为即便在今天，邻近地区巴斯克人的方言在发音和语法形式上也很不相同，以至于需要通过相互适应才能互相理解。当初巴斯克人分散在大小不一的生活空间，就会产生很多区别很大的方言。但是，正如斯特拉波在描述高卢人时（IV.1.*p*.176.）所提到的，我们不能将方言和语言混为一谈。他认为高卢人并不只讲一种语言，同时又进一步指出，一些方言土语互不相同，此外，他还证明了阿基坦语（Aquitanisch）和高卢语是迥然不同的。斯特拉波指出高卢语言之间的差异比较小，这一点与凯撒的描述相互矛盾。凯撒（*de bello Gallico.* I.1.）列举了高卢三个地区在语言、制度和法律上的差异。[1] 如果斯特拉波所猜想的伊比利亚人的语言之间差异之大，堪比那些起源于古高卢的不同语言，那么它们很可能就是不同的语言，而不只是方言土语。因为布里多尼语（Bas Breton）和盖尔语之间的差异远甚于方言之间的区别。但我认为，从另一个角度出发就能正确理解斯特拉波此处的观点。误解产生的原因在于对"伊比利亚人"这个词的不同理解。正如前文所述，这个名字虽起源于一个民族，但其后使用于整个西班牙半岛。所以相较于人种学，这个词更具有地理学方面的意义。而斯特拉波通常是这么使用这个概念的[2]，对他而言伊比利亚人就是伊比利亚半岛的居民，也是今天的西班牙人，当然前提是"西班牙人"指居住于西班牙半岛的所有

---

[1] 施罗泽（Schlözer）在《普通世界史》（XXXI.339.）中尽管非常正确地解释并认同了凯撒的这个观点，但在另一方面他又走得太远，认为巴斯克人、加里人（Galen）以及凯姆伦人（Kymren）是不同的部族。但今天还为我们所了解的这些部族的语言却表明，这只是两个部族，而加里人和凯姆伦人属于同一部族。但施罗泽的真正精神体现在上述第一种说法，为当时很不明了的材料研究指点了迷津。

[2] 西西里的狄奥多罗斯（Diodor）在讲到凯尔特伊比利亚人时有个引人注目的地方，描述也更为详细。他认为伊比利亚人和伊比利亚半岛只是一个民族和民族的栖息地。他在提到比利牛斯山脉时明确指出，那里的高卢地区与伊比利亚半岛以及凯尔特伊比利亚人居住区都有区别。相反，波利比乌斯（XI.31.und *fr*.14.*de.Schweigh*.T.V.*p*.57.）将伊比利亚人和凯尔特伊比利亚人看作同义词。

人。斯特拉波说（III.2.*p*.151.），完全转变成罗马人的伊比利亚人被称为 *togati*，其中也包括凯尔特伊比利亚人。同样，在其他许多地方他也用这个词来泛指（III.1.*p*.137.*c*.2.*p*.141.146.*c*.4.*p*.163.165.）。而且他似乎从未顾及其居住地而将伊比利亚人理解为一个独立的民族。因为他提到阿基坦各民族（IV.1.*p*.176.*c*.2.1.*p*.189.）时，并没有说他们是伊比利亚人，而只是说他们像伊比利亚人。他在描述比利牛斯山脉时，还由此引起了误解。斯特拉波写道（III.4.*p*.162.），比利牛斯山山谷为塞雷塔尼人所占居，他们大多是伊比利亚人。他的意思是，在边界线居住的塞雷塔尼人，一部分属于伊比利亚，另一部分属于高卢。但大家大都理解成了：塞雷塔尼人都是伊比利亚人，他们只占居了一部分山谷。[1] 在论著的其他地方，斯特拉波显然将伊比利亚人视为与居住于西班牙的移民有所不同的一个民族（III.3.*p*.152.*c*.4.*p*.163.164.），但是这种不同总是随后的强调补充，或者只是通过两者之间的相互关系而加以暗示。现在我们讨论的这段内容，"伊比利亚人"这个名字很明显只是地理意义上的概念。在此之前的几行文字中，斯特拉波讲到，图尔代丹人是伊比利亚人中最明智、最文明开化的民族[2]，他们无疑是西班牙半岛上最为优秀的民族。如果如此理解这段话，那么就不是在伊比利亚人中间，而是在整个伊比利亚半岛上讲的绝不止一种语言。这表明了斯特拉波、普林尼还有其他一些前辈作者的看法一致，而这一观点即便是现在也可以由遗留下来的地名加以证实。西班牙半岛上的凯尔特人讲的显然是凯尔特语，因为他们可能并非都由同一地区、在同一时间迁移而来，所以讲凯尔特语的方

---

1 在最新的巴黎译本中，尽管引述了（1.473.Anm.1.）玛卡所做的正确解释，但是添加了说明，指出这只是一种可能的解释。

2 Σοφώτατοι ἐξετάζοιται τῶν Ἰβήρων。

式也有所不同，就像他们在高卢时讲的那样。[1] 尽管对古西班牙硬币和金石文字的研究尚欠不足，但从中也能得出相同的结论。那里仅能找到一个图尔代丹语的、也就是伊比利亚语的字母表，但还有一个有所不同的凯尔特伊比利亚语字母表，或许还有一个夹杂着部分腓尼基语的（Phönicisch）字母表。[2] 埃罗也承认（*Alfabeto de la lengua primitive.p*.98.244.），凯尔特伊比利亚的硬币和图尔代丹硬币上的字母有所不同。

40.
伊比利亚民族与凯尔特部落的混合

在上述内容中（第35—39节），我觉得有两点是肯定的：以前的伊比利亚人是现在巴斯克人的祖先；这些遍布整个西班牙半岛的伊比利亚人组成了一个民族，他们讲着同一种语言，只是根据部族不同讲着各自的方言土语。巴斯克语是西班牙半岛上这个民族唯一的语言，而这个民族若非土生土长，那么他们的移民也要早于我们所知道的任何历史记载。现在有必要看一下，这些伊比利亚人与哪些外来民族混杂生活，因为地名研究中我们发现除了巴斯克语之外还有其他语言存在。腓尼基人、希腊人和迦太基人很早就在沿海一带定居，并或多或少地深入至内陆地区。据普林尼记载（Plin.I.137.*p*.3.），按照瓦罗（M.Varro）的说法，波斯人也到过那里，虽然他们迁徙至西班牙这件事没有发现在其他地方还

---

[1] 曼纳特虽然没有直接回答这个问题，但是他的观点似乎是这样的：纯正的伊比利亚人只有一种语言（I.238.），不过他没有提及混杂后的图尔代丹人的语言问题。斯特拉波在讲北部沿海所有居民具有相同的风俗习惯和生活方式时（III.3.*p*.155.），没有特别提到语言，而只是补充说道，这种相同也延伸到了语言。

[2] 维拉斯科兹（*Ensayo sobre los Alfabetos de las letras desconocidas.p*.40.）猜测有三种字母表，分别是图尔代丹语的、凯尔特伊比利亚语的（Celtiberisch）和巴斯图腓尼基语的（Bastulophoenicisch）。根据贝乐曼的研究（*Ueber die Phönicischen Münzen*.St.3.*p*.27.），西班牙硬币上的布匿文字不都是单纯的布匿语，而是与其他字母的混合。

有记录。而罗马人通过根除当地的风俗和语言，把西班牙半岛的大部分地区变成了一个与意大利完全相似的省份。对这些移民，我在这里忽略不谈，而只是考察那些外来的、同样属于未开化的（只表示古人赋予该词的含义）、但却定居在了西班牙的西欧民族。这就只有凯尔特人，他们在之前作者的笔下有着双重形象：一种是阿纳斯（Anas）河畔纯粹的凯尔特人（Strabo.III.1.*p*.139.）；另一种是与伊比利亚人融合成为一个民族的凯尔特伊比利亚人，他们与凯尔特人同源（l.c.c.3.*p*.153.），居住在西班牙半岛的西北角，也就是今天的加利西亚（Gallicien）。在罗马和希腊作者的笔下，阿纳斯河畔的凯尔特人通常并不叫凯尔特人，也不叫高卢人或加勒特人（Galater），而是称为 *Celtici*（凯尔蒂齐人），大概是为了说明他们是一个源于凯尔特人并属于凯尔特人、但又不是凯尔特人本身的一个单独分支。Celti 这个城市（Plin.I.138.*p*.8.）的名字无疑来源于此。该城尽管并不在真正的凯尔特人居住区，而是位于埃西哈（Ecija）和梅里达（Merida）之间，但是凯尔特人的部落不可能没有来过这里。然而，该城市名字的形容词在罗马人那里其词尾就不再是 -*cus*，而是 -*tannus*（Celtitanus）（Florez.*Medallas*.I.361.），模仿了其他以 *i* 结尾的西班牙城市的构词方法。以当时的情况来看，西北部的移民区仍是历史上最早的，也比较有名。移民区主要在阿纳斯河畔。按照普林尼的说法,住在阿纳斯河畔的人是凯尔特伊比利亚人的后裔(Plin.I.139.*p*.14.)。为什么这两个部落和他们相邻的部落没有组成一个混合民族，对此现在已经无法做出解释。同样，也很难确定成为凯尔特伊比利亚人的凯尔特人迁徙的时间。为人所熟知的前辈作者的著述中也没有提到相关信息（主要是 Diodorus.Sic.V.33.）。就连关于他们的迁徙、与当地人的混合的传说是否真的存在，都值得怀疑，抑或这只是用来解释凯尔特人和伊比利亚人相混合这一事实而杜撰出来的。当然，不是这样就是那样，"凯尔特伊比利亚"这个名字也许首先产生于西班牙外来的耕作民族，但这也只是当地人的一种说法。无论如何，这个名字比我们第一次在罗马史上所读到的要古老得多，正如上文所述，当时不仅是沿海居民、而且中部地区居民也被称为"伊比利亚人"。显然这个名字是赋予外来民族的。还有两个与之相似、但并不如此有名的名字：一个是 Celtoscythen（Plut. Marius.*p*.11.），依据保存下来的历史文献，这是用来称呼侵入意大利的辛布里人（Cimbern）和条顿人（Teutonen）；另一个是 Celtoligyer（Strabo. IV.6.3.*p*.202.），是指撒利安人（Salyer）或萨鲁里尔人（Sallurier）。显而易见，这个名字并非原本存在，而是后来才出现的。也许当时人们对该民族并不十分知晓，抑或民族混合发生在很久之后。不仅是在凯尔特伊比利亚人那里，而且也在凯尔特部族中，都出现过一些巴斯克语的地名，只是后者要少得多（第36节）。普林尼明确指出（Plin.I.139. *p*.14.），凯尔特人的地名显示了其外族起源，而他关于这些地名起源于凯尔特伊比利亚人所提供的全部信息都基于其名字、语言和宗教习俗上的差异，并非像表面看到的一样，真的源于传说。凯尔特人的地名也出现在了凯尔特伊比利亚，而在贝蒂卡他们的新居住地，其城市又拥有了别名。除了普林尼所记录的最后一个，这些别名都是拉丁文。最后一个是 Emanici，看上去不像拉丁语，倒是更可能是图尔代丹语，也就是巴斯克语。*Eman* 意为"给予"，是巴斯克语，不过这仅指语音，并非词源。遗憾的是，原文此处另一个类似的例子 Ucultuniacum quae ct Turiga nunc cst（Harduin *ad h.l.*）似乎出现了书写错误[1]，因为第一个名字必须是第三格，才能避免中断后面的结构。但无论如何，Turiga 是巴斯克语的名字，

---

[1] 前面紧邻着的例子 Coutributac Julia 较为特殊，它来自凯尔特伊比利亚，但并非本土名字。因而，如果普林尼在这个城市名中添加了凯尔特伊比利亚人在他们的语言中可能会添加的元素，那么这个名字是否应该叫做 Ucultuniacum（作为 Julia 一词的同位语）？如果这样，Turiga 就是图尔代坦语的名字了，这样就会有四座城市叫这个名：两个是罗马地名，一个在凯尔特伊比利亚，另一个在贝蒂卡；还有两个分别是凯尔特伊比利亚以及图尔代丹的地名。在普林尼这本书的最新版本中，Julia 一词之后加了一个逗号，似乎确实想要暗示这种结构，

nunc 一词似乎可以表明，新地点被伊比利亚居民占居了。顺便提一下，阿斯塔洛亚（*Apol.p.*198.）坚决反对凯尔特人和伊比利亚人互相混合的观点，他认为 Celtiberia（凯尔特伊比利亚）一词是由 Zaltiberia 变化而来，表示"有大量马匹的海岸"。

41.
民族混合的范围和界限

除了凯尔特伊比利亚人和两个纯粹的凯尔特人部落，我相信伊比利亚半岛上还有其他的地区凯尔特人和伊比利亚人也混居在一起。曼纳特对此提出了另外一个体系（I.237-240.）。根据他的说法，伊比利亚人居住在南海岸，混杂有一些外来耕作民族。在中部地区，伊比利亚人与凯尔特人混合在一起，主要涉及瓦卡耶人、卡尔佩坦人、奥莱塔人以及其他一些当地部落，而他总是将其与真正的凯尔特伊比利亚人区分开来。然而，这种混合仅在中部地区，其余的伊比利亚人（即北海岸居民、可能还有大部分卢西坦宁人）并未与凯尔特人混合。与其相反，我认为这种混合所涉地区应该从北海岸一直延伸到瓦尔杜人居住区，包括卢西塔宁的所有居民，而纯粹的伊比利亚人只能从比利牛斯山脉周围的瓦尔杜人居住区一直到地中海附近才能寻找，但在地中海边，伊比利亚人与渡海而来的耕作民族相混合的情况有所增加，只是没有凯尔特人参与罢了。然而，"凯尔特伊比利亚"这个名字所特指的民族极其相应位置，则始终局限于那六个已知民族所处的中部地区，利维乌斯所言极是："凯尔特人位于上述地区之间（*Celtiberia quae media inter duo maria est.*XXVIII.I.）。"在我所熟知的作者中，没有人将凯尔特伊比利亚人限定在曼纳特所描述的范围之内。相反，有些人明确表明他们的分布具有不确定性。"由于他们的权力在扩张"，斯特拉波说（III.2.*p.*148.），

"所以他们的周边地区都以他们的名字命名"。普林尼认定他们处于西部和西北部的大西洋岸边（I.139.*p*.14.），认为阿纳斯河畔的凯尔特人来自卢西塔宁地区，他说（I.230.*p*.6.）："卡斯特群岛（Cassiterische Inseln）与凯尔特伊比利亚遥遥相对。"由于他始终小心谨慎地区分了凯尔特伊比利亚人和凯尔特人，所以他在这里指的不是阿尔塔布里亚人（Artabrer）。[1] 近代的一些作者针对凯尔特人部落的广泛分布也持有相同的观点，哈尔杜因（Harduin）对普林尼上述观点的相关论述以及最新的斯特拉波巴黎译本中的注释，都反映了这一点（I.389.*nt*.3.）。那么是什么让大家相信这一观点，同时确定了伊比利亚人与凯尔特人混合的区域范围呢？我想应该是以上排除凯尔特地名的那些尝试以及对其区域边界做出的具体说明（第23节）。从这一边界一直到大西洋，至少不存在没有凯尔特人混居的大片地区；在这一边界、比利牛斯山脉和地中海之间，至少从未发生过重大的凯尔特人侵入事件，尽管个别地方可能有凯尔特人居住，如贝蒂卡的 Ebura 和 Edetanien（第30节）。根据利维乌斯的记载（XXXIX.56.），罗马人与凯尔特伊比利亚人在阿格罗·奥斯塔尼（agro Ausetan）战斗，该地与凯尔特伊比利亚人在比利牛斯山脉附近的边界相距甚远，他们占领了一些城市并自己设防。从文章中未能看出，凯尔特伊比利亚人这样做仅仅是因为他们辅助奥泽塔纳人，还是作为雇佣军，就像他们服务于西班牙各民族一样（*Liv.* XXXIV.17.）。然而，凯尔特伊比利亚人这种占领外族领土的情况可能

---

[1] 里斯克（Risco.*España sagrada*.T.32.*p*.15.）为了证明凯尔特人占据了整个北部海岸，引述了阿皮亚努斯（Appianus.VI.28.）。据说阿斯德鲁瓦尔（Asdrubal）曾经试图在北部沿海招募士兵，并与被雇佣的凯尔特伊比利亚人一同去了高卢。不过，他认为这些凯尔特伊比利亚人并不是阿皮亚努斯在北部沿海所招募的，而是早前从凯尔特伊比利亚雇佣过来的。这一点可以在 c.24 中清楚地看出。里斯克还引述了西菲利努斯（Xiphilinus.*Exc.e Dionis libr.53.ed.Leunclavii.p*.71.），说西菲利努斯称阿斯图里亚人和坎塔布里亚人为 Κελτικά έθνη。除非西菲利努斯作为迪奥尼斯（Dionis）的引注者真的具有权威性，那么他的说法才能说明一些什么，但显然他所说的与迪奥尼斯本人所言并不一致。

只是偶然和短暂的。但这一类事件总是能够证明，至少不能将伊比利亚人和凯尔特人的混合限定在一定的区域。尤其是普林尼对卢西塔宁地区的看法，通过这项研究得到了最强有力的证实，因为大部分凯尔特名字都出现在这一省份。我相信（第25、29-31节），我已经提供了确凿无疑的例证以说明某些西班牙名字是外来的、并源于凯尔特语。以 *-briga* 为词尾的名字起了引导作用，如果只考虑词源，无论可能性有多大，也经常会留有一定的不确定性，那么我所选用的证明方法，在我看来则提不出什么反驳的理由。如果说除了西班牙，这些名字都很明显地出现在了凯尔特人的栖息之地或迁徙之路上，如果在西班牙凯尔特民族曾经确实居住过的地方情况也是如此，那么就可以确切地推论出：即使历史上无法知道那里的本地族群是否与外来民族相混合，但发现这些名字的地方，必定曾经居住过凯尔特人。正如我上文所介绍的，通过以 *-briga* 为词尾的名字，在加上一些其他的地名，用归纳法足以论证这一观点。

42.
以 *-briga* 为结尾的词源研究

我认为通过词源分析已经非常清晰，*briga* 不是巴斯克语的语音。以前的作者没有人将它看作西班牙语的词[1]。费斯图斯（Fesus）（*v*.Lacobriga.）仅仅提到，Lacobriga 一词是 *lacus* 与西班牙城市 Briga（也就是一个正确的名字）复合而成。与此相反，以前的作者曾提出过两个非常相似的派生词，一个由凯尔特语（Celtisch）派生而来，另一个来自上文（第33节）提到的色雷斯语。据尤维纳利斯的笺注者（*ad Sat*.8.*v*.234.）的说法，Allobroger（阿洛布罗格人）的意思是"来自另一个国家的人"，源

---

1 近代作者虽有提及，但没有合理的佐证，比如雷森德（Resende）的《古典时期的葡萄牙》（*de antiquit Lusitaniae*.）I.4.*p*.19.。

自凯尔特语的 *brogae*，而在高卢语中的词源是 Acker 和 *Alla*（意为"另外一个"）。[1] 事实上，即便是现在的下布列塔尼和威尔士（Wales）的方言土语，*bro* 不仅仅指"一片耕地"，还表示"一个地区""一个国家"，*all* 表示"另外一个"（Owen 和 Le Pelletier 的词典 *hh.vv.*）。与 Allobroger（阿洛布罗格人）相邻而居的 Latobroger（拉托布罗格人）在他们的名字中也使用了这个词，但他们通常被称为 Latobriger；或是凯撒（*de bello Gall*.II.3.）提到过的雷默民族（Remer）有个地名叫 Antebrogius。βρία 一词的色雷斯语起源上文（第 33 节）已经说明。但是，根据赫西丘斯的说法，它也是一个希腊语单词，但也许只是从色雷斯人（Thracier）那里传到了常常在色雷斯地区定居的希腊人这里。该词意为"内陆地区的村庄"，词义已经变宽，或者说尚未限定。究竟是其中哪一种情况，取决于其原意是 Stadt（城市）还是 Gegend（地区）。也可以将 *briga* 与 πύργο（就像与 Burg 的对比）一起看作一个词，只是辅音移位，但并不是一种罕见的语言形式，斯蒂芬就列举了塔特索斯的 Elibyrge（第 14 节）一词。但若说发达语言词形的派生方式都是这样——其中克鲁维里语（Cluverische.*Germania antiqua*.p.49-51.）的词源 Brücke（桥）尤属此类，是极不可能的。我并不认为可以进一步称所有这类名字都起源于古老的根音节 *bri* 或者 *bro*（意为"陆地""定居点""城市"）。不过，似乎确实可以证明这个音节源于凯尔特人。但是，这个音节也有可能同时属于另一种语言，因为大多欧洲语言都拥有很多共同的根词。我甚至认为，如果在距今更为遥远的阶段考察语言的亲缘关系，巴斯克语中的 *iri* 和 *uri* 也可能与此有关。照此方式，我们不必像戈罗比乌斯·贝坎努斯（Goropius Becanus.*Hispanien*.p.24.）那样，认为伊比利亚人与色雷斯人讲同样的语言，从而推导出色雷斯语中的 *bria* 与西班牙

---

[1] *Ideo autem dicti Allobrogae, quoniam brogae Galli agrum dicumt, alla, autem aliud. Dicti igitur, quia ex alio loco fuerant translati.*

和葡萄牙语中的 briga 有亲缘关系。词尾 -britium（Eburobritium，第 24 节）和 -briva（Samarobriva，第 29 节）与 briga 一词的区别更多的是在发音上、而不是在词义上，其中 -britium 似乎与凯尔特语中表示"法庭"的一些词有关。埃杜尔人（Aeduer）的 Vergobretus（Caes.de bello Gall. I.16.）表示"最高长官"，奥伯林（Oberlin.ad.l.c.）用爱尔兰语的 fear go breith（苏格兰语为 breath）来解释该词则非常正确，表示"去法庭的男人"。下列布塔尼语中 breuta 表示"进行诉讼"，Breut 为"法庭"（Le Pelletier.v.Breugeou.），威尔士语中 brawd 表示"法庭"，brawdwr 为"法官"（Owen）。由于下列布塔尼语中领主（Lehnsherr）的法庭称为 breugeou 或 breujou，所以 briga 表示"城市"的这个意思可能也是缘此而来。但是在我看来，上面讲的似乎更为确切。-briva 可以解释为"桥梁"，但这仅仅取自 Samaro-briva 一词，意为"夏日的桥梁"，当然曼纳特（Th.2.B.1.S.196.）恰如其分地提醒了大家，该词作为河流名字以前的作者并未特别提及，除了这一城市名字之外不存在任何其他佐证。然而，从另一方面来说这又是正确的，因为在找得到该词尾的少数地方，那里还有一些地名中残存着表示"水"的意思。比如不列颠有一个 Durocobrivae 和两个 Durobrivae，离其中一个不远之处有一个地方叫 Durolipons，它应该是该地名的翻译。值得注意的是，在其他的凯尔特语中没有类似的词含有"桥梁"的意思。

43.
伊比利亚的凯尔特人与伊比利亚人和高卢人的关系：
这些部落的风俗习惯、特征及祭祀习俗

这两个民族的融合是以什么方式实现的？他们是否拥有共同的制度（Verfassung）？本土居民是否有被外来移民所驱逐和征服的情况？民

族的融合会对风俗习惯带来何种影响？以前的作者对于所有这些重要问题都只字未提。他们的描述给我们的总体印象是：伊比利亚半岛的凯尔特人在性格和风俗习惯上与高卢人大不相同，而伊比利亚半岛的各民族并不像起源不同的独立民族那样，他们本身不存在巨大和显著的差异。这一民族融合的过程必定历经数百年，而且并非暴力强制，因而本土居民没有机会获得足够的力量和独立性而使他们的民族特性占据主导地位。无可否认的是，伊比利亚半岛上更多的是凯尔特人变成了伊比利亚人，而不是与之相反。通过前人对他们的描述和记叙可以看出，这些居民给人的总体印象与高卢民族很不一样，就如上文（第 31 节）对地名所做出的判断那样，而前人的描述和地名研究的结果几乎完全相同。然而，凯尔特人的部落在数量上占据了上风，并具有突出的政治影响力。因为凯尔特人是伊比利亚半岛上迄今为止最为强大和最难以战胜的民族，即便我们放弃对地名的考证，也会发现他们的足迹遍布整个中部地区和西海岸的大部分地区。可是需要提出的是，伊比利亚的凯尔特人是否真的能与高卢人相比较。以前的作者在这一方面格外注意，他们从不使用同一个名称，而仅仅将伊比利亚的凯尔特人叫做 *Celtici*，同时，当谈及凯尔特人或高卢人时，就不再使用这个名字[1]（Strabo.Κελτοί.

---

[1] 西西里的狄奥多罗斯第 25 本书（Ecl.2.）中的节选是一个例外，其中写道，伊斯多拉茨（Istolatios）与汉米尔卡（Hamilcar）对战，被称为 αϱαηγός των Κϵτων，但仅指西班牙凯尔特人的部落。该名字和希罗多德（Herodot）提到的一致，但我们必须考虑到，上述这种较为准确的区别是在较晚的时候、当伊比利亚半岛更广为人知的时候，才出现的。埃拉托塞内斯（Eratosthenes）在他的著述中甚至将加拉太人（高卢人）延伸到了加德斯城（Gades），但在描述伊比利亚半岛时根本没有提到这一点。波利比乌斯（XXXIV.7.Aus Strabo.II.*p*.107.）指责了这一自相矛盾。在描述马格（Mago）附近的塞皮（Cn.Seipi）和黑斯德鲁波（Hasdrubal）的一次会面时，利维乌斯（XXIV.42.）提到 *Gallica spolia* 和 *duo reguli Gallorum*，*Moenicaptus et Civismarus*。他们不是凯尔特人或凯尔特伊比利亚人，而是来自高卢的雇佣军。Galli 这个词西班牙的凯尔特人从未使用过，而 Civismarus 一词的词尾多次出现在高卢，但从未在西班牙。不过我不清楚，西班牙迦太基军队里的高卢雇佣军被称作什么。同一段的文字是：*sed gens nata instaurandis reparandisque bellis*，可能在高卢语招募，但去了西班牙，正如比较 XXIII.49. 和 XXVIII.12. 所显示的。

III.4.*p*.164.）。由于有过进入高卢和从高卢出来的各种迁移，我们在凯撒时代或者更早时期从罗马人那里所了解到的高卢人，可能和早期的、在某种程度上更为本源的高卢人已经大不相同。但即使没有迁徙，随着时间的推移，他们也可能接受了从前对他们来说陌生的制度和习俗。将伊比利亚的凯尔特人看作是从高卢割裂出来的殖民群落，这似乎既没必要，也不正确。曼纳特（Th.2.B.1.S.23.）说得很对，凯尔特人很可能在第一次到高卢的迁徙时就侵入了伊比利亚半岛。如果说这样的迁移不止一次，那么后来出现在伊比利亚半岛的一些部落，就是高卢早期的居住者，他们很可能只是找到了新的移居地。甚至有可能，这些凯尔特人与伊比利亚人同为伊比利亚半岛的本土居民，当南部海岸被外族人占领时，他们才更多地聚集在了一起。历史所及，这些凯尔特人无疑都居住在高卢东部地区，只是还不清楚这些栖息地延伸至何处，是否一直到达伊比利亚人和利古里亚人那里。西西里的狄奥多罗斯（Diodor）和阿皮安（VI.2.）提供了关于凯尔特的入侵、与伊比利亚人的战争以及相互和解的信息，但并没有历史依据，虽然斯特拉波（III.4.*p*.158.）也是这么看的。而两个民族的共处很可能是唯一真正的历史事实，要解释这一点，无疑就要编造出那样的传说了。但要通过互不相关的流传途径而从那么早期、从那么鲜为人知的地区保存下来这样的传说，几乎不太可能。但是我承认，我始终赞同"移民"这个观点。假如有历史记载之前，伊比利亚人和凯尔特人就共同占据了西班牙，而不是其中一方迁移至了另一方的居住地，那么他们的居住地就极有可能是互相分离的。根据一些作者和地名研究所提供的证据，这两个民族曾经相互混合，但这一现象却无法用上述假设加以解释。此外，伊比利亚半岛的一部分地区已经真正地拥有了本土文化，很自然，那些还比较野蛮粗俗的凯尔特人就会较多、较快地接受这些文化，斯特拉波依据波利比乌斯的佐证（III.2.*p*.151.）指出，阿纳斯河畔的凯尔特人就是这么说的。从同一处还可以看出，在那些没有发生更为紧密的融合、而无法形成统一地名的地方，伊比利亚人与凯尔特人至少也相互通婚。斯特拉波或许认为正是这种联系造就了共同的来源，因为他在引用的章句中提到了，凯尔特人通过与图尔代丹人相邻而居和亲缘关系（συγγένειαν）接受了较为宽松的风俗习惯和政治制度。斯特拉波在此处猜测（III.3.*p*.153.），阿纳斯河畔和西北海岸的凯尔特人具有真正的血缘和部落亲缘关系，对此我不敢苟同，因为伊比利亚人和凯尔特人的这种关系除此之外没有任何其他地方提到过，而斯特拉波在此处得出的结论很显然是基于这些凯尔特人与图尔代丹人的相混而居。[1]

以前的作者（Strabo.IV.1.*p*.176.c.2.1.*p*.189.）明确和肯定地证实了凯尔特人和伊比利亚人属于完全不同的部落，并分别拥有各自特有的语言。而最让人信服的那些近代作者也持有相同的观点。[2] 只有那些想把整个西欧完全归属于凯尔特人的作者，如布勒（Buller）、瓦兰凯（Vallancay）等才会对此表达怀疑。整体上讲，伊比利亚人是追求和平、

---

[1] 我在这里假设，凯尔特人也遍布西班牙北海岸，同时他们并不一定像我们知道的那样来自高卢，那我就不得不提及里斯克（*España sagrada*.T.32.*p*.1-33.），对此他也作出过相同的推测。只是他一直是按照另外一个我认为是完全错误的体系进行论证的。他认为，西班牙和葡萄牙是凯尔特人真正的故乡和最初的栖息地，他们在那里驱赶了伊比利亚人和利古里亚人，跨越比利牛斯山，居住在了高卢。他们与伊比利亚人的混合只在迁移过程中少量发生。卢西塔宁是他们最初和主要的住所，从那里开始，他们分布到了整个北部和西部，因此，坎塔布里亚人、巴斯孔人和阿基坦的居民都是纯粹的凯尔特人。他的这一见解基于众所周知的希罗多德的论述，只是他会错了意，同时依据了普林尼关于卢西塔宁地区凯尔特人居住地的佐证以及斯特拉波关于所有北海岸居民风俗相同的论述，另外还有上文提到过的、同样被误解的阿维努斯关于利古里亚人被凯尔特人驱逐的描述。而当前这个研究都批驳了这种看法。里斯克的主要错误在于他对不同民族的名字没有明确的概念，而对唯一可以对不同部落加以区分的语言也毫不在意。根据他的体系，高卢和伊比利亚半岛一定存在同样的语言，或者至少，尽管有细微差别，共同使用过凯尔特语。他几乎完全忽视了伊比利亚人是多民族部落，在他的文章中没有任何地方能看出他对图尔代丹人和南海岸其他地方的居民究竟持有什么看法。所以他的观点完全助长了将凯尔特人看作是西班牙原始居民的假设，而我认为这种假设是不可能的。然而我们可以明显感到，他认为伊比利亚半岛的凯尔特人部落不应该只局限于一个太过狭小的空间，他们和后来所熟知的高卢人之间一定存在着某些差异。

[2] Niebuhr.*Röm.Gesch*.I.113.

崇尚安定的民族。他们不是主动向外扩张，而是从罗纳河岸被逐渐往西驱逐。这可能是性格使然，或者如斯特拉波所言（III.4.*p*.158.），由于固执已见，他们羞于与人联络，因而也未能成就什么大事，[1] 仅限于小偷小摸。这种情况始终未曾改变，所以他们肯定不同于高卢人。在对抗罗马人的战争中，伊比利亚人坚韧不拔、顽强抵抗，不过其中表现出色的仅是那些与凯尔特人混合的伊比利亚人。不容忘记的是，大多数情况下他们首先被罗马人所激怒，而很多战争起因于罗马统帅的打劫和掠夺，还有多次战争并非出自罗马人民的意愿、有几次甚至完全违背其意。他们的爱国之心，对自由的渴望，对朋友的忠诚，视死如归的精神以及源于这些精神而迸发出的野性一旦被激发，就会产生无限的力量。虽然以山区居民和卢西坦宁人为主的抢劫活动时有发生，但他们只是迫于贫穷和人口不断增长的压力。而每年调拨一部分尚在服兵役的士兵已经成为了有序的制度习惯，这足以解释当时的局势。由罗马人在西班牙引起并长期存在的战争状态增加了野蛮行径以及本该通过战争加以杜绝的苦难，而这只有通过完全的征服才能有所变化。但这只能慢慢来，正如曼纳特敏锐地指出，自从塞多留[2]统一了不同的民族并使之进一步了解了罗马的风俗和制度，这种变化才得以实现。考虑到伊比利亚人曾经占领过高卢南海岸的大部分地区，而且正如我们后来所看到的那样，还遍布地中海所有较大的岛屿，那么我们开始了解他们的时间，似乎正好是他们减少扩张和缩小规模的时候，因而相较于我们熟知的高卢人——很多认识都是相对的，他们应该属于一个更为早期的部族。与古不列颠语相比较，他们的语言构造也表明了这一点。依我之见，早期的人类能够和平地生活并更换居住地，这不仅仅是一种富有诗意的错觉。如果地球上的人口逐渐增加，那么晚些时候就会为争夺沃土而引起进攻和争端

---

1 Florez.*Meallas*.II.17.*p*.3.
2 罗马共和国后期的一位著名将领。（译者注）

了。我们对各个民族的社会制度毫不知情，但据说瓦卡耶人每年分配田地并组建水果采摘团队（Diodorus Sic.V.34.），这令人想起了一种最初的社会形态。伊比利亚人即便与凯尔特人混合之后，也从不会给西班牙以外的相邻民族带来军事忧扰。这一点和高卢人大不相同。但更具决定性且更为重要的是，高卢人的一些特有的制度习惯和性格特征对于伊比利亚半岛的凯尔特人而言似乎是完全陌生的。以制度习惯为例，伊比利亚的凯尔特人没有设立巫师和诗歌吟唱的专门机构以及牧师团。倘若西班牙半岛的凯尔特人拥有这些机构的话，以前的作者对此就绝不会闭口不提。奇怪的是，根据凯撒的说法（*de bello Gall*.VI.13.），巫师是由不列颠传入高卢的。即便这一传说不正确或者当另作解释，但它至少证明了巫师机构并不是所有凯尔特人的部落所原本拥有的。伊比利亚人对此也一定无所知晓，因为从未见到过这类说法。如果以前的西班牙与高卢一样，都有占据主导地位的巫师机构，那么就同样会促使各民族的联合，然而情况却并非如此。而所有的巫师都会有一个首领和许多共同的集会，他们对各民族发挥着重要的影响。

或许与此有关：如上文（第 5 节）所述，巴斯克语字母之间有规律的转换是根据它们在言语中所处的位置来确定的，而单词的词根音节也不像威尔士语那样固定不变。这一假设可能并非完全错误，因为这种人为形成的语法构造，主要出自独占学识的牧师和吟诵歌者之手。

比利牛斯山脉两侧凯尔特人的风俗和性格也有一些差异。无论正确与否，高卢人常被指责具有恋童偏好（Athenaeus.XIII.79.Diodorus Sic.V.32.）。而对凯尔特伊比利亚人并没有提及这种不正常的习惯。在这一点上他们似乎与伊比利亚人相似，他宁愿牺牲自己的生命而非贞洁（Strabo.III.4.*p*.164.）。高卢人在伊比利亚半岛的同族也不再像他们一样，被指责喧嚣野蛮、空洞吹嘘和装腔作势（Diodorus Sic.V.31.）。

尽管伊比利亚半岛的凯尔特人那里见不到高卢人的一些主要风俗习

惯和制度，但他们还是与未混合的伊比利亚人有所不同。普林尼对此提供了让人信服的证据。他认为，那里的凯尔特人与来自卢西塔宁的凯尔特伊比利亚人在祭祀、语言和地名方面都有所不同。据此，凯尔特伊比利亚人的语言和祭祀还保持着凯尔特人的习惯，并没有与伊比利亚人的方式相混合，当然，前提是这种泾渭分明的说法并非基于普林尼的写作特点，因为他的写作风格总是喜欢夺人眼球。除此之外没有任何前辈作者对凯尔特人和凯尔特伊比利亚人做出过如此鲜明的对比。但无论如何，整体上如此鲜明的对照却缺乏具体特征的描述，总归很令人遗憾。斯特拉波在描述伊比利亚半岛的习俗时，显然并非出于人种学的目的。他意欲说明，气候、土壤和社会环境造成了习俗的多样性。斯特拉波首先描述了图尔代丹人，他们通过自身的努力拥有了高度的文化水平（III.1.*p*.139.）；然后是卢西坦宁人，或更准确地说是位于塔霍河和西北部凯尔特人之间的居民（3.*p*.154.）；之后是山地居民[1]（*p*.155.），从卡拉伊肯人到巴斯孔人，再到比利牛斯山那里的居民、包括所有北海岸的民族；最后，他补充了一些所有伊比利亚人所具有的普遍特征（4.*p*.163-165.）。斯特拉波从未特意地来单独描写凯尔特伊比利亚人，只是在描写伊比利亚人时才偶有提及，并极少说明他们之间的区别。他甚至从未提到凯尔特伊比利亚人拥有自己的语言，而这进一步证明了，斯特拉波自认为在其他文章中对此已经有所表明。西西里的狄奥多罗斯在其被引最多的文章中特别描述了凯尔特伊比利亚人，并将他们与卢西坦宁人进行了比较，认为两个民族之间最主要的区别在于战争的方式以及决定这种方式并由此发展而来的性格特征。而曼纳特

---

1 最新的巴黎译本认为此处的山地居民指卢西坦宁人，所以是这样翻译的：Απαντες δέ όρειοι tous ces montagnards 以及 Τραγοη αγοῦσι κ. τ. λ, Les Lusitans préferent cet。不过这个似乎并不准确。只有卢西坦宁人是山地居民，才符合这种说法。塔霍河和上海岸之间也有平原，而从上下文可以看出，斯特拉波到 ä. δ.οί ό. 为止，讲的都是卢西坦宁人，但之后不再谈论某一部族，而是同一个地区的居民。

（I.393.）的描述更是一针见血。卢西坦宁人战斗中善于用计、迅速而敏捷，这些是伊比利亚人传统的性格特征（Strabo.III.4.*p*.158.163.）；凯尔特伊比利亚人也不缺乏敏捷和速度，但他们在正面进攻和格斗中更为凶猛和勇敢。此外，所用的武器也有区别，其中最明显的是护盾的大小。凯尔特伊比利亚人保留了高卢人的长型武器[1]，而卢西坦宁人在战争中更喜欢小型武器，这样可以轻松防守来自四面八方来的袭击。凯尔特伊比利亚人的自由攻击需要更好的防护型武器，所以他们更多地关注用头盔和盔甲来进行保护。卢西坦宁人的盾牌装备在当时被看作是整个西班牙彼边最具特色的，而凯尔特伊比利亚人的则是此边最特殊的武器（*scutatae citerioris provinciae, et cetratae ulterioris Hispaniae cohortes*.Caes.*de bello civ*.I.39.）。但由于整场战争需要结合使用轻重两种武器，所以凯尔特伊比利亚人（Diodorus Sic.V.33.）、卡尔佩坦人（*Liv*.XXIII.26.）以及西班牙此边（*cetrati eiterioris Hispaniae*.Caes.*de bello civ*.I.48.）也使用小型盾牌。只是关于卢西坦宁人使用又长又重的盾牌的说法无迹可寻。[2]在骑兵交战中两者似乎没有什么区别，在地面和马上交互格斗时情况也是一样。然而，他们日常的生活方式却有所不

---

1 如果认为伊比利亚人和高卢人的盾牌相同或至少相似（Polybius.III.114.Livius.XXII.46.），那么这仅仅指凯尔特伊比利亚人，至少不是指卢西坦宁人。虽然波利比乌斯（II.30.*p*.3.）和利维乌斯（XXXVIII.21.）认为，高卢的盾牌也不能完全覆盖整个身体，但这不是说这个盾牌不长，而是缺乏宽度和弯曲度。韦瑟灵（*ad Diod*.V.30.）已经充分解释并证明了这一点。所以在施威格豪斯（Schweighäuser）对波利比乌斯（Vol.V.5.*p*.699.）的注释中对高卢盾牌的描述是错误的："盾牌是短的（*scilicet brevia erant*）。"
2 弗洛雷斯（Florez）按照硬币详细描述了西班牙的武器装备（*Medallas*.I.111.u.f.）。西西里的狄奥多罗斯（Diodor）认为凯尔特伊比利亚人将毛发制成的护身围在腿上，*καὶ περὶ τὰς κνήμας τριχίνας εἱλοῦσι κνημίδας*。直到今天，比斯开湾依旧有这个习俗，只是这个被称为Chapinua的护身不是由毛发和毡、而是由羊毛制成。一些条状羊毛制品代替袜子从脚尖一直缠绕到腿上，并用细绳缠绕系紧固定在微微上卷的包脚鞋底（Abarca）上。农民用牛皮制造这种鞋底。因此，在今天的巴斯克人那里还保留着这种凯尔特伊比利亚人的风俗。塞内卡在他那个时代就是通过穿鞋的方式辨认出了坎塔布里亚人的后裔（*Consolatio ad Helviam. p*.8.），说的可能就是这种穿鞋方式。

同。伊比利亚人生活更为节制，即便是有钱人吃饭也很节俭，因而他们被指责为吝啬（Athen.II.21.）。山区居民一年有三分之二的时间都以碾碎的橡子做成面包为食。[1] 相反，凯尔特伊比利亚人则生活得更加宽裕，他们吃很多各类肉类，并尊崇好客的美德。除了北部山区居民，凯尔特伊比利亚人没有特别提到食用黄油。[2] 这两个民族的饮用习惯也有差别。山区的伊比利亚人除了喝水还喝用大麦制成的饮品；凯尔特伊比利亚人则喝一种蜂蜜酒，因为在森林覆盖的山区中有很多蜜蜂。但在凯尔特伊比利亚人中还有一些本地语称为"Celia"的居民[3]（Florus.II.18.*p*.12.），他们与伊比利亚人一样从事农耕。[4] 需要注意的是，不要将那些前辈作者笔下未开化的人（Barbaren）与我们今天在美洲和南海发现的野蛮人（Wilde）混为一谈。他们的文化水平完全不同。问题主要在于，这种野蛮状态——纵使在美洲也经历了巨大的改变，是否是一种社会的前身，或者更多是为巨大的变革和不幸的遭遇所击溃、分裂而没落的社会？我觉得后者的可能性要大得多。除了这里提到的，关于伊比利

1　*Artea* 是一种橡树品种。即便那些结有可食用橡子的橡树也叫这个名字，并且也生长在西班牙北部，但巴斯克语的 *artoa*，意为"面包"，或许就来源于此，源自他们惯常食用的古老的橡子面包。尤维纳利斯（VI.10.）提到了这一点：*glandem ructante marito*。这样的推断至少要比 *aratu*（意为"耕种"）更为接近事实，并比希腊语的 ἄρτος 可能性更大。

2　《欧洲民族史的前骑士时期》（357 页）一书将希腊人从未开化人那里学会的黄油制作方法，与北欧和日耳曼民族的这一典型风俗进行了恰当而独到的对比。伊比利亚人也拥有这项技能，这便透露了该民族的起源。

3　奥罗修斯（Orosius）描写了配制方法（V.7.*ed. Havercampi.p.*302.），推导出了 *a calefaciendo* 一词。因为他不能轻易地从 *calidus* 推导出 celia（意为"西班牙本土人"），所以他可能通过这一词源分析指出了表达这个意思的西班牙语单词。现在的巴斯克语中我只认识 *quea*，表示"烟雾"[或写成 *guea*，在拉伯特方言中（labort.Dialect）写成 *kea*]，以及 *quedarra*，表示"煤烟"（在拉伯特方言中写成 *kelderra*），但无论如何都可以对这两个词进行这样的词源研究。虽然西班牙语的 *quemar* 由它们派生而来，但是我在巴斯克语中依然没有找到带有这个词根音节的词，用来表示"燃烧""烹饪"或"干枯"的意思。

4　曼纳特（I.*p*.349.）并不这么认为，但有一些前辈作者则对此表示支持。我只引用一下阿皮安的描述：努曼特人（VI.79.*p*.29.）由于对农田疏于耕作而粮食不足，因而提出和平建议；努曼西亚附近的斯齐波（Skipio）请人收割绿色的谷物（VI.87.*p*.16.）；格拉乌斯（Gracchus）将土地分配给了坎普莱加（Camplega，凯尔特伊比利亚的一个城市）的穷人。

亚人与伊比利亚凯尔特人几乎没有其他重要的区别还需要做进一步的说明。相反，他们也有许多共同之处，不过大多无法从上面的介绍中得出什么结论。对山区伊比利亚人的描述中，我们了解到了他们的一些特征：比如饮水、席地而卧[1]，简单的生活方式，不注重改善生活方式，轻视完全由女性从事的家庭事务，拥有力量并勤于磨练[2]、富于勇气、对死亡几近漠视。但这都是一些普遍本质，并没有透露出一定的民族特性，主要体现了一个民族的社会状况和文化水平。当然，其中一些也确有特点。比如伊比利亚人对死亡的漠视完全出于高尚的动机，正如高卢人所言（Athen.IV.40.），伊比利亚人绝不会为了金钱或者几杯小酒出卖自己的生命，这简直令人难以置信。而不属于普遍本质的习惯和性格方面，伊比利亚人与高卢人有着某些共同之处。这里首先要说的是他们会将自己和生命献给所崇敬的人，根据普鲁塔克的说法（c.14.）——也可能有些夸张，塞多留斯身边拥有无数这样的战士。这些战士都会为他们所效忠的人决一死战，甚至还坚持在他死后继续追随他，加拉古利坦人（Galaguritaner）[3]的一个极端事例是：他们非常恐怖地将所有的女人和孩子都变成了牺牲品（Val.Max.VII.6.*Ext*.3.）。如果说所效忠的人死于疾病或事故，那么其他人是否要像高卢人一样（Athen.VI.54.）有义务赴死，这点并没有被提及，对此我深感疑惑。关于塞多留斯之死本来应该提到这一点的。罗马和希腊的作者指责高卢人，认为他们夸大这种与生俱来的高尚思想可能是出于迷信或对荣誉的偏执。瓦列里乌斯·马克西姆斯（II.6.*p*.11.）明确指出，这种献身精神为凯尔特伊比利亚人所

1　Hom.*Ilias*.XVI.233-235.
2　女性坚强的性格在比斯开湾和西班牙北部省份一直保留了下来，任何其他地方的女性都没有像这里一样完成繁重的工作并承受巨大的重担。从这一部落特性可知，只有那些未曾混合的原住居民的后代才具有这样的品性，而在西班牙其他地区并不存在。
3　斯温本（Swinburne）从加泰罗尼亚编年史（Pariser Uebers.D.Strabo.I.487.）摘录下来的铭文以及关于一些战士自愿献祭塞多留亡灵的记录，并不能看作是真实的。在我看来，提到 *terrae mortalium omnium parentis*，本身就值得怀疑。

特有。此外，伊比利亚人和凯尔特人像希腊人和罗马人一样坐着、而不是躺着吃饭，高卢人则是席地而坐，伊比利亚人靠墙而坐。这两个民族在座位、食物分配方面都有等级差异（Athen.IV.36）。坎塔布里亚人和凯尔特人有个共同的习惯，男女都会用尿液洗脸、擦牙，即便是常常被描述成干净整洁的凯尔特伊比利亚人出于健康原因也保持着这一习俗。但是，这是否在伊比利亚其他地区也很常见却并未被提及。伊比利亚人服饰的颜色与高卢人明显不同，而这方面凯尔特伊比利亚人将其原本的风俗与外族风俗进行了调换。男人们都穿着粗糙的、像毛发粗细般的羊毛黑衣，女人们至少身着这样的头巾；高卢人则把自己装扮得多姿多彩。黑色可能只是和平时期西班牙人的居家服。在坎尼会战中（Cannae）（Pol. III.114.Liv.XXII.46），西班牙人以其饰有紫色条纹的亮白色亚麻长袍而突显。伊比利亚人和凯尔特伊比利亚人之间相似性和差异性的细微之处以上述方式交互变化，即便最为细致的比较也远不能充分地揭示他们各自的特点，以便能够比较确定地判断两个民族的融合程度。

普林尼强调通过祭祀仪式来说明凯尔特人的不同起源。非常遗憾的是，以前的地理学家和历史学家在这个方面留下的信息十分匮乏。从所提到的所有祭祀方式来看，如屠宰山羊祭战神[1]、供奉战俘和马匹、根据贡品体内留存的内脏以及根据战俘死亡和垂死挣扎的状况进行预言，尽管这里面有着细微的差别，但也仅能推断出极少的信息，因为许多民族、也包括高卢人都或多或少地具有这种习俗。不过从这些作者简短的叙述中可以看出，伊比利亚人和凯尔特人的宗教信与希腊人、罗马人、或许还有在高卢常见的宗教信仰有所不同。据斯特拉波的记载（III.4.*p*.164.），有些人认为加莱克人（Gallaiker）不信奉神灵，并认为凯尔特伊比利亚人和他们的北部邻邦在月圆之夜都会和所有的家人

---

[1] Mars，罗马神话中的战神。（译者注）

一起，在门口迎奉一个无名之神，并跳舞和庆祝。[1] 否认所有宗教信仰和礼拜无名之神，这两种说法以前的作者（Strabo.XVII.2.3.*p*.822.）在描写其他民族时也有所提及。从中我们可以得出的结论是，他们对这些民族真正尊崇的神灵一无所知，但同时也说明了，在这些民族中根本就没有或极少有多神教。埃罗（*Alfab.p*.129-144.）认为这一月圆之夜的庆典与半钩月形状相关——中间常带有一点或一个小钩子可以解释为伴有一颗星辰，这个形状在古西班牙钱币上很常见。而据我所知，满月形状则从未出现过。贝勒曼（Bellermann）关于腓尼基人和布匿人硬币的描述中（St.3.*p*.25.），字母 *j* 的线条代表了数字 10，用来表示硬币的价值。然而，如果根据弗洛雷兹（Florez.*Medallas*.I.154.Taf.3.*nr*.10.13. 以及其他的例子）的记述，可以发现硬币上清楚地描绘了四分之一的月亮和一颗或多颗星星，所以毫无疑问，西班牙硬币上铸有星辰图案。在梅迪纳-西多尼亚（Asido，Medina-Sidonia）所发现的古老硬币上，正如它所展示的那样，星星由一个十字架来表示（*l.c*.Taf.4.*nr*.5.）。而弗洛雷兹的说明非常重要，他指出在贝蒂卡的古硬币上公牛总是伴有新月，但其他地区的硬币上则没有。弗洛雷兹认为公牛仅是农耕的象征，但如果和月亮连在一起，这更像是一个来自东方的宗教图景（I.164.）。但是，无论凯尔特伊比利亚人的宗教性质如何，从上面所述可以清楚地看出，不仅是他们，而且还有与之紧邻的北海岸的部分地区都有这一宗教习俗。彼此的礼拜习俗如此相似，这表明了，要么凯尔特伊比利亚人——正如那些地名所显示的，散布到了他们原有的居住地之外，要么这两个民族在风俗习惯上彼此越来越接近，以至于在未经混合的那些部落中也

---

[1] 在最新的巴黎译本中，在此处添加了 θύειν（I.481.*nt*.3.），而在斯特拉波的科莱（Corai）版本中也收录了该词，只是加上了括号。尽管添加这一补充使得表达更加简明流畅，但这绝非必不可少。因为这里提到的只是对无名之神的独特供奉，所以无法知道这一深夜庆典是否真的有所祭祀。

取得了一致。不过，与南部农耕民族没有发生联系的伊比利亚半岛的那一部分，并没有提及寺庙问题，虽然像 Nemetobriga（第 30 节）这类凯尔特地名中似乎可以看到蛛丝马迹。斯特拉波（III.1.*p.*138.）的有些说法很不明确，他对照了阿特米多鲁斯（Artemidorus）和埃福鲁斯关于库内乌斯高山余脉（Cuneus）上面所谓的大力神庙的看法，并提到了一些石头，很多地方都放着三块或四块石头，似乎与礼拜仪式有关（巴黎译本 I.385.*nt.*4.5.）。然而，我们不知道在西班牙的其他地方[1]是否也有这类石堆。此外，他在此也谈到了外族人，虽然堆放石块是本地习俗，但却为外族人平添了一些神话色彩。[2]

亚里士多德（*Polit.*VII.2.*p.*6.）也提到过伊比利亚人的一个特殊习俗：一个战士杀死多少敌人，人们就会在他的坟墓周围插上同样数量的长矛（όβελίσκονς.*Zoëga de obeliscis.p.*349.）但没有任何作者想到伊比利亚

---

[1] 我记得曾在一个西班牙英语游记作者的笔下读到过，在高卢的边境地区就能碰到很大的石堆，这是因为每个迁移而出的高卢人，根据那里的习俗，为了能在西班牙其他地区找到工作，在离开或返回时都会向这一石堆扔石头。这里是否隐藏一个以往习俗的遗迹，只是现在释作他义并施以别用？

[2] 在我看来，诠释者对这一十分难以理解之处的补充和修改还不能让人满意。最主要的错误是 ψενδοποιησαμένων 这个词，如果只看其结构关系，那么科莱（Corai）提出的σπονδοποιησαμένων 就是一个不错的改进。然而在我看来，仅凭一种假设在一段涉及神圣习俗的内容中增添新的内容并不可信。科莱后来在随后的 θύειν 中发现了祭酒的线索，但这一线索过于微弱。由于移动和拿走石头已经显示出一种礼拜仪式，所以祭祀在这里就是一种充分的比照。如果再去寻找另一种解释，那么这种选择总是会很随意，就像别的诠释者认为这就表示"祈祷"（εύχάς）一样。克斯兰德（Xylander）的注释中，有提到一种解释叫 ψενδοποιετσθαι，但遭到了否定，因为他说他不明白这究竟为何意思。但如果没有非常牵强地将这个不定式直接放到 μεταφέρεσθαι 之后，那么这种解释就是最为简单和自然的了。因而此处只是说，那里放有石头，人们就由此编造出，按照来源地的风俗，到来者将石头翻过来，然后从一个地方挪到另一个地方。而祭祀之类并没有发生。Στρέφεσθαι 和 μεταφέρεσθαι 与前面的 κατά πολλούς τόπους 明显有着关联。说到用花冠装饰石头、移动石头并不是祭祀而是祈祷，这些解释我以为都是随心所欲的。埃福鲁斯曾讲到过一个大力神庙，他或者旁人还添加了翻转石头的内容。不过，阿尔特米多鲁斯对这两点都加以了否定。埃罗（*Alfab.de la lengua primit.p.*132.）对此的解释是完全错误的，因为他想搞明白在贝蒂卡是否真的没有寺庙和祭品；而斯特拉波只谈到了一个地区。埃罗在引用斯特拉波的同时，还加进了与埃福鲁斯的相反观点，而这斯特拉波恰恰也谈到过。

人还有高卢人的习俗：给神灵供奉珍贵的礼物，尤其是未经铸造的黄金，并将它们沉入神圣的池塘，或者放在寺庙或露天的供奉之地，而对抗抢劫的方法仅仅是人们对神灵怀的敬畏之心[1]（Strabo.IV.1.13.*p*.188. Diodorus Sic.V.27.）。只有贾斯汀为我们记录了一个可能与之相关的习俗，并为卡拉伊肯人辩白了亵渎神灵的指责。他说（XLIV.3.），这片土地藏金丰富，加莱克尔人常常犁地就能犁出黄金。在加莱克人的境内有一座圣山，如果用铁器去挖山地，就是亵渎神灵。一旦土地被闪电击中——这种情况在该地区时有发生，作为神明馈赠的礼物，人们就可以被允许收集裸露出来的黄金。这座山的神圣是否与神灵所挚爱的黄金有关，目前还无从考证。如果神灵的存在仅仅在于供奉土地，那么这里就有一个和高卢一样的供奉之地。而日耳曼人将树木神圣化，这里显然不是这样的。上文提到的铁器很显然指犁上面的铁。

44.
伊比利亚半岛之外伊比利亚各民族的居留点，凯尔特人居住的地区

到目前为止，我一直试图说明，住在西班牙半岛的伊比利亚人讲什么语言，与哪些民族在哪些区域以什么方式混合。现在还须阐明的是，在伊比利亚半岛之外他们是否还到过什么地方。这一方面我们在前面已经对高卢人进行了讨论。高卢人占据了南海岸和阿基坦的一部分地区，这些地区和西班牙一样，是他们最初的居住地，也是他们在历史上最早被发现的地方。但是在高卢的其他地区，我找不到他们曾经居住过的任

---

[1] 但是在加德斯的大力神庙中却摆放着一些贡品，在儿子们取得庞贝城（Pompejus）胜利之后，凯撒允许他们去触碰祭品（Dio Cassius.*p*.43.49.）。这座庙宇中的礼拜仪式在阿皮安那个时代（VI.2.*p*.35.）还是腓尼基人的形式。

何比较明确的痕迹，因此，我并不认为他们曾经栖息于那些地区，然后才被逐渐驱赶而走。

我认为不列颠也是如此。从罗马时代起，很多人认为伊比利亚人到过爱尔兰和英格兰，塔西佗（Tacitus）（Agricola.II）从西鲁人（Silurer）所具有的黝黑的肤色、卷曲的头发以及他们所处的地理位置来证实伊比利亚人到过那里。然而这些理由微不足道。在罗马人经过的不列颠群岛的城区，没有任何巴斯克人留下的踪迹，相反，却显示出与对岸的高卢人极其明显的一致性。我们只是对苏格兰北部的加勒多尼亚人（Caledonier）尚存疑问，而以前的作者只通过一些战事了解了他们，但即便如此也知晓不多。曼纳特（Th.2.H.2.S.93.）认为他们极有可能与伊比利亚人属于同一种族，但决不可能是凯尔特人，因为他们对凯尔特人怀有敌意。鉴于他们不是凯尔特人，所以据曼纳特推测，这个民族在凯尔特人到达西欧之前就已存在，他们要么真的是被凯尔特人同时驱逐到了西班牙和苏格兰北部的伊比利亚人，要么是另一个隔绝于欧洲所有其他民族的部族。曼纳特希望通过仔细对比巴斯克语和盖尔语[1]而对此做出判断。事实上，这一富有争议的问题只能取决于语言遗留的线索，而不能根据以前作者地理和历史方面的信息来决定。显然以前的作者对这些地区知之甚少，甚至未能提供地名线索，因为他们没有提到罗马人所知晓的地名。假如曼纳特的看法不止是一种猜测，那么不但巴斯克语和盖尔语之间紧密的亲缘关系可以得到印证，而且这两种语言与以前高卢语言之间的差异也会得到证明。否则巴斯克语和盖尔语就只会被看成凯尔特语。我认为正是对目前尚存的所有这些语言的研究可以完全驳斥

---

1 我在这里写成了 Galisch，而非依据斯图尔特（Stewart）的写法 Gaelisch。但该词的读音必须按照英语，接近德语的 Gaelic。但如果将 Gaelic 看作正确的写法，那么根据斯图尔特在他语法书中的说明（p.5.nt.e.），要按照尚未全部完成的词源分析才能决定到底是 Gaelic 还是 Gailic。

这一假设。一方面，巴斯克语确实与盖尔语不同，另一方面，古老的高卢方言与盖尔语极有可能有着紧密的亲缘关系，甚至完全相同。目前还没有对这里提到的四种语言（巴斯克语、盖尔语、爱尔兰语和下布列塔尼语）进行准确和详细的比较，由于辅助资料的充足程度不同，要同样彻底地认识这四门语言非常困难。尽管如此，后面三种语言属于同一个部落的语言，这一点知名的语言研究者都是认可的。[1] 目前为止巴斯克语方面仅有个别单词的相同性得到了证实，而且其中有的还很不确定。只要仔细看过这些语言的语法，大家就会弄清它们之间的关系。巴斯克语的情况则完全不同，甚至第一眼就能看出，即便巴斯克语和众多不列颠语言之间存在一种与众不同的相似性和亲缘关系，那它们之间也关系也是比较远的。巴斯克语和不列颠众语言之间的一致性不及后者本身之间的相互关系，这是显而易见的，也是毫无疑问的。我还不敢肯定回答的问题是：巴斯克语和不列颠众语言之间是否根本没有亲缘关系？或者它们之间的关系是否至多类似于巴斯克语与拉丁语、希腊语或德语之间的关系？与之相反，在古高卢语言方面，根据一些作者和吟诵团体所提供的佐证，高卢语和不列颠语言的相同性也仅限于一些罗马人所熟悉的地区，也就是英格兰和爱尔兰的部分地区。但古高卢语不可能与盖尔语和威尔士语有所差异。这一点可以由这两种语言派生出来的人名和地名以及很多其他的词汇来证明，另外还有一种情况，即没有任何线索能够说明还存在过已经完全消亡的第三种语言，也进一步证明了这一点。然而，假如仅仅是下布列塔尼语占主导地位，那么同时也证明了与之有着亲缘关系的盖尔语也属于凯尔特语。如果更进一步，根据我们掌握的历

---

[1] 可以确定的是，这三种语言确实是不同的语言，而不是一种语言的不同方言。此外，毫无疑问，相比与下布列塔尼语和威尔士语之间的关系，盖尔语与爱尔兰语的关系更为接近，只是需要进一步准确地确定它们亲缘关系的程度。因此十分地希望阿赫沃特（Ahlwardt）能够有机会公布他这方面的研究成果。因为他相比之前的外国人更了解这些语言，相比当地人评价更为公正客观。

史资料认为凯尔特语是苏格兰地区的通用语，那么似乎就提供了加勒多尼亚人起源于凯尔特人的证据。塔西佗（Agricola.II）说加勒多尼亚人的头发是红色的，因而认为他们起源于日耳曼人，这恰与上述说法相一致。而他们对凯尔特人的敌意不能说明什么。如果嫉妒之心一旦生根发芽，民族间的敌意就通常具有偶然性和政治性，而这恰好在亲缘部落中表现得最为明显。

那么不列颠语的两个主要分支（威尔士语，包括爱尔兰语在内的盖尔语）是如何在高卢并存的呢？根据斯特拉波的判断高卢的方言土语之间没有太大的差别，那么这两种语言真的是长期并存吗？是它们之间本身就具有一定的相似性还是由于在高卢地区的共同使用而彼此接近？是否加勒多尼亚人的隔离恰恰有助于形成并保留了这两种语言之间的差异性？这些问题不属于我们现在的研究范围。于我而言，能够证明伊比利亚人并未分布在高卢北部和中部以及不列颠就足够了，这至少可以根据历史以及地名提供的证据加以评判。

45.
地中海三大岛屿上的伊比利亚人

因为西班牙以外的伊比利亚人并没有分布在北部地区，所以我们要将目光转至南部。他们极有可能曾经占据了地中海的科西嘉岛（Corsica）、撒丁岛（Sardinien）和西西里岛（Sicilien）这三大岛屿的部分地区，以前的作者是这么认为的，似乎也没有理由对此表示怀疑。伊比利亚人可能曾经迁徙到西班牙和高卢，或者曾是那里的原住民，所以他们很自然就轻易地散布到这些临近的岛屿上了。虽然为数不多，但是那里地名所提供的确切的语言线索证实了这一猜测（第32节）。

塞内卡（Seneca）对科西嘉岛的考察最为著名（*Cobsolatio ad*

*Helviam.p.*8.）。他观察了各地区居民的频繁更替，考察了科西嘉岛的不同殖民地，先是福卡伊人（Phocaeer），然后是利古里亚人和西班牙人。从西班牙人身上塞内卡看到了相似的习俗，他们使用的头巾和鞋子与坎塔布里亚人相同，还有一些词也一样。他们在与希腊人和利古里亚人的交往中，整个体系上都改变了自己原本的语言。由于塞内卡本身是西班牙人，所以对他的这一说法似乎也无以反驳。他也提到了与凯尔特人混合的西班牙人和坎塔布里亚人，因而并不清楚这些殖民者是否就是伊比利亚人，更不清楚的是，他们是否占据了该岛的大部分地区。尼布尔（Niebuhr.*Röm.Gesch*.I.110.）引述了这一点并指出，伊比利亚人是比利古里亚人更早的移居者。不过塞内卡似乎并没有这个意思，他只是说，利古里亚人去了岛上，西班牙人也一样。他们在与当地其他民族交往时可能丢弃了自己的母语习惯，并慢慢接受了当地的一些语言。如果说西西里的狄奥多罗斯（Diodor von Sicilien.V.14.）认为科西嘉岛的居民讲一种颠三倒四、难以理解的方言，那么他指的可能并不是一种外族人根本无法理解的特殊民族语言，而只是衰落退化的希腊语。

我上文（第32节）已经引用了保萨尼亚关于伊比利亚人在撒丁岛建立第一座城市的叙述。但奇怪的是，无论是尼布尔的《罗马史》，还是《海德堡年鉴》（Jahrg.9.S.826.）对此的评述，都没有提及这一点而否认了伊比利亚人曾居住于撒丁岛。当然，似乎也不能完全轻视这一传闻。因为要在现在的撒丁岛方言中找到巴斯克语的单词，似乎可能性极小，至少在我自己收藏的关于这一方言的书籍中也没有见到。

尽管关于西西里岛和西西里人的起源一直饱受争议，但可以肯定的是，根据以前作者留下的佐证，伊比利亚人最早就住在这个岛上。[1] 西西里人可能来自西班牙，或者人们也许将他们真正的来源地高卢南海岸

---

1 参阅尼布尔的《罗马史》（I.110.）、《海德堡年鉴》（第9卷，*p*.862.）、曼纳特（I.447.448.）及其援引的斯特拉波著作（IV.2.4.*p*.270.）。

与伊比利亚半岛发生了混淆，不过岛上很早就有伊比利亚人这一事实始终不变。西西里人究竟是不是伊比利亚人，这并不重要，因为岛上除了西西里人，还有伊比利亚人。在目前的研究中，我们仅仅通过地名中余留的语言线索来探讨这些问题，因而上文（第32节）对 Morgeten 和 Murgantia 的分析，再加上以前作者提供的凭证，就已经足够了。

但是在所有这些岛屿上除了伊比利亚人还有其他原住民。事实上，伊比利亚人在科西嘉岛和撒丁岛上完全被视为外来移民。对于西西里岛上的居民作者们持不同的观点。有一些将伊比利亚人看作和独眼巨人族（Cyclopen）、莱斯特莱贡人（Laestrygonen）一样是原住民。另一些则认为，整个西西里岛或至少其中的一部分，像伊比利亚半岛和高卢南海岸一样，在伊比利亚人之前历史上并不知道还有其他民族的存在，至少在伊比利亚人被称作"凯内特人"（Kyneten）时，把他们描述得与伊比利亚人或凯尔特人完全一样。

46.
意大利的伊比利亚人

在对伊比利亚人如何占据这些岛屿进行推测之前，我们有必要将目光转向与之紧邻的意大利。地名考察（第32节）的结果告诉我们，没有足够的巴斯克语线索能够帮助在某种程度上确切地、即便只是比较可能地推测出伊比利亚人曾经在意大利生活过。无可否认，确实存在着这一类的线索，甚至比我们在西班牙半岛之外、由凯尔特人占据的其他地区所发现的要多。此外，一个出于其他原因做出的推测也可以进一步提供这方面的依据，也就是说，我们的工作总是需要依靠其他针对意大利早期居民所做的有关研究。但我从未认为，通过兰茨（Lanz）的努力——即便本身精神可嘉，这方面的研究已经圆满完成。反复仔细地阅读他的书似乎也没有说服我什么，但它却一步一步地将读者带入了一个体系，并最终让其屈服于那种强词夺理的解释，因为读者是逐步从一种粗暴牵强被引导到另一种粗暴牵强的。[1] 由于做这些研究的人所依靠的仅仅是关于早期语言及其发展而成的其他语言这些方面的知识，所以如果人们想真正弄清楚，就必须由一位同时也掌握西欧原始语言的学者来重复这些研究。我承认，我依然怀疑，即便这样的工作是否会带来值得称道的成果，至少我没有在兰茨解释的铭文中找到足够的巴斯克语词根，从而得出一个有意义的结果。在我看来这些铭文根本不能成为研究希腊部落进入之前意大利居民状况的基础。我们知道的所有铭文，正如其本身所显示的，都产生于原始语言已经发生巨大混合的时期，至少我相信这种混合已经隐藏其中。如果说关于意大利早期居民的问题实际上是无法解决的难题，也并非毫无道理。但如果依然要弄清这一问题，我认为只能通过研究，但首要的依据并不是铭文古迹——即便它们也是重要辅助手段，而是语言本身。巴斯克语、不列颠语和日耳曼语之间以及与古典语言之间必须进行比较，这种比较要准确且谨慎，主要运用一种能够灵活地将所有联系起来、并抓住每一点相似性的词源分析，同时遵照严格和有规律的类比原则。通过这样的方式可以弄清楚，是否其中有一种、并且是哪一种语言具有不同于希腊语的特征而显示出与拉丁语的相似性，并能够由此得出进一步的结论。[2] 如果将我迄今所了解的和这里所做的研究综合起来看，那么我能大胆地推测，伊比利亚人作为最早的原住民也曾分布在意大利和地中海的岛屿上；如果让所有民族从东向西迁徙，

---

[1] 我认为，尼布尔（Niehbuhr.*Römische Geschichte*.I.65.）对意大利学者研究意大利原始民族语言的方式所提出的质疑非常有道理。

[2] 在 1816 出版的一篇小文（*de latinae linguae accentibus libellum primum in publico proposuit Fridericus Lindemann*）中，作者许诺要出一部关于对意大利各民族早期语言的详细著作。但我不知道该书是否已经出版。上述小文已经对很多非希腊语词源的拉丁语词汇进行了派生词分析。但作者最好能解释一下他对凯尔特语的理解。从几个例子来看，他并没有像近代最好的语言学家以及我的判断那样，明确地将凯尔特语与日耳曼语区分开来。

那么伊比利亚人从色雷斯巨大的民族迁移之路一路向南，而凯尔特人则向北迁徙。伊比利亚的殖民地可能也是从地中海北部海岸分别转移到了那些岛屿上，但是如果说伊比利亚人作为原住民占据了这些岛屿，那么情况就另当别论了。如果这样，北部海岸成为伊比利亚人后来的居住地就显得比较自然。因为只有坚决的大规模迁徙才能发生重大的领土占领，而根据伊比利亚人的性格以及西班牙的地理位置，伊比利亚人只能去西班牙而不是离开西班牙。

47.
关于伊比利亚人与凯尔特人的亲缘关系

我在迄今为止的研究过程中提到了原住民，我的目的并非要以此定义一个客观概念，这只是依据我们的认识范畴做出的指称。对我来说，原住民就是那些历史上没有必要、也无需将其看作移民的人。正是在这个意义上我才将西班牙、高卢和地中海岛屿的伊比利亚人也称作原住民，而不是为了逃避"这些伊比利亚人究竟来自哪里？"这个问题。此外，这里也不是合适的地方，为回答这一问题而展开必要的语言研究，我之所以提及该问题，只是想避免一些可能出现的误解。我在上文（第43节）描述了伊比利亚人在种族、语言和性格上与凯尔特人的差别，并认为这是正确的人种学观点。但我并不想要由此排除这种看法，认为这两个民族早先或许属于同一民族、伊比利亚人甚至可能是广大的凯尔特人部族的一个分支。曼纳特[1]以其敏锐的眼光表达了对利古里亚人的看法：尽管他们不是人们所了解的高卢凯尔特人的后裔，但很可能与高卢凯尔特人一起都曾是一个古老东方部落的共同分支。而这种说法也可以使用于

---

[1] Th.2.B.1.S.17.*Ritters Vorhalle*.S.373.

伊比利亚人。但只要更为深入的语言研究不能在这方面取得比较清晰的认识,所有这一类观点都只能是猜测而已。

48.
关于巴斯克语和美洲语言亲缘关系的看法

现在我们回到巴斯克语。本文主要研究了西班牙原住民呈现在历史遗迹和历史文献上的巴斯克语,我想,从中能够清楚地看出巴斯克语是纯粹的欧洲语言,而且还是欧洲最古老的语言之一、也是最原本的——请允许我使用这样一个表述。它不属于任何零散的、也许从其他遥远的大洲流落而来的民族,而属于一个古老的、分布广泛的、与西欧最初的命运交织在一起的民族。人们注意到了巴斯克语语法构造的特殊性,尤其是动词变位以及这方面它与美洲语言的相似性。法特(Vater)在其《美国人口调查》(S.210.)一书中以分析语言普遍构造的方式率先进行了这方面的研究。阿德龙在《米特拉达梯》(*Adelungisches Mithridates*)中的语言研究还有许多不足,而法特则为完善阿德龙的语言研究打下了基础,若没有法特的工作,任何人要在这一领域取得新的进步都会举步维艰。巴斯克语与美洲语言的这一对比本身是确切的,也非常值得注意。但对比也可以从动词变位扩展到其他语言成分,甚至适合于看似偶发的现象。比如,大多数美洲语言与巴斯克语一样,都没有 f 音,所以它们与巴斯克语同样都不喜欢将不发音辅音与清辅音直接连接在一起,也就是将清辅音放在不发音辅音之后。但美洲语言中出现这种连接的情况更多,如欧托米语(Othomi)中,字母 n 几乎能和所有其他紧随其后的辅音相连。但是,这些语法上的相似之处都不足以去推测巴斯克语和美洲语言具有相同的起源和亲缘关系。这两种语言的词根是否也同样具有相似性,对此还远不能做出判断,因为对美洲语言还缺少这方面的相关研究。而上面我根据我所知道的对美洲语言做出的说明并不是很重要。如果还是要坚持寻找它们之间的亲缘关系，那么就要考察距今遥远的、极少为人所知的史前时代，但这方面缺乏历史记载和口头传说。在那个时代，美洲各民族或者生活在一个狭小的区域，然后才开始向外扩散；或者那时大陆和海洋的分布、连接和隔离还和现在有所不同[1]，对此我们可以尽情地发挥想象力。我认为必须对这些语言的相似性做出完全不一样的判断。首先要注意的是，进一步的研究会发现，它们之间的相似性有些并不很大，有些看上去毫无特别之处。巴斯克语的动词变位有一种词语组合形式，这在美洲语言中从未出现过。最重要的区别是，巴斯克语的规则动词变位总要与一个助动词复合，而根据我的经验美洲语言的动词变位却很少与助动词连用。与之相反，在其他欧洲语言中却能找到巴斯克语动词变位这种特点的痕迹，尤其是能通过动词的屈折变化表明动词的宾语。然而我认为，这种语法特点似乎更多的是标志了语言发展的不同阶段而不是语言之间的亲缘关系。相比现在，我们需要更为准确的研究才能证明，是否可以在一定程度上确定，哪些语言是随后发展而来的，哪些是真正同源的。那些尚未开化民族的语言在形容词变格和动词变位方面的大多数特点可以这样解释：未开化民族在构成语法形式时，会将重要的和意义相关的音节尽可能紧密地结合在一起。这尤其体现在宾语与动词的连接上。由此产生的多种形式都可以这么解释，而无须认为这是这些民族对这种形式的特殊喜好或者他们具有对这一语法

---

1 这样的假设是在美国的一篇文章中提出来的，也许在欧洲并不那么有名，题目为《关于美国的研究试图解决一些与美国原住民有关的问题》，作者是 James H.M'Culloh，发表于 *jun. M. D. Baltimore* by Jos.Robinson（1817.8）。作者认为他可以毫不冒险、也并不草率地说（第35页），曾经广袤的大洲分布在太平洋、印度和大西洋之中，毫无疑问，《圣经》中的大洪水之后这些大洲已经割裂分离，但还没有妨碍人和动物在他们居住的广阔的地区徘徊游荡；然而在这些徘徊游荡过程中，某些陆地消失了，只剩下一些残存的土地能供一定数量的人和动物生活，这些陆地零星分散，需要通过船只将其连接。据说这次灾难发生在公元前2323年，也就是《圣经》中的大洪水发生后的864年，或者巴比伦语言混乱之后的第15年（84页）。

现象特别的洞察力。相比语法逻辑，这一特点甚至更多地体现在将整个言语分隔成词的方面。事实上，面对这些语言人们往往会陷入尴尬：到底要不要把音节和词的组合看作一个"词"？因为严格来说，"词的单位"只由重音决定，但人们大多对此一无所知。[1] 此外，还要考虑到这两点：一是抽回附读音节（Enclitische Silben）的发音，二是如果一个词的词首字母由于相邻的另一个词的词尾字母而发生了变化，那么这能否会在合成的"词的单位"中显示出来。因此有时很难做出判断，比如米斯特卡语（Mixteca）中，无法确定它是否像墨西哥语一样，被支配的名词属于动词的一部分，还是要像我们的语言一样，只是跟在动词后面。固定的词的分隔是语言形式进步的表现，由此产生了对有些词汇成分和不同语音的打磨，而前面提到的动词变位方式只要是基于词的分隔，便也与语言的进步相关。如果巴斯克语的特殊构造真的描绘了其发展阶段和年代，那么即使很艰难，我依然想冒昧地表达这一具有普遍意义的观点：欧洲语言中巴斯克语毫无例外是变化最少、语言构造最接近本原的语言。上文（第43节）已经指出，伊比利亚人是已知的最早、最古老的欧洲民族之一，现在再次证实了这一极其可能的猜测。很显然，他们已经超越了那些语言为我们所熟知的民族，特别是罗马和希腊。如果要找到一个对比点，那么就只能将之与前希腊时期那里的原住民 Pelasger 放在一起进行研究了。

---

[1] 奇怪的是，无论是过去还是现在关于梵语的学术讨论，似乎都完全排除了对重音的研究。维达斯（Vedas）的手稿中据说讲到了三种不同的、与希腊语完全相似的重音符号。

49.
迄今为止的研究结果

1．通过对伊比利亚半岛古老的地名和巴斯克语进行比较证明了巴斯克语是伊比利亚人的语言。由于该民族似乎只有一种语言，所以伊比利亚民族与讲巴斯克语的民族意义相同。

2．巴斯克语地名无一例外地出现在了整个伊比利亚半岛，因此伊比利亚人也曾分布在整个半岛的所有地方。

3．伊比利亚半岛也存在一些其他的地名，将其与凯尔特人居住地区的地名进行比较可以发现：这些地名源自凯尔特语。通过这些地名还可以找到与伊比利亚人混合的凯尔特人的居住地，而这方面历史并没有为我们提供任何佐证。

4．据此，未与凯尔特人融合的伊比利亚人只生活在比利牛斯山脉周围以及南部海岸。这两个民族的混合主要发生在中部地区、卢西塔宁地区以及北部海岸的大部分地区。

5．凯尔特伊比利亚人虽然与凯尔特人的语言相同——高卢和不列颠地区的古老地名以及大不列颠和法国的本土语言均起源于凯尔特语，但他们可能并非是来自高卢的耕作民族（从一个遗留部落中出现的个别移民集体），正如性格和习俗所显示出来的差异那样。他们可能是有历史记录之前就居住在高卢的原住民或早期移民。无论如何，他们与伊比利亚人混合后，占主导地位的并非是我们从罗马人那里了解到的高卢人的性格，而是伊比利亚人的性格。

6．如果排除伊比利亚的阿基坦地区以及地中海沿岸的部分地区，西班牙以外的北部地区根本没有伊比利亚人留下的踪迹，加勒多尼亚人根本不属于伊比利亚部落，而是凯尔特部落。

7．但伊比利亚人在南部地区则占据了地中海的三大岛屿，无论史料还是巴斯克语地名都见证了这一点。不过，他们也可能并非全部从伊比利亚半岛或高卢迁移而来，而是在有历史记录之前就已经居住于此，或者也可能来自东方。

8．他们是否也属于意大利内陆地区的原始居民，对此尚无定论。不过在那里发现的一些巴斯克语地名倒可以证实这种猜测。

9．从希腊人和罗马人那里，以及希腊语和拉丁语中残留的语言线索可以发现，伊比利亚人在性格和语言上都与凯尔特人有所不同。然而没有理由可以否认这两个民族之间的所有亲缘关系。伊比利亚人很可能本身就是凯尔特人的一支，只是很早之前便与之分离了。

以上论述只是对目前研究的一些总结，基于作为历史遗迹活化石的地名和巴斯克语之间的相互比较。研究有意局限于此，想通过这种方式去检验、确认和扩展此前的研究工作，因为之前的这些研究大多都没有将伊比利亚半岛的本地语言考虑在内。但若要全面研究伊比利亚半岛的原始居民，那么在不依赖史料和地区之间关系的前提下，还必须将巴斯克语和其他的西欧语言进行比较，由此尤其可以彻底厘清上述第九点提出的观点。不过，这一工作难度更大，需要做一些完全不同的前期准备工作。

50.
带有本土文字的伊比利亚古迹

也许大家会感到奇怪，此文我没有首先解释在西班牙发现的那些难以辨认的文字，它们刻在石头、金属板、陶器和硬币上。虽然迄今为止的文字破译工作并不令人满意，但还是有理由认为其中大部分铭文都是用本土语言写成的，因而对它们进行分析也一定有助于通过巴斯克语来了解西班牙的史前历史。多年来我一直没有忽略这一类研究。但我确信，整个铭文研究仍然处于空白和混沌之中，若想借此而阐明其他问题也只是一种徒劳而已。到目前为止，从事这一研究的要么不懂巴斯克语，要么就是带有先入为主的偏见。这两类人大都只遵照自己的想法行事。即便是第一类人主要从事的那些前期工作，即寻找文字符号及其意义，既没有任何有序的规划，也没有完全地展开。若希望这项研究取得可靠的结果，那么就必须重新开始在藏品中收集文物——主要是硬币，而不能完全指望维拉斯克茨（Velasquez）、拉斯塔诺萨（Lastanosa）、弗洛雷兹（Florenz）和埃罗等作者的插图。然后依据铭文的所在属地对其进行整理，并对出现的字母和符号建立一个细致完整的索引表。仅仅根据这个索引表就可以确定一个完整的字母表，而只有当字母表完成之后，才能对铭文进行解释。做这些工作时，一定不要忘记这些铭文极有可能是完全不同的语言，如巴斯克语、布匿语和凯尔特语。目前对铭文的解释完全缺乏这样一种可靠的基础，西班牙的学者也是这么认为的。德·安东尼奥·瓦尔卡塞尔（D. Antonio Valcarcel）在1773年发表于瓦伦西亚的短文中强调，[1] 可以用一百枚尚未发行的硬币来表明人们距真正理解这一未知文字究竟还有多么的遥远。可以想见，他之后的研究也不足以动摇他的这一结论。因为之后每一个研究过这些铭文的人所采用的方法各不相同，但总是过于片面。塞斯蒂尼在解释赫德瓦李希博物馆陈列室（Herdervarischer Cabinet）的西班牙硬币时，以希腊字母表为基础来帮助破译这些文字。埃罗虽然自己编排了一个字母表；但他一会儿分别用三、四、五个不同的符号来称谓同一个字母，一会儿又用同一个符号来称谓不同的字母；有时向前读，有时向后读；假设词中的元音省略、字母缩略和词的缩写；然而这种假设并未基于充足的实例，所以让人怀疑使用这些例子只是为了进行某种解释而已。鉴于这些观点的差异以及工作方法的不完整，我有一些顾虑，究竟要不要引证那些埃罗

---

1 *Medallas de las Colonias*，*municipios y pueblos antiguos de Espana por D. Antonio Valcarcel Pio de Saboya i Spinola*.p.21.

和塞斯蒂尼自称在带有当地文字的硬币上所发现的、迄今完全未知的地名。特别是在罗马作者笔下出现的一些地名同时配有本地语和拉丁语，与此相应，大批硬币的铭文也都包含拉丁语和另一种语言，这些（根据现在所能解释的）铭文中，虽然有时会出现、但是还远远没有形成互相对译。我们在地名中也发现了同样的情况。

在这种情况下，我认为若考虑这些还完全没有得到恰当解释的铭文，只会为研究带来更多的不确定性，这是不可取的，研究一定要慎重而小心。

译词对照表
德语拼写遵照原文，词汇排列按照其在文中出现的顺序

Wurzelsilbe	词根音节
Appellativ	种类名词
Naturmenschen	原始人
Articulation	发出的分音节
lebendige Natur	有机自然
todte Natur	无机自然
Stammsilbe	词干音节
Primitiv	根词
Grundton	根音
privative Affixe	剥离词缀
Verfassung	制度
Barbaren	未开化的人
Wilde	野蛮人
Enclitische Silbe	附读音节

10. 论语言的不同特性对文学和精神构建的影响

1821

有这样一些看法：语言只是一种任意或者偶然情况下变得常用的概念符号的化身，而一个词语除了唤起对某一个特定的，要么现实存在的、要么头脑中想象而成的对象的印象之外，并无其他的用途和作用。因此，一个民族使用哪种语言，在一定程度上可以被视为是随意的。但只要对语言的本质稍作思考，这些看法可能就不再成立。相反，可以普遍认同和接受的是：不同的语言是各民族特有的思维和感知的官能（Organe）；大量的事物都是通过对它们进行称谓的词才被创造出来的，也就是说，这些事物存在于这些词语之中（词命名事物所体现出来的思维方式，这种通过语言所反映出来的思维方式对精神产生的影响，其实具有普遍意义）。因而，作为语言基本要素的语音并不是任意的、似乎也不是约定俗成的产物，而是源于人性的最深之处（也可以说：在某种程度上作为独特的本质），保存于某一个体并不断发展。语言对思维作用的本质是什么？哪些语言的特性反映了思维？如何确定语言的必要条件，以使思维能够达到一定的程度或彰显思维的某种差异？民族是依赖于自己的语言还是独立于自己的语言，也就是说，是民族决定语言、还是受制于语言？以上这些领域都有待研究。但如果要研究这些问题，则一定要考虑寻找一个涉略不多、尚未有过很多研究的领域。

当前工作的目的就是要进行这些研究并尽可能扩大研究的广度，在研究的过程中，既要通过纯粹的思考以深入语言的本质，也要通过实践（geschichtlich）对那些最为重要的并真实存在的语言进行检验，以这样的方式确定语言的不同特征对文学和精神形成的影响（但要确定具体的影响却并非易事）。

如果语法学和词汇学可以视作对语言的剖析，我们似乎也可以对语言的生理学功能进行研究，以认清语言的各个组成部分是如何独自运作并共同作用的，是如何由此来形成语言的有机生命的。无可否认，语言是这样的一种有机体。世代更迭，但语言永存。每一代人都会发现语言先于其存在，它比人类自身更为强大、也更具力量，每一代人都无法穷尽对语言的探索，只能将这项事业代代相传。认识语言的性质特征需要通过世世代代的不断努力，语言将人类世代相连，而人类的世世代代又通过语言得以彰显。人们可以看到语言受到哪些时代、哪些人物的影响，但语言对其所发挥的反向作用却一直无法确定。从根本上讲，语言不是流传于后世零碎的语音和作品，它是一种生气勃勃、富有活力的存在。语言不只是一种外在的形式，而且还是一种内在的现象、是与由语言造就的思维的统一体。语言是民族本身，更确切地说，语言就是民族。语言与展现人类肌体和精神本质的花朵又有何不同呢？在其中，所有的摇摆和不定得以成形，相比那些与世俗的混杂之物其更显精巧美妙、超凡绝尘。语言正是整个民族有机体的绚烂之花。个人很少能够独自创造语言，而只能从他人那里传承。然而语言却又是源于一个个看似互相分离，但在更高层次上显然又互相连接的不同个体。

研究语言对民族的影响，恰恰提到文学也许有点奇怪，因为文学通常不是一种天然的存在，而只是人为的、通过自身语言的激发并从语言中产生的作品。一个民族，即便还没有开始真正的文学创作，在家庭和公共生活中也会产生深受语言影响的一些较为特别的现象，它们充满巨大的活力，通常文章和书籍对其表现略显苍白和无力，而它们却富有力量、充满意义地流淌在人们的日常话语之中。文学的形成如同人类肌体衰老过程中骨化点的形成。当在言语和歌唱中自由鸣响的语音被囚禁于文字之中,语言便得到了所谓的纯净,然后越来越贫乏,最终走向死亡,哪怕它曾经可能是多么的丰富多彩、多么的广为流传。因为文字会反作用于与其并存的、在一段时间内尚且自由和多样的口语表达,并使之僵化。文字为民众语言(Volkssprache)树立标准,从而降低表达的自由度,使多样化的形式变得单调,并限制对每一种细微差异都进行形象描述的修饰性表达,进而就不再接受与其不同的表达方式。但另一方面,这也是一个无法避免的、源于语言本身的弊端,因为语言也和所有其他世俗之物一样是一种暂时的存在。如果文字没有将语言定格,如果现世除了听到那些含混不清、似是而非的古老传说而别无他物,那么就无法记录进步,所有的一切都只会流于偶发的循环往复之中。因为语言源自人们的日常交谈,进而进入观念领域,所以世界历史上很少出现这样的语言,能够在其书面形式出现之前就展现它的纯洁、高贵和尊严。如果不将文学的存在或者缺失视作语言是否对精神产生影响的标志,当然,这可能是非常错误的,那么在研究中,正如当前的研究,就不但不能忽视民族的文学,而且还必须开始关注这些民族文学,因为只有它们才具有稳定可靠的形式,语言的影响在这些形式中得以彰显,并通过这些形式证明了这一影响的存在。但同时人们也不能轻视那些可能从来都不曾拥有、将来也不会拥有文学的语言,这种轻视对于语言研究者而言尤其显得不合适,因为这些语言肯定也能对研究大有裨益。通过客观的测试可以表明,即便是看似贫乏、原始的语言也拥有丰富的材料去进行精细和多样的构造,这些语言材料虽然不是通过文字形成,但是对言说者而言也并非毫无作用。人类的心性(Gemüth)是语言成长的摇篮和故乡,是语言所处的居所,语言的所有特点都在不知不觉中融入到了人类的心性之中。这里所提到的文字对语言的影响已经引起了多方关注,尤其是在记录荷马史诗时，对此我们以后还会进一步探讨。有些语言的发展进程只能通过从民众语言到书面语言的转变来解释，如果将法国哲学家蒙田（Montaigne）与伏尔泰（Arouet）进行比较，人们会认为一种民族的大众语言转变成了一种高雅的宫廷语言。[1]

总有不少人更多地将语言视为一种某种程度上无足轻重的工具，认为语言的特征也是民族的特征。对于这些人而言这整个研究总有一些不正确的地方，按照他们的看法，这里应该讨论的就不是语言的影响，而是民族对文学和文化（Bildung）的影响了。若要反驳这一观点，可以关注这一事实：即特定的语言形式显然会给精神指明一定的方向并施加一定的束缚。人们也可以看到，要在词汇丰富和词汇贫乏的语言中表达同样的观念（Ideen），至少也要采用不同的途径，亦即至少需要发挥其不同的优势，这就不可能不产生某些长远的影响。这方面以后也可以进一步加以阐述。

---

[1] 蒙田（Michel Eyquem de Montaigne，1533—1592 年）的写作以生动的大众口语风格著称；而伏尔泰（Voltaire，笔名，原名 François-Marie Arouet，1694—1778 年）则以规范的书面语风格闻名，其作品至今仍是法语文学语言的典范。（译者注）

译词对照表

德语拼写遵照原文，词汇排列按照其在文中出现的顺序

Organ	官能
geschichtlich	实践
Volkssprache	民众语言
Gemüth	心性
Montaigne	蒙田（法国哲学家）
Arouet	伏尔泰（法国思想家）
Bildung	文化
Idee	观念